U0465420

亚太主要国家军民融合战略

Military Civilian Integration Strategies of
Major Powers in the Asia Pacific Region

葛腾飞　王　萍 / 主　编
胡二杰　张文茹 / 副主编

世界知识出版社

图书在版编目（CIP）数据

亚太主要国家军民融合战略 / 葛腾飞，王萍主编. -- 北京：世界知识出版社，2024.9. -- ISBN 978-7-5012-6813-9

Ⅰ. E225

中国国家版本馆CIP数据核字第20245DF237号

书　　名	亚太主要国家军民融合战略
	Yatai Zhuyao Guojia Junmin Ronghe Zhanlue
主　　编	葛腾飞　王　萍
副 主 编	胡二杰　张文茹
责任编辑	范景峰
责任出版	李　斌
责任校对	陈可望
出版发行	世界知识出版社
地址邮编	北京市东城区干面胡同51号（100010）
网　　址	www.ishizhi.cn
电　　话	010-65233645（市场部）
经　　销	新华书店
印　　刷	艺堂印刷（天津）有限公司
开本印张	787mm×1092mm　1/16　16¾印张
字　　数	265千字
版次印次	2024年9月第一版　2024年9月第一次印刷
标准书号	ISBN 978-7-5012-6813-9
定　　价	92.00元

版权所有　侵权必究

理解军民融合发展路径的战略含义：当代史的启示
（代序）

葛腾飞　王伟伟[*]

古往今来的强国，确实也都是军民相互结合实现最大限度共享资源和资源集约发展的国家。西方国家之间战争频仍的近代国际关系历史中，那些最有能力增进国家财富同时又最擅长为战争筹措到最大资金的国家统治者，常常将其国家带向强盛，成为主导性的强权。20世纪以来的现代世界政治中，国内政治力量的觉醒使得各国决策者在维护国家安全和发展实力地位的同时，都不得不将满足国内政治力量的需求当成一件极为重要的政治议程。也就是说，对于现代国家来说，基本上都面临着国家安全议程、国家发展议程、国内政治议程这三大议程。由此所有国家在分配国家资源时，几乎不得不同时面对以下几项选择：一是满足军事方面的需求，即满足国家安全的需要；二是增加产业投资，使国家经济力量日益强盛；三是满足民众对更多消费品、更高生活水平、更好工作条件的日益强烈的要求，以提高社会公共服务水平。[①] 但是在实践中，总量必然有限的国家资源很难做到面面俱到，这就使国家决策者和治国精英几乎总是面临着政策抉择和确定孰先孰后的难题。一种将国家安全、军事需求和经济发展以及

---

[*] 葛腾飞，国防科技大学外国语学院国际关系系主任、教授；王伟伟，国防科技大学外国语学院国际关系系副教授。

① 〔美〕保罗·肯尼迪：《大国的兴衰》（下），王保存、王章辉、余昌楷译，中信出版社，2013，第241页。

民用需求紧密结合的军民融合发展路径，在国家战略决策中越来越受到重视，尤其对面临更加复杂的安全环境的大国来说更是如此。深受治国多重难题困扰的大国决策者们，越来越求助于这种可以兼顾各方面资源需求的发展路径和模式。借由军民融合，国家在满足军事需求的同时，也能够实现军用资源向民用经济产业的转移，甚至因此在一定程度上同时实现对主要产业的投资和民众生活水平的提升。军民融合发展路径和模式因此成为当今世界强国走向强盛、维持权力的一种基本路径。在这方面，美国是最典型的代表，而冷战期间的苏联则是另一个典型。

一

要讨论美国的军民融合，可以先观其军工复合体[①]的发展。军工复合体可以说正是美国在冷战后倡导的军民融合战略实践的某种反面形态。因为不同于当今军民融合战略致力于促进经济与安全融合发展的基本导向，冷战时期的军工复合体可以说是美国极力强调安全——军事能力而产生的一种副产品。20世纪60年代初，美国艾森豪威尔总统非常担忧地指出，在美国日益强大地存在着一种军工复合体的力量结构。为何出现军工复合体？原因很简单，20世纪的战争越来越呈现出一种总体战的态势，像第一次世界大战、第二次世界大战这种全面战争实际上是国家全面动员能力特别是工业——军事能力的比拼。1941年底美国正式参加第二次世界大战之后，迅速完成战时动员，大量民用企业转化为军工企业，经济生产成为支撑前线战争能力的大后方，美国也成了整个反法西斯战争中援助盟友的"兵工厂"。随后的冷战时期，美国又与苏联展开了核条件下的全面冷战对抗，20世纪50年代美国出现的与苏"导弹差距"的恐慌，就是这种全面对抗条件下一种全社会歇斯底里安全恐惧心理的反映。由此美国日益成为一个"国家安全国家"，一种统一高效的国家安全决策体制逐步建立起来。基于压倒一切的国家安全需要，美国投入了巨量国防开支和大力开展国防工

---

① 美国学者C.赖特·米尔斯在其1956年所著《权力精英》中提出"军工复合体"这一概念，1961年艾森豪威尔总统在其告别演说中正式提到这一名称，使之闻名于世。

业建设，国家安全和国防需要在很大程度上推动了国家重工业体系、指令性大规模军工技术发展实践[①]以及民防系统等关键基础设施建设。庞大的国防开支必然滋养出一个庞大的军工企业群体。来自国防领域的投资，特别是在新技术领域的投入，使私营工业得到了快速发展。到20世纪50年代末，私营部门在国防产出（仅排除核弹头）中所占的份额大约已达到90%。[②]C.赖特·米尔斯（C. Wright Mills）在其1956年写就的名著《权力精英》中，就描述了"永久战争经济"的创建、"军队与企业领域之间的人员流动"、科学和教育在"为军事官僚服务"中的从属地位，以及军方"将他们的形而上学牢固地植入广大民众之中"的巨大努力。[③]西摩·梅尔曼（Seymour Melman）进一步描述了20世纪60年代的"五角大楼资本主义"（Pentagon Capitalism），他声称美国国防部正在改变美国国家与社会关系的基本特征，艾森豪威尔时代的军官、工业管理者和立法者之间的"松散合作"，在肯尼迪政府时期被"管理军工帝国的一个正式中央管理办公室"所取代。国防部长麦克纳马拉通过重组国防部，设立负责440亿美元军工制造的各工业部门间的协调机构，实现了经济和政治决策权力前所未有的集中。[④]20世纪六七十年代的美国阿波罗登月计划，表面上看是一个民用的太空开发项目，实际上是在应对苏联洲际导弹发射能力极大发展所导致的美国"导弹差距"恐慌。美国政府提出的一项战略军事能力提升项目，体现的是美国要大力发展战略投送能力以及将太空业服务于国家安全能力的现实需要。美国耗资250亿美元的支出同样促进了民用经济的巨

[①] 冷战时期美国有三次大的指令性军工技术发展计划，分别是曼哈顿工程、阿波罗登月计划和战略防御计划。

[②] John A. Alic, "The Origin and Nature of the US 'Military-Industrial Complex'," *Vulcan*, No.2, 2014, p. 75.

[③] C. Wright Mills, *The Power Elite* (New York: Oxford University Press, 1956), cited from Dolores E. Janiewski, "Eisenhower's Paradoxical Relationship with the 'Military-Industrial Complex'," *Presidential Studies Quarterly*, Vol.41, No. 4, 2011, p. 672.

[④] A. Markusen, et al., *The Rise of the Gunbelt: The Military Remapping of Industrial America* (New York: Oxford University Press, 1991), pp. 23-56, cited from David T. Smith, "From the Military-Industrial Complex to the National Security State," *Australian Journal of Political Science*, Vol.50, No.3, 2015, pp.576-590.

大发展，带动了电子科技、材料科技、能源科技等新兴领域的技术发展，实现了惊人的长期就业增长，工程高峰时期参与工程建设的有2万家企业、200多所大学和80多个科研机构，总人数超过30万。80年代的战略防御计划（星球大战计划）则是另外一个耗资巨大的军工复合的典型工程。里根1983年提出的战略防御计划致力于从军事、科技、经济诸多方面探索开发和利用太空，从而夺取和巩固美国的军事、经济优势，大大刺激了军工技术部门的大发展，这项工程当时耗资近400亿美元，涉及的新技术包括信息技术、通信技术、光传感器技术、雷达技术、激光技术、新材料技术、火箭推进系统技术等，其涉及的定向能、航天、探测数据处理和人工智能等项目都是与国民经济有着密切关系的尖端产业。此外，1980—1985年，里根政府还投入了1万多亿美元进行和平时期史无前例的大规模军备建设，当然也促进了美国新一代高精尖技术的大规模、跨越式发展。马库森等人在《枪带的崛起》一书中指出，自第二次世界大战以来，国防制造业已从美国中西部的老工业中心转移到东海岸和西海岸的新高科技飞地，反映出航空航天、导弹、通信和电子领域的地位日益突出。[1]美国日益形成军事经济大规模存在和对持续战争支出的广泛依赖这样一种局面，正如美国学者凯瑟琳·卢茨（Catherine Lutz）指出，第二次世界大战开始了美国的军事化进程，尽管起起落落，但从未真正减弱。[2]

冷战时期美国军工复合模式，确实具有明显的战略效应。一方面，它在长期与苏联的冷战对抗中为美国构筑了强大的国防工业基础，同时也通过军工企业巨头出于逐利而主要是自发地向民用经济和民用技术的转移，带动了民用经济技术的极大发展，就此来说它创造了社会经济财富，增加了政府财政收入，增强了国家的综合国力，从整体上支撑了美国的世界霸权地位。当然另一方面，这种发展模式也必定有它的巨大弊端，这种军工

---

[1] A. Markusen, et al., *The Rise of the Gunbelt: The Military Remapping of Industrial America* (New York: Oxford University Press, 1991), pp. 23-56, cited from David T. Smith, "From the Military-Industrial Complex to the National Security State," *Australian Journal of Political Science*, Vol.50, No.3, 2015, pp.576-590.

[2] Matthew Farish, Patrick Vitale, "Locating the American Military-Industrial Complex: An Introduction," *Antipode*, Vol.43, No.3, 2011, p.777.

复合发展的模式也使美国形成支持国防产业发展的巨大利益群体,它跨越党派,遍及美国各个阶层和全国各地域。有统计显示,整个冷战时期,美国有三分之一的科学家和工程师在军事部门工作,全国四分之三的研究人员从事与军事有关项目的研究工作。[①] 它助推美国执行某种好战的黩武主义和到处干涉的扩张政策,甚至在有些情况下还因某些局部群体利益需要而造成美国某些对外干涉行动的长期拖延,因此它从长远和根本上来说又极易造成美国国力的极大损耗,或者说造成如保罗·肯尼迪在其名著《大国的兴衰》中所告诫的,防务与生产之间的失衡局面。

二

与美国相比,冷战时期另外一个超级大国苏联的经济则呈现出迥然不同的另一种局面。苏联无疑是一个军事超级大国,在冷战时期拥有可以与美国相匹敌的常规军力和核武库,但是,苏联经济同时呈现出来一种轻工业落后、人民生活水平不高、民用经济萎缩的状态,军工生产的技术能力没有转移到民用经济领域,苏联国民经济陷入一种长期重视重工业和军工生产而轻视轻工业和民用经济生产的失衡状态。从军民融合的角度来看,苏联的国民经济运行模式显然是有很大缺陷的。

对于科学技术发展来说,苏联计划经济体制能在短期内集中调配有限资源用于国家规划的重大、紧急的科学研究或技术开发项目,从而产生"资源聚合效应"。这种"资源聚合效应"在苏联成立的初期和第二次世界大战结束后为苏联科学技术的发展起到了非常重要的作用。特别是"大科学"的迅速发展正是这一体制优势的具体体现。在很多尖端科学技术领域苏联达到了世界领先水平。但是,苏联把一个在特殊条件下为了生存而产生的模式看成是社会主义经济发展唯一正确的模式,日益僵化和固化,过于重视政府集权和行政控制,苏联经济长期被认为是"命令经济""统制

---

① 张爱军、沈雪石、靖彤莉:《美国国防科技发展战略探析》,《国防科技》2011年第3期,第82页。

经济""战备经济"。① 战备经济必然要求经济体制的高度集中化，把物力、财力和人力集中用于军事部门。战后初期，苏联长期推行军事化的经济政策，在和平发展时期也没有进行符合经济规律的合理改革。冷战开始后，据苏联官方的材料计算，战后第一个五年计划时期（1946—1950年），苏联国民经济军事化比重占苏联国民收入的近四分之一。战后第一个五年计划规定，机器制造业和金属加工工业产值要比1940年增加115%，在规定工业总产值增长72%的情况下，机器制造业要增长135%，这些指标均提前超额完成。1952年，苏共召开十九大前夕，在为大会准备的文件中谈到苏联的成就时说："国防工业取得了相当大的成就。1950年与1940年相比，航空工业增长了33%，武器工业增长了75%，造船工业增长了140%，在战后五年间按计划总产值，航空工业完成了102.8%，武器工业完成了103.1%，造船工业完成了106.2%。生产能力、工人数都在增长。"但是，轻工业只完成计划规定的80%多，未达到战前的水平。农业情况最糟，苏联1950年的农业产值只相当于1940年的99%，粮食产量为8500万吨（原计划是1.27亿吨）。在第五个五年计划的头3年（1951—1953年），苏联农业计划方面一项指标也未完成。② 究其原因，是因为在斯大林体制下，一是企业部门往往对上级隐瞒企业的生产成果和生产能力，以提防国家对它提高计划指标，想方设法追求"轻松的计划"；二是企业在完成生产计划时，一般都把数量放在首位，而质量则放在次要地位，因为在这种体制下，各级管理部门所关心的是数量指标，企业也是根据这一指标来获得奖金的；三是企业为了提防国家临时给它提高计划任务以及防止出现各类生产资料供应的中断，便采取各种办法储备过多的生产资料，从而产生积压和浪费；四是为了确保数量计划的完成，企业不愿采用新技术，生产新产品，产品缺乏竞争力。③ 总体上，苏联奉行的粗放发展模式重数量轻质量、重速度轻效益，产生严重的"创新惰性"，特别是军事化导向极大地影响了对民用科学技术的投入，使本来可以为军民共用的科学技术成果被封锁

---

① 陆南泉：《苏联经济体制改革史论（从列宁到普京）》，人民出版社，2007年，前言，第3页。

② 同上书，第102页。

③ 同上书，第88页。

在军工部门。①与美国和西方的全面对抗也使苏联在主观上不愿意接受西方主导制定的那一套经济运行体系和规则。战后苏联对社会主义世界市场体系也缺乏理论认识，它基本上按照苏联的计划经济模式构建，更多地将维护国家安全、制度安全、阵营安全、意识形态安全的战略考虑放在首位，而货币、消费市场、消费者、市场力量和市场规则等这些现有国际市场必备的要素受到忽视，对如何建设一个社会主义体系的国际市场缺乏理论准备，在实践中只能仓促应对美国构建西方市场的挑战。②

在对外经济关系上，苏联也因与美国和西方阵营尖锐的安全对抗而忽略了其与盟友关系中的经济规则构建。没有形成指导规范社会主义国家和其他发展中国家贸易行为的运行规则，没有形成公认的苏联主导的国际市场，连卢布也没能实现流通，社会主义国家贸易总量不足，苏联建设社会主义国际市场的一系列尝试以失败告终，在实践中出现很多人为的、随意的、非制度化的做法，破坏了社会主义国家间相互经济合作的前景。这使得苏联东欧这个共同体在经济体系意义上无法形成合理的坚强有力的运行机制。

苏联的经济运行模式同样留下了极为深刻的历史遗产。它急于应对紧迫的国家安全威胁，难以从容地对国内社会经济发展模式进行根本性探讨和理论构建，过于重视为了国家安全和战争需要而动员经济，而忽视了国民对经济发展的根本需要，过于重视军工生产而轻视民用经济，它高度重视计划运行而丧失了创新动力，它重视数量而轻视质量，其结果是在造就了一个强大的军事帝国的同时，又在很大程度上因国民经济虚弱，无法支撑军备竞争而解体。

三

当代史的两个典型案例，生动地诠释了军民融合经济发展模式的重要

---

① 宋兆杰：《苏联—俄罗斯科学技术兴衰的制度根源探析》，博士学位论文，大连理工大学人文社会科学学院，2008年。

② 陆钢：《苏联国际市场大战略失败探源》，《社会科学》2017年第11期，第3—13页。

意义以及容易出现的问题。历史是对当代的启示，它确实说明了军民融合发展的重要性，但是也确实反映了不同国家在军民融合发展路径和模式上的不同选择。当今世界，各国在国家战略制定和政策实施上都考虑到了军民融合的重要性，但是在具体政策做法上又显示出各种各样的差别。其实就上述美苏在冷战时期的政策做法而言，也很难说绝对的成败，至多只有相对的评判。如果说在总体上给出一个有点意义的分析框架，那么以下几点或许是重要的。

一是国家总体战略层面的设计。军民融合显然属于国家战略层面的选择。基于解决现代国家越来越大的资源需求与资源制约之间的矛盾，军民融合可以实现资源的集约化，因此是一种必要的基本战略路径。但是到底如何实现军民融合，是以军带民，还是以民带军，还是军民互促，这些涉及具体情势下的战略思路，跟国家面临的不同经济发展阶段有着根本关联，跟不同国家的不同制度模式和发展文化息息相关，也和国家面临的具体国际、地区和国内环境紧密相关。从发展阶段来说，发展水平较低的国家，经济资源更为有限，更倾向于优先考虑国家安全的方式，也就是以军带民的方式去实现国家安全与发展，因此"军"对"民"的主导更明显一些。发展水平高的国家，国家可支配的资源更多，也就拥有更多的经济资源和经济手段去同时考虑"军""民"的不同需求，"军""民"在相互协作融合发展框架中的地位较为平等，也使国家得以以更合理的方式去思考战略选择。

从国际环境来说，在和平与合作占主流的时期，世界大多数国家更倾向于以民促军，优先发展民用领域的经济生产，兼顾国家安全上的需求；在国际局势紧张时期，各国往往会优先考虑国防和安全需要，在国防需求得到基本满足的情况下大多会考虑如何更好地促进经济和社会的发展问题。至于在哪些领域实现军民融合，是在传统部门，还是在新兴领域，涉及国家对具体部门领域的选择，也反映国家的发展基础和发展思路。一般来说，新兴战略领域，例如网络、太空等领域的技术发展，因兼具极其重要的国家安全价值和经济社会发展价值，得到了当今世界主要大国几乎普遍性的优先关注。但是，有些国家的发展基础强一些，有些国家弱一些，不同国家新兴领域跟传统部门领域的体系融入度和结合度也不同，这些也都会影响不同国家的战略选择和资源分配。但是，国家层面如何取得整体性最大化效益，每个国家都有自身的不同考虑。当然，这些方面也还涉及国内政治利益博弈与国家资源优先投入方向之间的关系问题，特别是实行选举政治体制的西方国家，在这方面体现得更为明显。

二是国家体制层面的引导融入。对一个国家来说，国防安全和社会经济发展分属于两个不同的政策领域，虽然当今主要国家都建立了总体上协调各部门国家政策的机构，以美国国家安全委员会三级会议机制为典型，但国防部门和经济部门在政策体制、运行机制上有着巨大的差异隔阂，这也是事实。国防部门的预算执行有其自身一套机制，而且许多国防采购也都是流向具有特定技术水平和相应资质的大型军工企业。冷战时期苏联实行社会主义制度，属于计划经济体制，大型军工企业无疑都是国有企业，严格按政府计划来组织生产，它们接受政府赋予的军工生产任务，工人从政府领取工资收入，政府并没有要求这些国有军工企业去承担其他生产任务，工人也没有动力去要求生产其他的产品，因为这并不会为其带来更多的收入。因此，这就在军工生产和其他民用产品的社会经济生产之间造成了脱节，军工企业根本没有动力融入其他社会产品的经济生产之中。美国之所以能够较好地实施军民融合发展，也正是因为这些大型军工企业的私有性质，这些企业不仅制造军工产品，它们还必须生产更多的民用商品去开拓市场、获得更多的利润，方能在市场竞争中不断获得自身发展，这就使其具有了军民融合的内在动力。因此，冷战时期美苏两国社会制度的根本差异决定了苏联不可能有真正的军民融合，而美国的私人资本主义则从根本上便利了军民融合的推进，也可以说，冷战时期美国这种军工复合并非出于一种战略设计，更多是出于资本自身运行过程中对规模、空间和权力不断追求的内生基本逻辑。从这个意义上说，严格的计划经济体制显然不利于促进社会生产的扩大，容易束缚社会生产和再生产的活力。当社会主义国家引入了市场经济制度以后，军工生产和社会经济生产这两种不同领域的生产活动间的隔阂也就被逐渐打破了。改革开放后，社会主义国家相应的大型军工国有企业生产经营活动也需要经得起市场的检验，也要参与到市场竞争之中，但其组织生产模式和制度形式又在一定程度上保证了其更大规模的生产能力和竞争能力。就此而言，改革开放后引入市场体制的社会主义国家，远比资本主义国家具备组织更大规模军民融合生产的能力。

三是公众层面的创新工匠精神。军民融合作为一种发展路径，强调融合创新以实现最大化资源集约和生产效益提升，倍增国家整体战略效能。从经济学上说，融合创新是指"将各种创新要素通过创造性的融合，使各创新要素之间互补匹配，从而使创新系统的整体功能发生质的飞跃，形成强大的创新能力和核心竞争力"。[①] 军民融合尤其强调军事技术研发、军工生产等与民用经济技术发展之间的紧密融合，协同促进国家防务、经济生产和民众生活水平的提升。作为一种科学的创新路径，它以要素融合实现军民创造性价值为诉求，这显然需要有科学的路线与方案设计。但最基本的一条是，要通过军民融合路径实现总体层面的国富民强，必须要从根本上培养公众的工匠创新精神。"从古至今，任何技艺的继承和精神的传承都要经过工匠的反复实践与不断探索，在总结以往经验的基础上，创造性地解决生产和创新中遇到的瓶颈问题。"[②] 军民融合的路径，实际上是一种全新的科学试探，它要求以一个领域的生产模式或经验创新性地解决另一个领域的生产问题。没有这种创新工匠精神，军民融合就容易演变成其反面的衍生物。类似于美国的军工复合体便是当代的一种社会寄生物，它越来越变成一种顽固寄生于政府庞大军费支出的政府—金融—军工财团复合体。这种金融军工复合体失去了军民融合发展模式原初被赋予的兼顾安全和发展的双重生产机能，偏离了促进实体经济发展的正向能力，日益成为一种阻碍社会生产力创新发展的社会痼疾。

[①] 《中国工程院院士倪光南在第六届中国集成电路产业创新大会上的讲话》，中国南京，2017年3月23—24日。

[②] 徐彦秋：《工匠精神的中国基因与创新》，《南京社会科学》2020年第7期，第151页。

目　录

代序：理解军民融合发展路径的战略含义：当代史的启示.................. *1*

第一章　美国军民融合战略..1
第一节　美国"一体化"军民融合模式的历史发展...................1
第二节　美国军民融合的战略设计、政策制度和管运体系..........9
第三节　美国推行军民融合战略的重点领域及主要举措.............17
第四节　美国军民融合战略的成效评估与启示.........................32

第二章　俄罗斯军民融合战略..34
第一节　俄罗斯军民融合战略的发展历程................................35
第二节　俄罗斯军民融合战略的目标与政策............................45
第三节　俄罗斯军民融合战略的问题与出路............................60
第四节　俄罗斯军民融合战略的成效评估与启示......................65

第三章　印度军民融合战略..75
第一节　印度国防工业自主化的发展历程和现状......................75
第二节　印度军民融合的战略设计和政策制度.........................92
第三节　印度军民融合的管理和运行体系..............................111
第四节　印度推行军民融合的重点领域和主要做法..................126
第五节　印度军民融合战略的主要问题和启示........................138

第四章 澳大利亚军民融合战略 148
- 第一节 澳大利亚军民融合的发展历程 148
- 第二节 澳大利亚军民融合的战略设计与政策制度 157
- 第三节 澳大利亚军民融合体系的管理和运行 167
- 第四节 澳大利亚推行军民融合的重点领域、主要做法和特点 186
- 第五节 澳大利亚军民融合战略的成效评估及主要启示 207

第五章 泰国军民融合战略 215
- 第一节 泰国国防工业军民融合的发展历程 215
- 第二节 21世纪以来泰国国防工业军民融合的重要举措 220
- 第三节 泰国国防工业军民融合重要机构及其成果 223

第六章 越南军民融合战略 228
- 第一节 越南军民融合战略的形成背景与指导思想 228
- 第二节 当代越南对军民融合战略的考量 233
- 第三节 越南军民融合的主要内容、机制和特点 236
- 第四节 越南军民融合的启示 241

附录：中外译名对照表 243

第一章　美国军民融合战略

汪　乾[*]

冷战后美国依赖其强大的军事工业能力，在其国家战略实践中大力倡导军民融合战略，主要是致力于在确保国家安全—军事能力的同时促进其国家经济发展和人民生活水平的提升。对美国而言，基于其强大的国防产业能力，这一战略运行有着先天得势之处，事实上美国通过军方、军工部门和军工企业的调整改革，及其与企业界的紧密合作，形成了国防工业—科技和民用工业—科技结合发展的军民一体化模式，实现军民技术的双向渗透和扩散，推动了国家整体经济的发展。但是，美国强大的军工利益集团及其政策层面对军事优势的倚重，使其在这一战略实践过程中始终难以摆脱军事权势的结构性影响。

第一节　美国"一体化"军民融合模式的历史发展

一、冷战后美国首倡作为大战略的军民融合

军民融合与军民分离相对，顾名思义，是指利用军队和社会两方的资源来维持、建设和运用武装力量。其中，又以利用社会资源为主，能利用社会资源尽量利用社会资源。广义上来说，军民融合分为现象和战略两大层次。作为现象的军民融合古已有之，世界历史上几乎不存在完全不利用民间和社会资源的军队。古代的中外军队参战人员自备武器的传统；强调

---

[*] 汪乾，国防科技大学外国语学院讲师。

军事工业独立的苏联也在二战中利用民品工厂生产军品,如在斯大林格勒战役中,该城拖拉机厂便生产坦克并由工人直接开赴前线。但是,从狭义来说,作为战略概念的军民融合是由美国首倡的。1994年,美国国会技术评估局(Office of Technology Assessment)正式提出"军民融合"或"军民一体化"(civil-military integration)战略概念,并对其作初步分析和规划,这是军民融合第一次明确地出现在美国官方文件中,标志着美国军民融合战略的推出。同年,美国国会通过《联邦采购精简法案》精简军用规范,使国防部和其他政府机构可以更方便自由地购买商业技术、产品和服务。为此,美国对长期执行的军用规范作出重大调整,新规范以性能或商业标准为基础制订,大力提高军民产品标准的通用化水平。所有标准,只要可能,均采用民用规范与标准,放宽购买民用产品的政策限制。[①] 美国国防部鼓励军工企业采用非军用标准生产零部件,并让民用企业参与市场竞争;积极开放军用技术市场以引入民用技术为武器装备的研制服务,更多地应用军民两用技术为军事工业服务。1996年,美国国家科学技术委员会在重要技术政策文件《技术与国家利益》中提出:"美国政府已不能继续维持相互分离的军用和民用工业基础,必须形成一个同时满足军用和民用两方面需要的工业基础。"换言之,美国只建设"一个"工业基础同时服务军队和社会。美国国会对军民融合战略的定义与国家科学技术委员会的定义类似:国防工业—科技基础与民用工业—科技基础结合而成统一的国防工业—科技基础。[②] 该定义增加了"科技",符合战争历史发展规律。如果说美国取得"二战"胜利的主要原因是迸发出数倍于轴心国的工业产能,那么,美国在战后新的历史条件下制胜的主要因素之一就是更先进的科技。根据这一定义,不应把军民融合所涉内涵过于泛化,应严格限定在工业—科技领域。

[①] 蒙有为、任文明、宋京帅:《美国团体标准发展对我国标准化军民融合的启示》,《中国标准化》2019年第1期,第63—68页;赵川、刘子豪:《美国军用材料焊接标准军民融合发展研究》,第十五届中国标准化论坛会议论文,浙江义乌,2018,第1019—1025页。

[②] U.S. Congress, Office of Technology Assessment, *Assessing the Potential for Civil-Military Integration: Technologies, Processes, and Practices* (Washington, DC: U.S. Government Printing Office, 1994), p. 4.

作为战略的军民融合区别于以往一切军民融合的特征正在于其大战略特性，即包括工业和科技资源在内的一切国家资源都可以为国防和军事服务，没有例外，没有遗漏。须知，大战略区别于军事战略的本质便是发展、动员和应用国家一切手段，而不仅是军事手段。一些著名战争理论家、战略思想家都认识到军事战略和大战略的层次区分。克劳塞维茨在1830年写道："或以为政治不应干涉战争指导……这种人根本不知道大战略为何物。"[①] 英国海洋战略理论家朱利安·柯伯特（Julian Corbert）把战略划分为大战略（major strategy）和小战略（minor strategy）。柯伯特的"大战略"将经济、外交等非军事手段纳入分配和应用，与现在通用的"大战略"（grand strategy）相差无几。柯伯特的"小战略"几乎是纯军事性的，考虑的是"分配和使用军事手段以达到政治目的"。[②] 李德·哈特在《战略论：间接路线》一书中写道："大战略的任务为协调和指导一切国家资源（或几个国家的资源）以达到战争的政治目的……大战略应计算和发展国家经济资源和人力资源以支持战斗兵力。同时，还有精神资源，因为培养人民的战斗精神与保有其他有形力量同等重要。大战略也应管制不同军种之间，以及军事与工业之间的权力分配。军事仅为大战略手段中之一种，大战略还必须考虑和使用财政压力、外交压力、商业压力以及道义压力，以削弱对方的意志。战略的眼界仅以战争为限，大战略的视线必须越过战争看到战后的和平。"[③] 美国著名战略思想家爱德华·米德·厄尔（Edward Mead Earle）表示："大战略是控制和使用一个国家（或国家联盟）的种种资源（包括其武装力量）的艺术，以求针对其实在、潜在或纯粹假想的敌人来有效地促进和保障至关紧要的利益。最高形态的战略，有时被称作大战略，要求将国家的各项政策和各种军备整合为一，让诉诸战争要么成为

[①] Karl von Clausewitz, "Betrachtungen über einen küfti gen ktiegsplan gege Frankreick," reprinted in Carl von Clausewitz, Kerstreute kleine Schriften, eds., *Werner Hahlweg* (Osnbrück: Biblio Verlag, 1979), p. 547.

[②] B. H. Liddell-Hart, *Strategy: The Indirect Approach* (London: Faber and Faber, 1967), p. 335.

[③] *Ibid.*, p. 336.

不必要，要么获得最大胜利。"① 约翰·柯林斯在其《大战略：原理与实践》一书中给大战略的定义是："大战略是在一切不同的环境下使用国家权力的艺术和科学，其目的为运用武力、武力威胁、间接压力、外交、诡计及其他富有想象力的足以达到国家安全目标的手段，以向对方施加我方的各种不同种类和程度的控制。"② 时殷弘表示："国家大战略是国家政府本着全局观念，为实现国家的根本目标而开发、动员、协调、使用和指导国家所有政治、军事、经济、技术、外交、思想文化和精神等类资源的根本操作方式。它是基于深思熟虑的、手段和大目标之间关系的全面行动规划，既需要全局性的精心合理的预谋和确定，又需要以灵活为关键，不断重新审视和调整。"③ 该定义除重申利用一切手段外，还强调"不断调整"以及"灵活"。"灵活"便是艺术性的一种。李少军对大战略做出言简意赅的定义："怎样调动全部力量和资源达到国家既定目标的科学和艺术"。④ 综合旧有定义可以发现，军事战略和大战略的区别在于：军事战略主要运用于战时，大战略的运用不分平时、战时；军事战略主要运用军事手段试图达成战略目的，大战略运用一切手段，包括军事和非军事手段、物质资源和精神资源手段以达成战略目的。但是，这些旧有定义对大战略手段的研究不够充分，只强调分配和使用手段，未注意发展和动员手段。发展手段方面，仅以战斗机的发展为例，二战时盎格鲁-撒克逊国家的战斗机飞速更新换装，从太平洋战争爆发时性能不及日军三菱A6M"零式"和纳粹德国梅塞施密特BF-109系列战斗机的各类现役制空作战飞机，发展到两年后能统治欧洲大陆和太平洋上空的P-51"野马"系列战斗机，这一兵器手段的发展对盎格鲁-撒克逊国家赢得太平洋战争和欧洲大陆战略轰炸作战意义重大，即便它的意义尚不及弹夹式步枪、后膛装弹炮和重机枪迫使线列步兵战术

---

① Edward Mead Earle, ed., *Makers of Modern Strategy* (Princeton: Princeton University Press, 1943), p. viii.

② John M. Collins, *Grand Strategy: Principles and Practices* (Annapolis: U.S. Naval Institute Press, 1973), p. 14.

③ 时殷弘:《国家大战略理论论纲》,《国际观察》2007年第5期，第15页。

④ 李少军主编《国际战略报告：理论体系、现实挑战与中国的选择》，中国社会科学出版社，2005，第1页。

变为散兵战术那样显著。①澳大利亚皇家空军从"挑战"歼击教练机到"回旋镖"战斗机的发展亦体现出类似进程。通过吸取和改进旧有战略定义的优点和不足，可以分别对军事战略和大战略定义如下：军事战略是战略主体在战时发展、动员、分配和使用军事手段以达成战略目的的艺术和科学；大战略是大战略主体（大多是主权国家）在平时和战时发展、动员、分配和使用包括军事、政治、经济、心理等军事和非军事手段以达成大战略目的的艺术和科学。

很明显，军民融合是大战略的组成部分，是大战略主体在平时和战时发展、动员工业、科技及其人才等物质性非军事手段以达成大战略目的的科学、政策和行动。②美国率先把军民融合纳入国家大战略领域影响深远，不仅建构出重塑整个国家工业—科技基础的宏大纲领，也冲击其他国家的工业—科技体制，颠覆一些国家对军民融合和军民分离的旧有价值判断，导致大量军队资产、人员和企业转入社会，以及大量社会资产、人员和企业获得国防市场份额，一定程度上重塑各国军队和军民关系。

二、美国军民融合模式历史发展阶段划分

任何大战略评估、决策、计划、布局、调整皆非一蹴而就，必定历经复杂的历史发展过程，美国"军民一体化"战略同样如是。学界对美国一体化军民融合模式的历史发展阶段存在以下两种主要观点。

第一种观点认为，美国在冷战前大体是军民分离，冷战后转变为军民融合，二者不能完全割裂。这种认识与军民一体化概念的提出时间相近，得到了多数学者的支持，是一种传统且主流的观点。③其中，吴翔飞认为，冷战时期到20世纪90年代中期是美国军民融合的开始阶段。美国在该阶

---

① Tony Holmes, *Jane's Vintage Aircraft Recognition Guide* (New York: Harper Collins, 2005), p.184, pp.177-178, 191-192;〔英〕李德·哈特：《第二次世界大战战史》，钮先钟译，上海人民出版社，2009，第561—584页。

② See Hannah Arendt, *The Human Condition* (Chicago: Chicago University Press, 1958), pp. 175-247.

③ 吕彬、李晓松、姬鹏宏：《西方国家军民融合发展道路研究》，国防工业出版社，2015；赵澄谋、姬鹏宏、刘洁：《世界典型国家推进军民融合的主要做法分析》，《科学学与科学技术管理》2005年第10期，第26—31页。

段推行"先军后民,以军带民"的政策和军民分离的国防采办制度,形成军工和民用两个几乎分割的市场。20世纪90年代中期至今是美国军民融合的真正发展阶段。①

第二种观点认为第一种观点的划分比较机械,未注意冷战前后美国军民融合战略的连续性,更未注意美国在提出军民一体化概念前早已存在的一体化事实及其演进。譬如,万尼瓦尔·布什曾向美国总统建议,民间科学家在第二次世界大战后依然应该像战时一样为国家安全作出贡献。②其中,王路昊、胡凌嘉梳理1947—2016年美国颁行的78部法律和政策文本后认为,美国军民融合战略应该划分为四个阶段:1947—1979年是以民促军阶段,在该阶段美国保证社会力量在第二次世界大战后继续支持军事力量建设,同时借助市场导向防止国家权力滥用;1980—1991年是军民并举阶段;1992—2000年是军民一体化第一阶段,是促进经济阶段;2001年至今是军民一体化第二阶段,是保障军事阶段。在四个阶段里,政策理念、政策工具和组织载体均具有连续性。③

总体来看,美国军民融合的发展历史把冷战前的情况总结为"军民分离"肯定不准确,因为实际情况是军民从来没有严格分离,或许这个词用来描述苏联的情况更加准确一些。然而,过于强调军民融合在冷战前后的连续性同样未能把握实际变化的精髓。所以,美国军民融合模式正确的历史阶段划分是:1994年前是作为自然事实的不完全的军民融合阶段;1994年后,基于利用国家一切资源的大战略制定这一顶层设计,可以称为完全的军民融合阶段。另外,需要指出的是,对美国军民融合中的"军"与"民"的两种不尽准确的认知可能妨碍对本著两阶段划分的理解。第一种认知是,"军"是国有企业,"民"是私营企业。这完全错误,尤其是在美国。众所周知,美国几乎没有且不曾有国有企业,即便是洛克希德·马丁公司、普拉特·惠特尼公司、格鲁曼公司、通用电器公司这样规模宏大的工业—科技企业也是私营企业。美国的不管哪一阶段的军民融合都置身于有

---

① 吴翔飞:《美国军民融合法律机制研究》,《延安大学学报》2010年第4期,第36—40页。
② 〔美〕万尼瓦尔·布什:《科学:没有止境的前沿》,范岱年译,商务印书馆,2004。
③ 王路昊、胡凌嘉:《美国军民融合战略的政策变迁:基于政策文本的分析》,《电子科技大学学报》2019年第1期,第30—36页。

时受国家指导的私营企业体系内。第二种认知是，"军"是军品企业，"民"是民品企业。这一认知部分错误。美国实行的是自由企业和自由竞争的经济制度，这决定军民融合在美国一直自然而然地存在并演化，即令国家有时施加相当的引导力量。在这种经济制度下，不像苏联那种强大的国家可以通过计划经济制度把企业划分为泾渭分明的军品企业和民品企业，每个企业或多或少都是军民融合企业。当普惠或通用电器公司向商用飞机供应发动机时就是民品企业，而向军用飞机供应军需零件时就是军品企业；可口可乐公司同样如此，当可乐被提供给军方用于训练或作战保障时就是军品，而躺在沃尔玛超市货架上的则是民品。但是，这并不意味着不可以根据企业的主要供货方向模糊地、动态地划分军品企业和民品企业，所以，该种划分只是"部分"错误。不过，既然不存在纯粹的军品企业和民品企业，就难以存在两者的融合，因为融合的主体即前提不存在。因此，军民融合中的"军"和"民"在美国语境里是不能被分割理解的，美国军民融合模式历史发展阶段的划分只是程度的差异，当军民融合在理论和政策上被要求达到100%，即国家只有一个工业—科技基础时，军民融合便成为大战略的组成部分，而不仅仅是客观现象。

具体来看，美国在第二次世界大战后进行军民融合探索，先后实施了"军民分离""先军后民""以军带民"的军民融合发展模式，根据世界局势和本国国情，从国家层面积极调整军民融合政策，推进军民一体化发展，实现将国防工业与民用工业融为一体的发展模式。冷战后，美国实施分阶段的军民一体化目标，将军民融合发展目标分为三个子阶段，分别是调整阶段、改革阶段、重组阶段。调整阶段主要是改变军品采购模式，不断扩大商业采购，促进军民技术交流，发挥市场主体的投资效用。改革阶段是在调整阶段的基础上，采用更灵活的方法促进军民融合发展，在该阶段进一步优化军品采购，不断扩大民品采购，推进武器装备维修保障、生产研发一体化发展，将军民融合经验向国防工业多领域推广。重组阶段的目标是实现资源优化整合重组，在这个阶段重新构建国防工业基础，使国防工业全面融入国家科技发展体系中，布局更加合理，优化军事力量和武器装备体系，逐步走上商业化运作的军民融合发展道路。

三、美国实施军民融合战略的原因

美国之所以在1994年提出军民融合战略，基于以下三个主要原因，其中头两个是出于国家利益和政策优化的考虑，第三个是企业追逐利润的需要。

第一，美军军费不足，必须降低军品研发、制造和采购成本，提高军费支出性价比。朝鲜战争后美国军费预算出现螺旋式下降，即便在越南战争、里根政府强化国防、海湾战争等时期，军费占美国GDP的比重也仅是小幅上升。譬如，里根时期为6%，海湾战争时期为4.5%。[①]

第二，维持独立的军品部门既不一定能让军方获得性能更优的技术、产品和服务，也难对社会经济发展作出贡献。换言之，军民分离对军民两方不利。美国国会技术评价局认为，导致军民分离的原因是：国防采办的特殊法规，譬如，必须按照相关法律的规定采取政府制定的会计准则并接受定期核查；国防部颁布大量的与民用标准不兼容的军用标准和规范；军方追求独特的技术和产品；某些军用项目缺乏民用市场；军方不计成本地强调产品性能；保密技术项目难以实现市场转化。对军方而言，封闭的军事工业有时虽然效能卓著，但更多的时候不能满足军方所需。对社会而言，冷战期间，美国三分之一的科技人员为军事工业服务，国防研发经费占政府科研费用的70%，却只创造出6%的国内生产总值。[②]

第三，企业追逐利润的需要。一方面，部分民品工业需要军方订单维系生存。这在造船业上表现得最明显，如果没有军方订单，美国造船业将濒临破产。另一方面，军品企业的技术、产品和服务需要在民用市场上销售以获取利润，不使巨额研发投入所得的成果因为战争尚未来临而空转或过时。

[①] 李璐、梁新编著：《军民融合发展历史经验研究》，中国财政经济出版社，2019，第41页。
[②] 叶选挺、刘云：《美国推动军民融合的发展模式及对我国的启示》，《国防技术基础》2007年第4期，第41页。

第二节　美国军民融合的战略设计、政策制度和管运体系

一、注重顶层谋划的战略设计

军民融合大战略的最主要目的是以较低的成本高效地推进军事工业—科技发展。美国为维持绝对军事优势，进而维持其世界霸权，做出了一系列战略设计。

第一，制定军民协同创新规划。美国政府与军方高度重视国防科技创新的顶层谋划，除了《国家安全战略》《国防战略》《国家军事战略》等具有宏观战略指导意义的战略文件外，在国防科技专门领域又逐步形成了以《国家创新战略》[①]《国防科学技术战略》《国防创新倡议》及相关支撑性规划为核心的国防科技创新战略规划文件体系。在白宫层面（白宫科技政策办公室）发布《国家创新战略》以及其他重大科技计划；在国防部战略指导层面以《国防科学技术战略》为总揽形成国防科研规划系列，对美国国防科技基本政策予以阐释。1992年美国公布冷战后第一个《国防科学技术战略》，此后历届政府不定期发布《国防科学技术战略》[②]，2007年将国防科学技术战略更名为《国防研究与工程战略规划》，强化国防科技向武器装备与战斗力的转化。[③] 2014年底，美国国防部发布《国防创新倡议》，指出为确保美军未来数十年内继续保持竞争优势，美军需要研发颠覆性新技术，寻求人才培养和管理的创新模式，适应技术快速更新换代的要求。2023年，美国国防部又发布新版《国防科学技术战略》，强调将利用关键新兴技术实现国防战略目标，明确美国国防部科技优先事项和目标，并就

---

① 2009年后，美国政府定期出台《国家创新战略》，提出科技创新的方向目标、重点任务、管理举措等内容。战略由美国经济委员会和白宫科技政策办公室联合美国各领域顶尖科学家共同制定，由美国总统签发后实施，统筹谋划科技包括国防科技的长远发展。

② 美国《国防科学技术战略》之下又有《国防基础研究规划》《国防技术领域规划》和《联合作战科技规划》等具体规划，内容涉及作战应用、技术实现、基础科学等维度，阐明研究体系、研究目标、研究重点等内容。

③ 2014年负责研究与工程的美国助理国防部长陆续发布《研究与工程战略：催生改变的概念》《国防部研究与工程战略指南》《21世纪国防科技协同工作顶层框架》等国防科技顶层战略文件，提出了新形势下美国国防科技发展的战略思路与目标。

国防研究和工程体系的未来发展提出建议。此外，各军种和国防部业务局分别出台并定期更新本部门科学技术战略规划，主要包括《海军科学技术战略》《空军战略主计划》《陆军科学技术主计划》《国防高级研究计划局战略规划》等，提出了各部门国防科技发展的战略构想、重点领域和政策措施，形成与国防部层面战略规划相配套的战略规划体系。

另外，美国政府根据形势发展变化不时制定技术领域战略性文件，国防部层面会积极响应制定部门战略规划。如2020年特朗普政府、2022年拜登政府均发布《关键和新兴技术（CET）清单》。2022年2月，美国国家安全委员会和国家科学技术委员会发布最新版《关键和新兴技术清单》后，美国国防部于2022年2月3日发布《竞争时代国防部技术愿景》，勾画了美国国防部技术优势路线图，强调利用新兴技术击败对手。

第二，完善军民技术和产品的互动转化机制。美国建立包括国会、国防部、总统科技政策局、技术转移办公室等在内的组织机构体系，制定一系列政策法规，促进军民技术和产品的双向互动转移。美国政府成立以总统科学技术顾问委员会、国家科学技术委员会、白宫科学技术政策办公室、管理与预算办公室4个关键机构为核心的行政决策与协调机构，与众议院的科学、空间和技术委员会以及参议院的商务、科学和运输委员会之间形成既合作又制约的机制，使颠覆性技术发展计划在实施前就能得到充分的论证，听取多方意见和建议，保障在实施过程中的监管。依托专门化的研究机构和庞大的创新资源体系，美国已经形成军民科技协同创新的常态化研究机制。1991年，美国国防部成立"技术转移办公室"，专门负责军民两用技术发展规划和促进军民技术双向应用。1993年，美国成立跨部门的"国防技术转轨委员会"，成为推行军民一体化改革的指导和协调机构。2012年，美国国防部设立战略能力办公室，致力于在现有技术与作战装备基础上形成技术创新和战略能力突破。2015年，国防部设立技术净评估办公室，负责进行国防科学技术战略评估，发现了很多国防科技创新方面的问题。同年国防部还在硅谷设立国防创新小组。2016年国防部分别设立两个地区机构以加强对民用创新技术的转化应用。同年，美国国防部设立国防创新咨询委员会，为国防科技创新提供顶层决策咨询。2017年国防部对原有职位进行改革，新设负责研究与工程的副部长，以国防首席技术官的身份推进技术和创新,同时担任国防部长、常务副部长在研究与工程方面的首席参谋助理和顾问,主要领导国防高级研究计划局、国防创新小组、战略能力办公室、导弹防御局,以及新设立的研究与技术局和先期能力局等下属机构。[①]

以"国家安全委员会"为最高政策协调机构,美国已形成跨部门联合协同机制,设立专门机构协调军民一体化,保障军民一体化战略规划的制定和管理。美国提出"第三次抵消战略"后,国防部加大"以民促军"力度,制定了相关政策,把商业领域中的成熟技术引入军事部门,开始更深层次的军民一体化进程,出台《两用技术:旨在获取负担得起的前沿技术的国防战略》《国家安全科学技术战略》等文件,修改和颁布新的国防采办指令和指示文件,提出一系列军民协同创新政策、国防采办改革倡议、备忘录和具体措施,为各部门推进军民技术和产品的双向互动转化提供依据。

第三,加快推进民用科技在军事领域的应用。1995年,美国颁布《国家安全科学技术战略》,提出建立一个既满足军事需求又满足商业需求的国家工业—科技基础。美国军民一体化的主线,一是建立军民一体化的工业—科技基础;二是利用民用科技降低军工科研生产成本。2000年,美国战略文件《国防科学技术战略》提出,在保持军事技术优势的前提下继续发展高新科技,以更经济的价格获得先进武器系统。2014年6月,美国著名智库"新美国安全中心"发布报告指出,美国国防工业—科技在应对全球科技进展和安全挑战上调整得太慢,因此,国防工业应将更多的民用先进技术应用于未来的武器装备。美国国防采购项目中的民用份额已上升到30%,美国国防部大量采购民用科技,比如3D打印和IT系统等。美国政府重视高技术产业的"民转军",提出"民为军用"的试验计划。该计划由三大相互关联的部分组成:一是实现研究与发展一体化,推动那些对提高经济技术整体实力和军事核心能力必不可少的军民两用技术的发展;二是实现工程技术、制造和后勤保障的一体化,促进经济资源与国防资源的

---

① 朱荣杰:《大国竞争视角下的美国国防科技体制、机制与创新》,《美国问题研究》2020年第2期,第97页。

共享和优化配置；三是依靠民用高新技术，采取有效措施鼓励民用技术移植或嵌入军事系统，以降低武器装备研制生产成本，缩短国防采办周期，提高武器装备的可靠性。"民为军用"的试验计划产生显著效果，不仅充分利用了民用部门的先进技术，保持了军事科技领域的领先地位，而且使纯军工体系的研发、生产、配套、保障与整个民用体系逐渐实现一体化运作，促进了军工体系的更大发展，令军工体系反应更灵活、运行更高效。美国商务部、能源部、运输部、航空航天局、科学技术基金会等部门与国防技术再投资部门一起制定出许多优惠政策和措施，鼓励民用产业部门投资军民两用技术，致力推动高新技术产业"民转军"的进程，努力消除民用和军用两个工业体系的壁垒，对国防采购法规、规章、制度、办法、程序做出一系列调整改革，鼓励高新技术"民转军"以及更多地采用军民两用产品、技术和标准。

二、不断完善军民协同创新的政策法规

美国军民融合的法律、政策、制度体系建设比较完备，尤其国会通过以"国防授权法案"为主要内容的一系列立法活动，对军民融合的具体政策行动予以促进、规范或管理。每财年的美国"国防授权法案"规定着美国各个财政年度的国防预算，包含不少鼓励和支持军民融合的条款，对美国军民融合战略的落地至关重要。各财政年度的"国防授权法案"规定很多军民融合项目的经费预算、授权资格、成本控制、管理合规、准入门槛等，不断深化军民融合。例如美国《1990财年国防授权法》要求国防部发布指导民品采购的法规，为采购民品设立制式合同。《1991财年国防授权法》要求国防部在签订专用产品合同前确定非研制项目满足需求的可用性和适用性。《1993财年国防授权法》提出军民一体化，要求国防部修改采办政策。《1996财年国防授权法》规定承包商在竞争性商品采购中不必上报成本和定价资料。《2013财年国防授权法》要求将中小企业承担主承包合同的金额比例从23%提高到25%，小企业承担分包合同的金额比例达到40%以

上。①美国《2018财年国防授权法》，提出了有关国防供应链的管控要求，核心是保护高新技术产业，减少供应链风险，支持本国国防关键新兴技术的发展。②《2019财年国防授权法》对国防部实验室政策进行大幅调整。拓展"开放园区"计划，授权国防部在军内实验室广泛开展类似陆军研究实验室"开放园区"的计划项目；深化与大学的合作，将太空、弹性基础设施、光子学和自主系统等领域纳入合作范围；建立小企业信息库，要求国防技术信息中心针对已参与国防部任务的小型创新企业建立技术能力信息库，便利未来军地合作开展。③

除年度国防授权法外，美国还有很多配套法律和政策。美国《联邦采办条例》规定，每个行政部门和每项采购活动都要指定一个"竞争倡议人"，强制督导推进采办竞争；《联邦采办条例国防部补充条例》强制要求重大装备采购项目必须有两个或两个以上的承包商开展竞争。美国《武器系统采办改革法（2009）》明确提出"竞争最大化"的要求，要求重大装备采购项目必须有两个或两个以上的承包商开展样机竞争，进一步拓展竞争范围。④为鼓励军民协同创新，美国出台技术补偿政策以减少企业因军事需求不确定而增加的研发成本。美国还制定《小企业法》《中小企业技术创新开发法》《小企业经济政策法》《小企业贷款法》等扶持中小企业参与军事技术创新项目的法规，配套落实中小企业参与军品市场竞争的扶持基金和政策，譬如，筹措技术研究开发资金，发放研究开发资金，资助研究开发资金，优先订货研究开发品，开放政府实验室和研究机构，推行中小企业特殊培育制度等。

《纳恩·迈克科迪法案》（Nunn-McCurdy Act）要求美军装备主管部门每个季度向国会提交重大国防采办项目成本费用变化情况的分析报告，

---

① 吕彬、李小松、李洁：《美国国防科技与武器装备军民一体化发展新动向》，《西北工业大学学报》2020年第2期，第103页。
② 同上书，第104页。
③ 朱荣杰：《大国竞争视角下的美国国防科技体制、机制与创新》，《美国问题研究》2020年第2期，第98页。
④ 吕彬、李小松、李洁：《美国国防科技与武器装备军民一体化发展新动向》，《西北工业大学学报》2020年第2期，第102页。

即选择性采办报告。如果发现项目超支情况达到《纳恩·迈克科迪法案》规定的违规标准,须补充提交正式书面报告,作为政府审查的第一份报告。其执行程序即是规范国防采办项目费用管理流程、降低项目费用超支风险的基础方法。该方法要求在国防采办的节点评估费用,对照最初基线判断价格。国防采办项目成本超支分为一般超支和严重超支两种情况:一般超支是国防采办项目单位成本的增长程度超过当前基线的15%或最初基线的30%;严重超支是国防采办项目单位成本的增长程度超过当前基线的25%或最初基线的50%。该方法除对国防采办项目经费的成本超支程度作明确定义外,还对时间节点和超支报告等作明确要求。《纳恩·迈克科迪法案》已经成为美国国会控制重要国防采办项目成本增长的有效方法。1997—2009年,美军共有47个国防采办项目因违反74项《纳恩·迈克科迪法案》条款而下马。

三、政府部门和私营部门协作的管运体系

美国政府推动国家工业—科技基础的建构和演进,政府把很多公共部门和私营部门整合起来,形成共同实现大战略目标的工业—科技基础。政府越来越广泛、深入地参与到打造统一的工业—科技基础中。美国国防部扮演具体执行者角色,通过与其他部门有机协调,为军民融合搭建有效渠道,同时也对军民融合的国防采办制度进行制定完善。美国两党及其政治人物围绕相互冲突的军民融合管运体系设计展开激辩,不同利益集团为实现己方利益强烈支持各自的管运体系设计方案。在共和党与民主党间以及管运与反管运意识形态间的长期斗争中,统一的工业—科技基础框架渐渐发育成形。美国政府在此基础上持续开展一系列促进军民融合的制度性改革。譬如,20世纪80年代以后,伴随技术商业化及其实践方式的拓展,一些公私和军民高度融合的经济—技术组织登上历史舞台。联邦政府改革旧有激励机制,把商业考量纳入军民融合进程中,从管理制度上采取各种措施激发中小企业积极性,推动企业参与军事技术创新项目的市场竞争。20世纪80年代两项专利制度改革法案的颁行是其先声。第一项法案是卡特总统于1980年签署的《拜杜法案》。该法案规定,小微企业和大学可以保留政府资助研发成果的知识产权;另一项专利制度改革成果是《史蒂芬森—

魏德勒技术创新法案》，该法案的颁行激励了国家实验室实现科研成果商业化，允准美国和各国家实验室把技术成果转移给私营部门。这两项专利法案调动了企业家和科研人员的积极性。此后，在不影响科技创新的情况下，国家选择性放权，允许工业—科技主体拥有使用权和有条件交易权。在科技创新领域，政府推动并催生大量复杂的组织安排，不仅打破公共和私营部门之间的隔墙，而且用合作组织网络取代公私和军民二者在观念上的分离。政府和市场之间融合性不断增强，政府和私营主体形成复杂的合作关系，产生更加广泛的新型杂交组织。[①]

为推进军民一体化发展战略，美国政府职能部门层层部署，逐步推进，稳定实施。美国政府设立专门机构推进军民融合发展，国家安全委员会、国土安全委员会、科学与科技政策办公室、空间和技术委员会、小企业委员会等组织机构负责国家各领域军民融合发展战略规划的实现，统筹协调军民融合重大政策、重大项目的推进实施。国防高级研究计划局（Defense Advanced Research Projects Agency，DARPA）是美国国防部在冷战前期成立的一个负责研发军事高新科技的著名机构。冷战结束之际，美国国防部还成立了技术转移办公室，组建了跨部门的国防技术转轨委员会，具体组织跨部门之间军民一体化创新发展工作。2012年，国防部设立战略能力办公室，2018年又正式设立国防创新小组，大力推进国防技术创新。美国国防部利用相关机制，牵头对国防科技生产集中统管，并由军方负责各军种内部的装备研发生产。[②]

这些组织机构贯彻着军民融合的政策理念，大力推动国防技术创新和国家战略能力的生成。广为人知的国防高级研究计划局（DARPA）自1958年成立以来，就在项目管理、组织构架和技术创新等方面进行了一系列技术和制度上的创新，成为美国推动军民融合的重要机构。该局的主要职责有：组织开展可能对未来国家安全产生重大影响的有创造性和革新性的研发项目；组织开展革命性、高风险、高回报研究，在基础性科学发现

---

① 贾利军、陈恒炬：《政府在推进军民融合和国家科技创新中的资源创造作用——以美国为例》，《教学与研究》2019年第5期，第53—62页。

② 李彦军、舒本耀：《军民融合的时代价值》，《装备制造》2013年第6期，第84—87页。

与军事应用之间架起桥梁；设想、预测未来军事指挥官可能需要的能力，通过技术演示验证加速能力的研发等。[①] 战略能力办公室主要负责发现和培育前沿概念，巩固美军技术优势，力求短时间内找到新的方式，设计出新概念并提供解决美军作战问题的新方案。它基于一种逆向过程进行创新研发，即从现有系统到作战需求，而非基于作战需求研发未来系统。它致力于改变现有系统以用于完全不同的新使命，致力于通过系统集成来使系统胜任新任务，着力引入商用技术来改变"游戏规则"。国防部创新小组主要聚焦人工智能、自主系统、人体系统、赛博和太空5大领域，由各技术领域的业务主管专职推动，其内部建立了扁平化的组织体系和运行机制，保证了技术项目的快速立项、快速实施和快速转化。在实际运行过程中国防创新小组还持续进行组织体系和运行机制的调整，以不断适应技术发展需要。国防创新小组已成为国防部获取外部前沿技术，与尖端科技企业对接的桥梁，加强了国防部与企业之间的联系，简化了初创及非传统企业参与国防的路径，促进了国防部与私营部门之间的人才交流合作，承担着协助国防部获取商业领域与作战相关的技术信息的职责。至2019年底，国防创新小组的主要业绩有：成功发起了72个项目，以解决国防部范围内面临的挑战，其中33个项目已经完成；将16个商业运营模式和技术解决方案推广到国防部有关机构；平均仅需362天，即可使技术样机具备转化应用条件；共计撬动90亿美元的社会资本参与国防技术研发；共与商业公司签订166份合同，共涉及120家非传统承包商，其中有60家公司首次成为国防部承包商。一些领域的项目成果已在美国陆军、空军和海军陆战队等作战部队推广应用。国防创新小组已经成为国防部重要的技术研发组织部门，其技术样机研发投资达4.5亿美元，占整个国防部的11%。[②] 另外，美国国防部技术转让办公室（OTT）、合同管理司令部、各种技术转移联盟、国防技术转轨委员会和国防改革计划办公室等机构也都在军民融合过程中扮演着重要角色。前三者为军民融合中的技术转移、产学研合作提供

[①] 朱荣杰：《大国竞争视角下的美国国防科技体制、机制与创新》，《美国问题研究》2020年第2期，第97页。

[②] 李雯君、刘振江、蔡文君：《美国国防创新小组的建设经验及启示》，《军事文摘》2020第13期，第57—59页。

沟通渠道、对话机制和合作制度；后两者主要是在冷战之后协调各部门共同建设军民两用的工业—技术基础。

为便于国防采办计划的成本评审和决策，美军建立成本管理三级组织体系：第一级是成本评估与项目评价办公室；第二级是各军种成本分析中心；第三级是项目办公室成本评估管理部门。三级组织体系强化美军对重大装备采购项目预算管理的统管力度，为落实装备采购政策制度体系提供了有力的组织保障。美军最高一级的成本评估与项目评价办公室，除审查各军种、项目办公室和承包商提交的成本数据报告外，还进行独立的成本估算，并将成本作为独立变量贯穿于国防采办全过程。

美国民间高校、科研院所、企业、技术转移组织按照国家战略规划和政府职能部门统一部署安排，负责军民融合各项具体工作的落实。例如，美国国防工业协会有36个部门，向上与国防部等政府部门对接，当好企业参与装备发展的顾问；技术转移协会每年结合工作实绩出版三期军民技术转移报告；大学技术管理协会负责大学与国防工业部门之间的技术转移；等等。

第三节　美国推行军民融合战略的重点领域及主要举措

大国的军民融合区别于中小国家军民融合的一大特征是其覆盖各具体领域又能将其有机整合的系统性，尤以美国为翘楚。美国的军民融合堪称系统工程，至少包括并整合以下具体领域：法律和政策的军民融合；标准化的军民融合；工业—科技产业的军民融合，又可以细分为造船、航空、航天等工业—科技部门的军民融合；武器维修保养的军民融合；后勤保障的军民融合；国防科技研发的军民融合。下面以军种为划分，分别进行具体论述。

一、美国海军方面的军民融合

美国海军的军民一体化落实在造船和船舶维修两大军民两用行业。美国军用造船业在世界上仍然首屈一指，但在民用造船业方面，美国曾经雄霸全球的局面如今已经让位于中国、日本、韩国三足鼎立格局。由于美国民用造船业在全球市场份额的急剧减少，美国的军用造船工业已经由部分依赖政府转变为完全依赖政府，政府和军方已经是美国军用造船业的关键甚至有时是唯一的客户。[①] 所以，美国海军军民融合的战略目的是：平时通过政府即海军订货维系对战时动员即国家安全至关重要的舰船生产维修能力及其布局。该目的势必要求在以优胜劣汰为主导的市场机制和有计划的产业布局之间寻求平衡。基于曾经的历史成就和现实面临的困境，美国海军在军民融合方面面临着非常艰巨的任务压力，为了维持美国军用造船能力，不得不尽力探寻一条以保能力为核心诉求的美国式军民融合道路。

首先，美国海军军民一体化的模式可概括为"海军出需求，船企保能力"。二战期间，美国造船业像很多军民两用工业部门一样疾速扩张产能。二战时，美国总统富兰克林·罗斯福说："我们必须战胜强敌，而仅仅依靠多生产几架飞机、几辆坦克、几条枪、几艘船远不足以战胜敌人。我们必须以压倒性的数量来生产，如此，我们才能在世界大战的任何战场上取得不容置疑的优势。"美国造船厂据此热火朝天地进行生产。军舰方面，1940年7月—1945年8月，美国共建造主力舰1286艘；[②] 非武装船只方面，美国以一天一艘的速度生产"自由轮"，令任何针对盎格鲁-撒克逊民族的"吨位战""潜艇战""破交战"丧失意义。冷战期间，美国海军保有的500余艘的舰艇规模仍支撑着依靠政府订单维持的造船和维修保养行业。冷战结束后，美国海军舰艇规模在1993年为454艘，2001年缩减至341艘，2007年缩减至280艘，2015年触底至271艘。2016年后，特朗普总统在其四年任期内虽然勉力重振海军规模，但囿于时间比较短暂，故成效不彰。显然，政府订单金额常年不足已经导致对美国战时动员和国家安全至为关键的造船业不可遏制地衰败。为扭转颓势，美国政府一直有计划地保护其舰船生产和维修养护能力。1982年和1985年，美国政府规定：凡国防部订购的舰船的建造、改装、维修、更新和升级必须在国内造船厂完成；航行于特定航线或用作国内贸易的船舶须为美国籍和美国造船厂建造的船舶，

[①] 吉丰：《美国造船，期待崛起》，《交通建设与管理》2007年第9期，第31—38页；金伟晨、张晶、谢予：《2022年世界造船业回顾与展望》，《世界海运》2023年第2期，第1—6页。

[②] 〔美〕乔治·贝尔：《美国海权百年：1890—1990年的美国海军》，吴征宇译，人民出版社，2014，第209页。

政府对建造、维修和改装该类船舶提供补贴，补贴金额可以达到舰船总价的50%~60%。这表明，面对苏联海军的全球性挑战，美国早在冷战末期已经解构市场神话并运用军费杠杆有计划地维护海军超强地位。1997年，美国造船业进入寒冬，美国政府签署"造船能力维护协议"。该政策的本质是美国政府为本国造船业建造新船舶提供政府补贴，核心内容是获得美国海军军舰订单且同时制造商船的造船厂有资格从海军得到一定比例的商船建造成本补贴，补贴金额由双方根据不同情况谈判协商而定。该政策的目的是鼓励私营造船厂建造商船以维系美国造船业及多强并立竞争的造船工业格局，从而维系美国海军战时赖以存续的国家造舰能力，降低美国海军平时的造舰成本。

其次，在保能力的基础上，确立有利于达成大战略目的的造船工业格局。美国的造船业主要分布在东海岸即大西洋沿岸、西海岸即太平洋沿岸、墨西哥湾和五大湖区。四大区域造船工业的造船历史、发展水平、技术优势、造船品类各不相同。而且，各区域由于生产效率和劳动力成本的不同在造船成本上存在一定差距。东海岸的造船工业比较密集，长期是美国造船工业的中心，占美国造船厂总数的30%，职工总数的65%，生产的船舶种类及其产量都超过其他区域。美国最大的几家舰船制造工厂，如纽波特纽斯造船与干船坞公司、通用动力公司电艇船厂、巴斯钢铁公司均位于该区域。西海岸的造船工业相比东海岸起步晚，直到第二次世界大战才建立起颇具规模的船舶工业基地。该区域商船生产能力曾独占鳌头，一度拥有全国45%的市场份额，但军用舰船生产能力较弱，仅为东海岸的13%。冷战后，该区域造船工业衰退速度也超过东海岸，至20世纪90年代，仅有托德造船厂仍保有建造阿利·伯克级导弹驱逐舰等大中型水面作战舰艇的能力。墨西哥湾海岸线曲折，造船工业分布分散且隐蔽，符合冷战时期造船的需要，因而从20世纪60年代后期迅猛发展，至80年代已发展成为大中型水面舰艇和核潜艇的建造基地，能够建造导弹巡洋舰、导弹驱逐舰、导弹护卫舰和攻击型核潜艇。五大湖区和密西西比河水域较宽，河床较深，交通便利，加之本区域拥有发达的冶金工业和机器制造业，为本区域船舶工业的发展奠定了良好基础。该区域造船工业的分布与墨西哥湾一样具有分散且隐蔽的特点，战时可以利用内湖造船，尤其是建造中小型舰艇。第二次世界大战期间，该区域共建造了数百万吨的登陆艇、小型水面作战舰艇和潜艇。

冷战的胜利导致国防预算和军方订单的大减，一度令西海岸的造船业处于困难境地。美国政府和海军在分配阿利·伯克级导弹驱逐舰订单时没有完全遵循市场竞争原则，而是向西海岸的托德造船厂倾斜，以便保有在对国家安全至关重要的太平洋沿岸建造大型水面舰船的能力。美国海军高层声称："此时损失一个船厂将会降低竞争的水平，最终造成只有两个主要的造船厂制造水面战斗舰艇的局面。本质上讲，我们将面临寡头垄断的情形，政府会成为唯一的买家，而两个卖家知道它们中任何一个都不会得到全部的工作……真正的市场压力发挥的作用会变得很小，或许市场机制会变得徒有其表，除非是非常新的项目。但是，当造船厂意识到只剩两家公司，每家都将获得它的市场份额时，我们以为自己所拥有的锋利的市场之剑已经钝化了……我愿意支付额外的费用来保持未来的竞争。"[①] 可见，美国的军民融合结合了市场竞争和战略调控。

最后，舰船维修保障养护是美国海军军民融合不可或缺的领域。美国海军舰船的维修保障实行三级机制，即舰员级维修、中继级维修和基地级维修。舰员级维修是指对舰船上的武器、机构和设备定期进行的擦拭、维护、保养、更换简单的零件以及排除简单的故障，并对舰船作预防性检修；中继级维修是对舰船定期进行难度较大的中修，或更换大型部件和总成，这种维修一般由岸上维修站或海上移动维修分队具体组织实施；基地级维修是指舰船的大修、换装和改装。美国海军地区维修中心司令部（CNRMC）于2010年底成立，主要负责监督海军各地区维修中心（RMC）的水面舰艇维修和现代化改装工作，同时领导各地区维修中心制定和实施维修和现代化改造的标准化流程、通用维修政策。美国海军地区维修中心司令部隶属美国海军海上系统司令部，是水面舰艇维修军民融合力量的主要领导机构。造船和维修工业基地对舰船的维修和现代化改造维系着海军军舰的数量、类型和作战能力。在某种程度上，维修工业部门与

---

① 黄朝峰、鞠晓生编著：《美国国防采购改革与军民融合实践》，经济管理出版社，2018，第26页。

海军的长期造舰（和退役）计划紧密相关，如果造船厂或关键零部件制造中心被破坏，则会损害美国在战争期间建造更多舰船的能力。

美国海军对公共船厂现在和将来可提供的维修能力具有很强的主导权，决定海军造船厂的使命和功能，确定完成维修任务所需的劳动力构成和水平，并进行必要的投资以确保提供必要的能力。但是，美国海军对私营船厂的干预相对较少。私营船厂以盈利为目的，主要是根据盈利目标对市场做出相关的商业反应，在某些情况下，美国海军可以做到影响船舶维修的商业发展布局。美国海军的船舶维修工业基地由众多公共和私人厂商组成。公共船厂侧重于为核动力船舶提供维修服务，而私营厂商侧重于为非核动力船舶提供维修服务。不过，位于纽波特纽斯的美国亨廷顿·英格尔斯工业公司（HII-NNS）除外，该企业承担核动力航母包括换料大修在内的维修以及核潜艇维修业务。2015年，美国海事管理局报告："美国拥有124家业务较多的造船厂，分布于26个州，还有200多家业务不多的船厂能够建造和维修船舶。造船行业雇佣近11万人，只有少数产能符合支持海军的标准，海军定期更新船舶修理协议（ABR）或主船舶修理协议（MSRA）的私营厂商的名单。主船舶修理协议（MSRA）授予某船厂说明海军已经确定该厂商具有必需的维修技术和设施特性"。船舶修理协议授予某船厂说明该厂商具有"船舶维修管理能力"。

船舶设计的日益复杂提高了对熟练劳动力的需求。劳动力以及船舶零部件成本的增加影响着船舶生命周期管理的质量。美国海军舰船维修保障的一个重要特征和发展趋势就是海军持续强化与民用工业部门的业务合作。具体做法有：管控舰船维修保障全流程，并将维修保障代入舰船全生命周期中予以考虑，原则上由新建舰船的造船厂负责相关业务；扩大私营厂商在海军舰船维修保障中的业务范围，鼓励这些厂商拓展维修业务网络；积极投资公立和私营的维修保障业务，助其降低维修成本并获得商业收益；美国政府在综合考虑维修质量和进度的基础上，采取各种措施监督维修保障合同的执行。

二、美国空军和太空领域军民融合

如果说美国海军军民融合的战略目的是平时通过海军订货维系战时国

家所需的舰船生产维修能力及其布局，那么，美国空军和太空军军民融合的目的是通过政府直接参与成本巨大的研发活动以获得先进的空军装备。美国国家航空和航天局（NASA）被认为是世界范围内空间特别是太空领域最重要的机构，担负着美国空军和太空军民两用航空技术规划发展的任务。该局负责制订军民技术融合计划，通过波音、雷神、通用动力等航空航天企业集团推动军事航空技术向民用领域的转移。[①] NASA与军方的合作主要表现在以下两方面。第一，在项目立项时将军民转化纳入考量范围。NASA在科技项目立项时，会充分考虑军民两方的应用，在项目策划阶段就探讨成果商业化的方法和途径。譬如，在一些民用航空发射活动中，使用军方弹道导弹，著名的水星计划和双子星计划都采用军方导弹。第二，加深与军方的交流合作，向军方推介技术成果。NASA的研究中心经常与军方基地一起，一方面是为方便与军方的交流服务，另一方面是令军方能及时了解NASA的研究和技术成果的应用。军方与NASA的密切合作既推动了军民航空产业的有机结合和共同发展，也使美国航空工业的结构更加合理。NASA的研究课题内容广泛，在航空方面的研究课题主要有超声速技术、飞机节能技术等；在航天方面主要有阿波罗工程、太空实验室、空天飞机等大型工程和先进技术研究。NASA的研究内容和研究方式都具有明显的军民两用特点，它通过科研项目、合同等形式与国防部、高等院校、企业研究机构保持密切关系，在前沿技术领域也不断加大对民营企业的资助力度。NASA对民营企业太空探索技术公司（SpaceX）的支持及其合作就明显地说明了这一点。大抵来说，冷战后美国空军和太空领域在军民融合上积累了一些有益经验。

第一，坚持国家以政策法律主导融合。首先，出台军民融合政策法律。1990—1993年，美国通过出台国防授权法、国防工业技术转轨法等法律促进空军装备发展上的军民融合。其次，开启民品军用通道，清理和废除近700项限制采购的法律条款，简化采购合同程序，允许国防采购部门与非军火供应商签订合同。美国国防部于1993年取消或修改了1.4万余

[①] 王加栋、白素霞：《美俄航空工业军民融合发展战略及其对我国的启示》，《工业技术经济》2009年第2期，第41—45页。

项商业标准，规范了国家商业标准体系；1994年又出台规范标准，鼓励承包商在满足军事需求的基础上尽量采用民用标准，严控军品规范使用。再次，推动军工产业并购重组。美国军工产业集团从1990年起连续进行3轮重组，厂家数量减少20余家。21世纪以来，美国排名前五的军工企业分别是波音、洛克希德·马丁、诺思罗普·格鲁曼、通用动力、雷神5家公司，标志着美国通过重组国防工业结构布局，压缩了过剩产能，产生了规模效应。最后，民参军项目成效明显。美军在伊拉克战争中使用的尖端通信设备、计算机软件、防病毒软件和卫星图片分析器材等高新技术产品大多是军民融合产品。美军还通过与商业航天公司的伙伴关系，使航天发射成本降低了3~10成，确保了美国的全球优势地位。

第二，开发运用军民两用技术，突出重点领域融合。航空、微电子、通信、计算机、材料等领域是军民技术共享融合的重点领域。1993年，美国实施国防转轨计划，经费四分之三用于军民两用技术研发，在空军和太空装备发展中尤其如此。

第三，加大商业支撑，引进竞争机制。美国政府的商业计划是军民融合发展的重要保障，既引领民营企业的发展，又提供资金支持。21世纪初，美国实施星座计划，美国国家航空航天局将退出地球轨道发射任务，而地球轨道运输任务将全部由商业公司运营。20多家公司参与竞标，最终实力雄厚的Space X公司获得高达16亿美元的直接投资。

三、新兴技术领域军民融合

《2018财年美国国防战略报告》指出，"成功不再属于首先开发一种新技术的国家，而是属于更好地整合这种技术并适应其作战方式的国家"。当代世界军事技术竞争正在被全球技术格局的两个基本特征所左右。首先是军民两用的尖端技术的扩散，如人工智能、大数据分析、机器人技术以及其他大多在商业部门产生和发明的技术进步。其次是这类新技术的出现和突破越来越快。在研究和开发以及技术获取和利用的竞争中，决定竞争轨迹的能力，将是那种更加快速和有效地检测、评估和吸收先进技术以进行军事应用的能力。

2014年11月，时任国防部长查克·哈格尔宣布启动国防创新倡议

（DII），军事技术竞争成为此时的主要焦点。美国最初的目标是推行第三次抵消战略，以实现对其他国家的技术超越。随之美国国防部开始将人工智能和机器学习作为其第三次抵消战略的核心之一。沃克副部长在2016年10月解释说，"初始方向"旨在通过利用以下几个要素重振美国的作战网络：自主学习系统、人机协同决策、辅助人类作战、先进的有人—无人系统作战、网络赋能的自主武器，以及经过网络和电磁战加固可进行自主性整合。《2018财年美国国防战略报告》中，美国国防部确定了将确保美国军队打赢未来战争的某些关键技术，如复杂计算、大数据分析、人工智能、机器人、定向能、高超声速和生物技术。美国国防部副部长迈克尔·格里芬还在国会作证时表示，五角大楼正在优先考虑高超声速（进攻和防御）、定向能、人工智能和机器学习、量子科学以及微电子等技术开发和利用。美国国防部致力于从内部和外部一起推进技术领域创新，充分发动包括政府实验室、非营利性研究机构和国防企业等各种主体力量。为了让传统国防部门以外的企业也参与进来，国防部在硅谷、波士顿和奥斯汀等地成立了国防创新实验小组，2018年8月正式设立国防创新小组。国防部采取的方法可以描述为一种伙伴关系，工程师、投资者、首席执行官和国防从业人员聚集在一起，以协作的方式通过军民协同确定技术创新的机会。国防部还通过提出"更好购买力"倡议（Better Buying Power，简称BBP）以推进先进技术向军队战斗力的转化。"更好购买力"倡议于2010年由时任美国国防部长罗伯特·盖茨提出。该倡议的目的是通过国防开支实现更大的效益和生产率，简单地说就是花钱要换来战斗能力。"更好购买力"倡议1.0可具体分为5个主要领域，细分为23个具体目标，5个主要领域分别是目标可承受和成本增长控制；刺激产业生产率与产业创新；促进真正竞争；购买服务方面要提高买卖技能；减少非生产性过程和官僚主义。"更好购买力"倡议2.0和3.0在内容上进一步完善。[①] "更好购买力"倡议3.0旨在使美国国防部不仅能够更有效地利用来自传统国内国防部门的技术创新，而且还能够更有效地利用来自国内商业部门和海外的技术创新。倡议3.0确

[①] Frank Kendall, *Getting Defense Acquisition Right* (Fort Belvoir, Virginia: Defense Acquisition University Press, 2017), pp. 6-7.

定了八条总的行动路线，每一条都有具体内涵，但当前背景下的大多数相关倡议寻求移除商业技术利用的障碍或提升国防部通过全球市场获取技术和产品的范围。倡议3.0还包括旨在通过增加使用原型开发和实验以及使用模块化开放系统架构（MOSA）来刺激创新，从而更快地部署技术先进武器系统等内容。

2020年10月15日，美国政府发布了《关键和新兴技术国家战略》，该战略确定了20个技术领域作为当前优先发展领域。电子信息领域优先发展的技术领域主要包括高级计算、人机界面、量子信息科学、半导体和微电子学等方面。生物与新医药领域优先发展的技术领域主要包括生物技术、化学生物放射和核减缓技术、医疗和公共卫生技术等方面。航空航天领域优先发展的技术领域主要包括航空发动机技术、空间技术等方面。NASA近年来的工作重心基本集中在空间科学、月球探测与深空领域以及载人航天上。新材料、新能源与节能、资源与环境领域优先发展的技术领域主要包括高级工程材料、能源技术、农业技术等方面。高技术服务领域优先发展的技术领域主要包括通信和网络技术、数据科学与存储、分布式分类技术等方面。先进制造与自动化领域优先发展的技术领域主要包括先进常规武器技术、先进制造、高级传感、人工智能、自主系统等方面。[①]

美国如今正加紧布局基础设施、大数据、5G、量子、电子复兴等网络领域的军民一体化发展。在高级计算领域，如高级硬件浮点单元、高速互联、基础软件等领域均已领先世界；美国在人机交互技术方面已进行深入研究，部分成果已经用于单兵训练，特别是特种部队的训练；半导体方面，美国在23种半导体产品类别中均已达到世界领先水平。美国在量子计算领域完成战略布局，在美国科学基金会和美国能源部分别创立5个左右基础性研究和教育中心，专门研究量子信息科学；2018年美国总统批准了《国家量子计划法案》，启动为期10年、斥资12亿美元的国家量子计划，由能源部、国家标准与技术研究院和国家科学基金共同启动实施。美国在先进制造与自动化领域也一直领先全球，从集成电路、PLC到智能手机、无

---

① 刘新、曾立、肖湘江：《美国〈关键和新兴技术国家战略〉述评》，《情报杂志》2021年第5期，第30页。

人汽车以及各类先进的传感器，越来越多与智能技术相关的创新产品诞生于美国。美国国防部成立了"联合人工智能中心"，作为执行战略的核心机构，负责美军人工智能发展的资源整合与计划投资，统筹国防部人工智能技术的发展和作战运用。各军种随后也相继成立了负责协调发展具有军民两用特征的人工智能技术和军事应用的专门机构。美国还聚焦深空、深海、深地等具有重大战略意义的极限领域，筹划和安排了一系列重大规划和重要项目。DARPA积极抢占"三深"作战领域科技制高点，部署了"战术助推滑翔""深海导航定位系统""地下挑战赛"等典型项目。[1]

四、国际合作领域的军民融合

国防工业—科技国际合作实质上是打破国家界限的国际性军民融合。当然，这一"国际性军民融合"以美国同盟体系为主。一方面，作为世界帝国，美军研发链、供应链甚至生产链本就遍布全球；另一方面，美国及其盟友的经济制度基本上以私有制为主导，所以，美军国际合作的最重要部分，即与其盟友间的国际合作必然是国际性军民融合。美国自二战以来一直在技术合作项目（TTCP）的框架下与"五眼联盟"（FVEY）成员国的公私企业保持密切合作；美国还是北约科学技术组织（NATO STO）的积极贡献者。美国注重通过条约体系与其他同盟国家，如法国、韩国、日本等进行持续接触。在欧洲，特别是乌克兰危机爆发后，美国进一步密切了与北约组织的合作。通过国际军民融合等"互惠"方式，美国部分地满足一些盟友对国防工业—科技国际合作的利益诉求，构建了美国主导下的更稳固的同盟机制。

冷战后，作为世界上唯一的超级大国，美国国防工业—科技面临新的发展环境，军用技术和民用技术间的相互融合、渗透以及国防工业—科技的进步使美国在世界范围内开展国防工业—科技国际合作成为必然。美国国防工业—科技国际合作不仅为其带来经济利益，也对世界国防工业—科

---

[1] 刘新、曾立、肖湘江：《美国〈关键和新兴技术国家战略〉述评》，《情报杂志》2021年第5期，第30页；吕彬、李小松、李洁：《美国国防科技与武器装备军民一体化发展新动向》，《西北工业大学学报》2020年第2期，第104—105页。

技的发展产生深远影响。美国国防工业—科技军民融合的基本政策体现于官方战略文本，以《美国国家安全战略报告》《美国国防战略报告》和《美国国家军事战略报告》为基本遵循。美国国防工业—科技军民融合项目的主持者是国防部，包括但不限于技术进出口、信息交流、人员交流、联合研究与试验项目。美国国防部第二版《国际科技合作战略》发布于2020年12月，是自2014年以来美国国防部出台的第二版《国际科技合作战略》指导文件。《美国国家安全战略报告》和《美国国防战略报告》阐明对国防工业—科技国际合作军民融合的基本战略环境认知。特朗普总统时期的《美国国家安全战略报告》的变化较为明显，反映出美国对国际形势变革的认知以及对国防工业—科技发展布局的规划。2017年底发布的《美国国家安全战略报告》表明，特朗普政府的主要判断是国际政治格局突变下大国博弈加剧，美国面临中俄两大对手的战略竞争。美国的核心利益是维护其自身优势地位，突出美国利益优先。美国要通过保护美国人及其生活方式来促进繁荣、重建军队、加强国际影响力以实现"美国优先"的国家安全战略。从战略文本审视，美国认为其面临的复杂安全环境包括：与修正主义国家长期战略竞争；美国领导的新自由主义国际秩序相对衰落；技术快速发展和扩散弱化美国的技术优势；新军事革命改变战争形态令美国面临挑战。总体而言，在战略威胁的判断上，特朗普政府改变了自"9·11"事件以来对恐怖主义危害的紧迫性和优先度的认知，重新以大国间权势斗争为主要任务，谋求"以实力求和平"，表明美国决心回应在全球范围内日益增长的政治、经济和军事竞争。具体到军事领域，尽管强调美国仍保有世界领先地位，却对优势相对缩小保持警惕，欲谋求更持久的军事优势。《2018财年美国国防战略报告》把巩固盟友关系和培养新的合作伙伴作为美国国防的三大优先事项之一，而国际军民融合是密切同盟关系的重要抓手。美国强调在可能的情况下，要超越现有交易关系，建立战略合作伙伴关系。同时，发展和培育与非传统国际伙伴的合作关系，通过国际军民融合增强国家科技能力提升美国国家利益。在《2018财年美国国防战略报告》中，美国强调国际军民融合的两项核心要素，即深化与关键盟友的互动以及扩大区域协商和合作范围，以实现有限的资源手段与强化伙伴关系目的间的平衡。拜登政府《2022财年美国国家安全战略报告》和《2022财年美国国防战略报告》试图进一步加强美国和盟友的军工技术合作，进一步强调美国与盟友伙伴的利益联结。

除传统盟友外，美国也很注重吸引新伙伴参与国际军民融合。2020年版美国国防部《国际科技合作战略》提出，国际军民融合已经巩固了美国许多最密切的联盟和伙伴关系，应该在适当的情况下寻求深化这些关系以加强盟国的能力和互操作性。在可能的情况下，美国应该超越现有的交易关系，努力建立战略伙伴关系，以合作伙伴所期望的速度提供有价值的合作成果。除此之外，必须发展和培育与非传统国际伙伴的新关系，通过获取国家科技能力让这些关系给美国带来便利。

虽然美国政府和军方的战略文件都强调国际军民融合，但也很重视关键技术保密。美国政府审视了科技合作伙伴和潜在竞争对手间的关系，由战略技术保护与开发（STP&E）理事会制定对关键领域技术保密的指导意见（TAPPs）。国际军民融合的经典形式之一是一个国家的私有军火企业向另一个国家的军队出售武器装备，即装备采办。值得强调的是，美国军火企业大多为政府指导下的民营企业，即军民融合企业。洛克希德·马丁公司、格鲁曼公司、通用电气公司概莫能外。美国把军售分为两大类：外国军事销售（FMS）和直接商业销售（DCS），前者需要更严格的政府监管。武器装备销售等于对盟国的承诺，可以加强盟国的防御，减轻美国的安全负担。美国对外军售还追求扩大生产规模从而降低单位成本，当盟国和伙伴国购买更多装备时，军事生产成本会随之下降，从而可以降低美军自身的采购成本。以导弹防御系统军售为例，沙特是中东地区美国防空和导弹防御系统最早的客户，于20世纪90年代首次购买"爱国者"系统。2015年干预也门内战后，沙特购买数百枚PAC-3拦截弹及相关设备和保障服务。2018年沙特签署一份价值150亿美元的合同，购买了44套"萨德"发射装置、360枚拦截弹、7部AN/TPY-2雷达和16个火控单元。对"萨德"的投资为采购功能更强大的后续拦截弹提供了资金。其他中东国家也同样热衷于美国的导弹防御系统，如阿联酋、阿曼、科威特、卡塔尔、巴林。正如沙特的投资支持了美国导弹防御系统的发展，阿联酋2008年的"爱国者"系统采购也为"爱国者"的现代化工作提供了额外资金，并助力美陆军购买了100多枚PAC-3导弹。在亚太国家中，日本对美国导弹防御系统的投资最为重要。日本目前已为4艘"金刚"级驱逐舰、2艘"爱宕"级驱逐舰和1艘"摩耶"级驱逐舰（还有在研的其他驱逐舰）装备了"宙斯盾"战斗系统。在该地区使用美国导弹防御系统的用户还包括澳大利亚、韩国等。此外，印度和印尼正在采购"国家先进地空导弹系统"（NASAMS），该系统由美国和挪威联合生产。波兰是美国导弹防御系统的欧洲客户。2018年3月，波兰敲定了一项价值47.5亿美元的"爱国者"导弹防御系统的采购交易。该交易是波兰历史上最大的军购项目，用以满足波兰"维斯拉"（Wisla）中程防空系统的要求。其他使用美国导弹防御系统的欧洲国家包括芬兰、德国、希腊、荷兰、挪威和西班牙。此外，匈牙利、立陶宛、罗马尼亚和瑞典正在采购美国的防御系统，瑞士目前正在研究采购"爱国者"的可行性。

美国也通过销售程序和商业授权的方式使其他国家具备生产美制国防物资的能力。向其他国家企业转让合作生产能力时，可以通过单独的对外军售项目，也可以结合利用其他对外军售项目和特定的武器出口许可，还可以签订合作生产国际协议。美国国务院可以颁发商业武器出口许可，授权给其他国家进行合作生产，该文件被称为"制造许可协议"。通过授权合作生产，美国企业可以向外国政府或公司转让美制国防装备和物资的生产能力。需要注意的是，授权合作生产的国防物资可能并不是美国国防部自身会使用的物资，也可能与美国国防部所使用的设备版本存在较大差别。

除对外军售方面的军民融合外，美国还从全球供应商采办国防装备和物资，推动国防采办的国际军民融合。尽管国防部所需的大多数设备都经由本国渠道采购，但美国也充分意识到利用全球化的国防工业—科技基础，可以带来成本和技术优势。然而，美国的一些法律法规限制国防部采购非美制产品，而年度国防授权法案也规定某些采办项目只能采购本国企业的产品。为克服这些局限，美国国防部与很多伙伴国家签订了互惠采购协议和相互提供国防物资、服务的协议，以便在促进国际军民融合的基础上安抚国内利益集团。根据这些协议，美国国防部有权要求其他国家的公司优先交付其采购的产品和服务，而其他国家亦有权要求美国公司优先交付其所采购的产品和服务。

与外国公私企业联合研发也是美国推进国际军民融合的重要举措。联合研发是指，在国防工业—科技领域，两国或多国政府和企业在改进旧设备、开发新设备等方面进行的双边或多边技术合作，包括研究、开发、生产、测试、保障等。联合开发有助于实现美国的国家安全目标。首先，联合开发可帮助美国与伙伴国分担成本。美国的国防预算呈现紧缩趋势，联合开发能将成本降至最低。其次，联合开发可促进技术共享和更专业化的研发。譬如，在导弹防御领域，美国盟友以色列、日本和挪威都已经成为技术佼佼者且可能会继续在该领域取得进步。与这些国家联合开发和分享新技术可以确保美国及伙伴国在敌方导弹性能提高的情况下保持领先地位。伙伴关系还使各方可以专门研究特定的部件，带来更高的生产率并促进科学技术的探索与进步。美国与盟友国家政府和企业的联合开发有多种方式。

第一种是联合研制和采办。到目前为止，美国已有四分之三的军工企业与英、法、德、日、意、荷等国企业合作研发。JSF联合攻击机项目（F-35）就是美国联合英国等其他8个国家开展的合作项目。英国BAE系统公司制造后机身、平尾和垂尾；罗罗公司提供升力风扇；土耳其航空航天公司提供中机身；意大利莱昂纳多公司负责总装部分F-35整机；丹麦托马（Terma）公司提供复合材料和金属连接部件；还有其他很多公司承包或分包F-35战斗机的零部件。美国还与以色列联合开发若干型号导弹防御系统，两国在以色列的"铁穹"（Iron Dome）、"大卫投石索"（David's Sling）和"箭"式武器系统上均有合作，以色列得以最终获得了防御近程、中程和远程导弹的多层防御系统能力。其中，"铁穹"是世界上最成功的导弹、火箭弹防御系统之一。自2011年首次成功拦截火箭弹以来，"铁穹"已拦截主要由哈马斯武装发射的1500余枚火箭弹，据报道成功率为85%~90%。1998年，朝鲜发射导弹后，美日联合开发SM-3IIA拦截弹。美国提供系统和集成技术，日本负责研制拦截弹的第二和第三级火箭、转向控制系统和导弹鼻锥。SM-3IIA研制成功后不仅在太平洋地区部署，也在世界其他地区发挥作用，包括但不限于保卫北约的欧洲陆基"宙斯盾"阵地。

第二种是联合测试与评估。测试与评估项目由美国国防部直接管理，通过测试与评估项目国际协议的实施，协议中制定了关于合作式及互补式试验与评估工作的通用条款和条件。在"合作式试验与评估项目"中，项目参与各方将通过平等合作，改进试验与评估方法并共享研究成果。而通过"互相利用试验设施项目"，美国与伙伴国家可以相互利用对方的试验设施，可进行的试验包括研制类、使用类以及实弹靶试类的试验与评估。测试与评估项目的目的在于：实现装备的互操作性，确定相关问题的解决方案；评估技术和使用方案，提出改进建议；利用定量数据进行分析，提高联合任务能力；对研制试验和／或使用试验方法进行验证；利用外场的实际数据提高建模与仿真的有效性，提高互操作性；为采办部门和联合使用部门提供反馈信息；改进联合作战装备的战术、技术和程序。挪威康斯伯格公司研发的联合攻击导弹（JSM）在美国犹他州测试和训练场进行过多次测试与评估，测试平台均为美国空军的F-16战斗机。这是专为挪威F-35战斗机研发的反舰导弹，能够装入F-35的内置弹舱，支持Link16数据链。由于美国的示范效应，未来JSM导弹还会集成到多个国家部署的F-16、F/A-18和"台风"等战斗机上。

第三种是联合后勤保障。联合后勤保障是指美国与伙伴国家之间在防御系统和设备的后勤保障方面进行的国际性军民融合。联合后勤保障是采办周期流程的组成部分。由于后勤保障是军事行动中的重要环节，因此，美军各作战司令部会参与。美国国防部可以同北约国家的政府和机构、联合国组织、其他地区性国际组织、其他符合条件的国家及其企业遂行联合后勤保障，但非北约国家及其企业须满足一些苛刻条件。

第四种是国际技术交流。美国为了聚力大国战略竞争不断强调同盟的团结，为获得盟友对其稳固同盟的更大支持，不得不部分满足盟友伙伴对先进技术交流活动的要求，与其他国家开展技术交流活动。在亚太地区，美国为了加快推行"印太战略"，与日本、澳大利亚、印度等主要盟友伙伴进行了一系列的技术交流合作活动。在欧洲，基于在乌克兰危机中对抗俄罗斯的需要，不断加强与北约国家的技术交流。无论哪种形式的联合开发，美国基本上只会与"和美国具有牢固的政治和经济关系、相似的军事需求，并具有较为强大的国防和科技基础"的国家及其企业开展合作。而对美国界定的对手国家，则严加防范，大力推行技术封锁、脱钩断链，极力构筑"小院高墙"。

第四节　美国军民融合战略的成效评估与启示

美国通过军方、军工部门和军工企业的调整改革，以及军政部门与企业的紧密合作，形成了国防工业—科技和民用工业—科技结合的"军民一体化"模式，实现了军民技术的双向渗透和扩散，推动了军民融合的发展，尤其是其"民参军"的一些举措值得借鉴。

一、美国军民融合战略的成效评估

首先，美国出台各类法律法规从国家法律层面推动军民融合的实施。《国防工业技术转轨、再投资和过渡法》《美国国防授权法》《联邦采办改革法》《国防科学技术战略》报告等法律和文件明确了军民融合发展的指导意见、技术标准、采购原则，支持和鼓励民企参与国防市场。《国家安全法》《签订合同竞争法》《联邦技术转移法》《拜杜法案》《技术转让商业化法》《小企业法》等法律也从不同角度规定构建了促进军民融合发展的政策法令体系。

其次，美国采用"多层次、多类别、多渠道"的平台模式，最大限度地发布装备采购信息，以实现需求的精准对接。

最后，美国国防采办要求所有项目在全寿命周期内最大限度地维持经济有效性，在主承包商和分承包商两大层次展开竞争，首先确保主承包商的充分竞争，同时允许符合资格的国际厂商参与竞争。为防止大型军工企业垄断市场，《2013财年美国国防授权法》将中小企业承担主承包合同的金额比例限制从23%提高到25%。2017年1月，美国国防部和军兵种通过"联邦政府采购机会网"发布扶植中小企业参与项目的信息达3000余条。美国军方还成立"中小企业帮扶专家组"，帮助中小企业参与国防采办，推动中小企业加入军品市场竞争。

二、美国军民融合战略的主要启示

美国构建"一体化"的国防采办体系的举措具有借鉴意义。

首先，美国为加强对国防采办活动的监督和管理建立了科学的预算考核评价体系。一方面建立由军事财政、审计部门组成的国防采办考核评价体系，军事审计部门负责财经纪律的执行，军事财政部门负责考核评价国防采办预算项目的执行；另一方面，完善国防采办预算考核评价指标，包括：财经纪律的执行情况、国防采办预算项目的执行完成情况、国防采办日常运行的监督和考核。

其次，美国对国防采办采用合同化管理。除特殊情况，绝大多数国防采办都与供应商建立军事订货关系，通过公平的招投标或竞标签订国防采办合同，应用市场机制和价值规律完成采办。同时，建立标准化的装备采购流程和合同管理体系以提高军事财政资金的使用效益，降低国防采办的成本和风险。

再次，推进国防采办预算的信息化管理。数据库建设是美军国防采办预算管理中非常重要的组成部分。一方面，通过发布《成本和软件数据报告》（5000.04-M-1）和《软件资源数据报告》（5000.4-M-2）形成长期有效的国防采办数据报送渠道和积累机制；另一方面，通过开发维护先进的大数据管理系统，实现对国防采办不同种类、不同用途数据的集中管理和应用共享。建立数据库为国防采办预算的编制和执行提供有力的信息保障。科学编制国防采办预算，需要掌握和处理国防采办的大量数据和资料，涉及面广、内容复杂、时效性强。大数据技术可以寻找这些数据之间的量的关系和内在规律，及时发现国防采办预算执行过程中的问题和偏差，为编制和调整国防采办预算提供科学、准确的依据，提升装备采购预算的科学性和规范性。

最后，依法实施国防采办预算管理。美军重视规范国防采办工作的行为，确保国防采办决策科学高效，为此建立起覆盖面广、层次分明的国防采办预算法规体系，规范国防采办预算管理的原则、运行程序和基本依据，同时及时修订和完善相关法规和政策。美军每年的国防采办预算均以立法形式固定，一经国会批准，便具备法律效力。凡未经立法批准的国防采办费用不得从国库拨款。国防采办预算法规体系明确了国防采办预算编制的程序、方法、调整手续、审批权限、考核和评价体系，以及国防采办预算管理和监督部门的职权范围，使国防采办预算的编制和执行有法可依。

第二章　俄罗斯军民融合战略

张文茹[*]

俄罗斯军民融合战略是指以俄国防工业综合体（ОПК）转型为主要任务和发展方向的国防工业发展战略。国防工业综合体是指满足国家军事需求的特殊经济部门的企业和组织的总称，包括科学研究和实验设计组织，以及完成研制、生产、存储、提供军事和专门技术装备、军需品、弹药等的生产企业，产品主要用于国家强力部门以及对外出口。俄国防工业综合体龙头企业中，代表性的有"联合造船集团""联合航空制造集团""俄国家技术集团""俄原子能集团"和"金刚石—安泰集团"等。当代俄罗斯军民融合战略结合时代需要，继承并发展了苏联时期的军民融合战略。长期以来，苏联国防工业综合体的发展基本上是国家垄断订货，其产品符合军事产品的特殊质量和技术特征要求，投资项目具有科技含量大、周期长和资金投入高，具有专业化、协作性、保密性以及对技术转让的限制等特性。国防工业企业体量大，根据其部门隶属关系、生产经营目的、产品使用范围、生产技术性和科技含量、所有制形式、战略意义等特性而联合协作，具有特殊利益，产品分为军用、民用和军民两用三类。国防工业一直是俄工业的火车头和驱动器，普京称国防工业综合体转型是一项国家战略任务，它将决定俄整体经济的合理发展，并将确保俄未来长期的国防能力和国家安全。

---

[*] 张文茹，国防科技大学外国语学院教授。

第一节　俄罗斯军民融合战略的发展历程

国防工业涉及国家政治、经济、军事和安全的全局性关键领域，是国家综合实力和高科技水平的重要体现。苏联解体后，俄罗斯继承了苏联的国防工业基础，包括约70%的国防工业企业，80%的研制生产能力，85%的军工生产设备和90%的科技潜力。俄罗斯独立之初，全国经济普遍低迷，军费不足，财政拨款和国防订单大幅减少，国防科研经费大幅下降，技术研发人员大量流失，国防工业企业举步维艰，国防工业处于混乱当中。普京执政后，加大力度重整国内秩序，扭转国防工业衰败之势，重振国防科技与军工生产能力。

一、苏联时期国防工业综合体的发展

一战前及一战期间，经济、科技和军事领域的深刻变革根本改变了战争的经济保障方式。战争的需求催生了国家经济动员的客观需要，出现了生产军事装备和军事技术的专业化部门以及军事经济进程中生产、分配、交换和需求的联合阶段。这一时期，俄国的国防工业综合体企业包括：在枪炮和弹药生产方面，有4个生产步枪的工厂（生产320万支步枪），2个官办和1个股份制工厂生产子弹，4个炮厂和4个转为生产大炮的工厂（生产11,700门大炮），16个大型的官办和私营企业，在战争期间生产了6700万枚弹药；在飞机制造方面，俄国接近奥匈水平，是英国产量的十五分之一；在汽车制造方面，俄国可以生产2万辆汽车，德国6.5万辆，英国8.7万辆，法国11万辆；在轮船制造方面，俄国有100个企业，俄没有坦克生产。[①] 这一时期，成立了军事工业委员会（1915—1918），以协调各种资源服务于战争需要。

第二次世界大战期间，根据"一五"计划，苏联很快发展了战时能保障国防和经济稳定的生产部门。到1940年，苏联国家社会总产值是1928

---

① Кузык Б. Н. Оборонно-промышленный комплекс (ОПК). https://old.bigenc.ru/text/5045275 (дата обращения: 16.09.2023).

年的4.5倍,工业总产值是1928年的6.5倍,苏联建立了强大的国防工业综合体,在二战期间生产了比德国多两倍的军事装备,在物质上保障了战争的胜利。[①] 二战后,苏联国防工业综合体发生了质的转变,核武器的研制导致计算机技术、应用数学、系统技术、无线电等技术的出现,建立了电子城,通过了加快发展科学和生产电子学基地的计划,以确保用本国物资和配套设施来生产武器装备和军事技术设备。在国防总投入中,加大了对科学研究和试验设计工作(НИОКР)的投入,武器装备和军事技术装备的采购速度增长超前。由此,形成了高技术工业综合体。

国防工业综合体是高技术工业综合体的核心,国防工业的转型主要依靠发展现有企业和建立新企业。从20世纪70年代起,国防工业综合体越来越多地生产复杂的工业产品、民用和文化日常商品,非国防产品的份额在逐步提高,1989年占到51%,包括国内生产的100%的无线电接收设备、电视机和缝纫机,98%的磁带录音机,97%的冰箱和冷冻设备,80%的医疗设备,78%的电吸尘器,68%的洗衣机,45%的自行车,绝大部分的汽车、摩托车、照相机和许多其他商品。[②] 国防工业综合体企业研制和生产了民用轮船和各类飞机,航天通信系统,导航、测绘、自然资源考察及电视广播设备,等等。大多数产品涉及核电站设备、石油开采和石油再加工工业以及计算机技术。国防工业综合体确保了苏联与美国在科技和军事战略上的同等地位。在这一时期的国防工业综合体的转型中,军民两用技术和生产制品占据重要地位,但由于资源有限、较高的保密性壁垒、行政命令体系,苏联科技成果转化用于其他部门和领域较为困难。

在苏联后期的新思维改革进程中,国内动荡的政治经济形势愈来愈严峻,国防工业受到极大冲击。至20世纪90年代初,苏联国防工业综合体有2000个企业和组织,包括1100个生产联合体和工业企业,约900个科学—生产和实验设计组织,引入约300家民用部门的企业和组织参与武器装备和军事装备的研制和生产,其份额占军用产品总量的4%。在国防工

---

① Кузык Б. Н. Оборонно-промышленный комплекс (ОПК). https://old.bigenc.ru/text/5045275 (дата обращения: 16.09.2023).

② Там же.

业综合体中工作的有800万人，其中从事民用产品生产的人员占6%。[1]

二、叶利钦时期国防工业综合体的发展

对于俄罗斯而言，20世纪的最后一个十年的特点是用于维护国家安全的经济保障的资源份额史无前例地缩减，国防工业综合体首当其冲，高技术和有专业技能的干部人才转入民用领域，科学研究团队人员大量流失，国家失去了很大一部分智力资源。

1992年，叶利钦总统签署《有关国有企业及国有企业的自愿联合组织改变为股份公司的组织措施》和《关于国有企业商业化并决定同时改变为开放型股份公司的条例》两项总统令，以推动大中企业私有化。1994年，根据政府推出的军工私有化方案，俄罗斯约40%的企业实行完全私有化，30%的企业实行部分私有化。然而，快速私有化不但没有能吸引国内国际资本，反而使投机加剧，企业处境更加艰难。到1996年，航天、生物技术、信息技术和新材料领域失去了300多项先进技术和生产能力。1999年，军用产品份额占军事工业的20%，民用机械和设备占26%，消费品占8.8%，军用产品出口占34.3%，民用产品出口占10.9%。1996年，国防工业综合体企业劳动工资比工业领域里的平均月劳动收入低60%，到2000年低72%，近三分之一的国防工业科研机构的工作者下岗。[2]

叶利钦政府在20世纪90年代中后期逐渐采取一些措施扭转国防工业的这种不利状况。俄罗斯前期采取的激进、缺乏充分论证的军工企业私有化改革，很大程度上削弱了国防工业整体技术实力，多年形成的大规模科学—生产综合体在大规模私有化进程中被切割，俄国防工业变成了矮子，国家国防订货缩减，国防工业企业不得不依靠出口生存，这同时也导致俄在世界武器和军工技术市场上的竞争不利的局面。1995年12月，俄通过了《国家国防采购联邦法》，规定了组建、布局、拨款和执行国家国防订货的程序，调整了其法律和财务关系。1996年，俄成立了"总统科技政策委员

---

[1] Кузык Б. Н. Оборонно-промышленный комплекс (ОПК). https://old.bigenc.ru/text/5045275 (дата обращения: 16.09.2023).

[2] Там же.

会"，以加强对科技政策的宏观调控，由总统出任该委员会主席。俄还制定了国家科技发展战略与计划，出台了军工生产、军事技术合作及出口法规，对科研及实验设计成果进行规划管理，集中资金优先保证重点军事科研项目和高技术武器的生产经费。1998年，俄通过了《1998—2000重组国防工业法》，明确了俄将实行大集团和规模化经营战略，将1700多家国防企业减至670家，同时加大联邦财政支持力度，组建了30家大型军工金融集团，形成了国防工业潜力核心，以提高军事工业的整体协作，增强在世界市场上的竞争力。[①] 俄国防工业综合体的情况开始逐步改善，1998—2002年国防工业军事生产水平翻了一倍，达到了苏联时期（1991）军品生产18.7%的水平；恢复了国防订货拨款，企业开始依靠完成国家国防订货清还债务。[②]

三、普京时期的军民融合战略

普京执政初期，国家经济和军事—经济安全的指标都处于维护国家安全门槛的边缘。受经济形势影响，武装力量数量和常规军事装备的指标发生了根本性下降，军事装备和军事技术装备从国防工业综合体企业雪崩式的转型以来没有更新，军事安全仅在战略遏制力量方面保持在国家安全门槛内。普京时期国防工业综合体结合俄罗斯经济高技术、多领域因素的发展，成为国家政策最优先方面，俄采取了加大国家财政拨款、组建大型国防企业集团增强国际竞争力、改善国防科技现状等措施。

1. 国防工业综合体结构性改革时期（2000—2010）[③]。2000年10月23日发布的第1768号总统令《俄联邦国防生产集中和合理化的保障措施》《2010年前及未来国防工业综合体发展的俄联邦政策原则》《2002—2006年俄罗斯国防工业改革与发展规划》为加大国防工业综合体改革创造了条件。《2002—2006年俄罗斯国防工业改革与发展规划》提出将俄罗斯军工企业

---

① 孙迁杰：《俄罗斯国防工业发展之路》，《军事文摘》2016年第6期，第17—20页。
② Кузык Б. Н. Оборонно-промышленный комплекс (ОПК). https://old.bigenc.ru/text/5045275 (дата обращения: 16. 09. 2023).
③ Оборонно-промышленный комплекс России. https://yandex.by/turbo/s/ru.wikipedia.org/wiki (дата обращения: 16. 09. 2020).

合并为36家超大型国防科研综合体的目标，在国家控股的基础上允许吸纳民间资本。此外，俄还通过了《国家军事装备计划》《国家技术工艺联邦规划》《提高本国商品生产者的竞争力》《竞争力和创新发展》等文件。上述政策文件旨在为国家与私营经济在管理和发展国防工业综合体方面积极协作创造条件，规定了国防工业综合体企业的股份制和私有化的措施，发展信任管理的法律基础措施，企业和组织在军事和民用产品领域参与国际一体化，包括引进外资的措施等。这一时期的主要任务是调整和优化军民国防科研协作，加快国防工业综合体企业的合并重组，加大国家拨款，制定装备发展计划，加快装备生产并列装军队。

在俄罗斯国防工业综合体结构性改革的第一阶段（2000—2005），改革的主要任务是清点生产技术工艺链和在技术协作基础上建立一体化机制（首先是设计局和企业、工厂的一体化）；在数量有限的企业中集中生产武器和军事技术装备，包括通过建立大型转型国防工业综合体；组建国防工业综合体核心企业；完善国家国防采购和军事技术合作的法律规范基础以扩大消费市场；培养和加强干部队伍。2000年4月，普京签署命令将军事技术合作领域的国家中间商"俄技术公司"加入另一个国家中间商"工业出口公司"，这是实现军事技术合作领域国家中间商联合迈出的第一步。2000年11月4日，普京签署命令，将军事技术合作领域两个国家中间商"工业出口公司"与"俄武器装备"联合，建立了"俄罗斯国防出口公司"（Рособоронэкспорт）。[①] 2000年12月1日，普京签署命令建立俄联邦对外军事技术合作委员会（КВТС），该委员会是协调和监督俄武器出口的联邦执行权力机构，由德米特里耶夫（М. А. Дмитриев）领导，国家对外军事技术合作的监护权从隶属于政府总理卡西扬诺夫（М. Касьянов）的俄工业科学部转隶于普京直接管理的国防部。2001年，俄将科学研究和试验设计工作（НИОКР）的拨款额提高了43%，2002年提高了40%；该资金用于供给军队和其发展的军事支出比例原为7∶3，2001年的比例是5.6∶4.4，

---

① Оборонно-промышленный комплекс России. https://yandex.by/turbo/s/ru.wikipedia.org/wiki（дата обращения: 16. 09. 2020）.

2006年达到5∶5。①

2001年10月29日，普京签署命令建立国家所有制的苏霍伊航空股份公司，稍后一些大型股份公司苏霍伊试验设计局、伊尔库特科学生产综合体（НПК «Иркут»）和别利耶夫航空科学技术综合体（ТАНТК имениБериева）并入苏霍伊航空股份公司。根据普京的命令，阿穆尔河畔共青城航空生产联合公司实行股份制，新西伯利亚航空生产联合公司绝大部分股份转并给苏霍伊航空股份公司。2001年11月，普京在军事技术合作委员会会议上要求整顿俄军事技术售后服务和提供备用件等事宜。2002年4月23日，普京签署命令在康采恩安泰（концерн Антей）和科学生产联合公司"金刚石"（НПО Алмаз）基础上组建新的股份公司金刚石—安泰防空集团，数十个研制和生产对空防御和反导防御系统的企业加入该股份公司，成为俄空天防御系统主要研发者和生产者。

2003年4月，普京指出近期任务是采取措施优化军事技术合作系统，包括完善法律规范基础。在军事技术合作领域，清除了多余的部门间的壁垒，提高了军事技术合作执行机构间协调行动的效率。2004年军事技术合作委员会（КВТС）转改为联邦军事技术合作局，隶属于国防部，而国家国防订货委员会隶属于国防部下设的联邦国防订货局。

在国防工业综合体结构性改革的第二阶段（2005—2010），主要任务是继续组建转型的国防工业综合体的核心企业，包括以跨部门集团公司为基础并提高其效益；一体化机制降低产品成本，增加收入，使生产设备现代化，开发新的出口市场，使俄有机会参与世界高技术产品市场分配；在武器更新链框架下扩大武器和军事技术装备的生产。2006年俄罗斯制定了《2007—2015年国家武器装备发展规划》，提出为俄军购买和研制空中交通、航天设备、汽车运输、装甲、防空和反导系统、航运和潜艇等领域技术装备的任务，财政拨款总计4.9万亿卢布。2006年建立了隶属俄政府的军事工业委员会，其主要任务是实施军事工业政策和解决国防军事技术保障问题。随着俄罗斯经济复苏和国防科技竞争力的增强，2006年俄经济部

---

① Кузык Б. Н. Оборонно-промышленный комплекс (ОПК). https://old.bigenc.ru/text/5045275 (дата обращения: 16. 09. 2023).

长格里夫表示，支持俄国防工业企业在海外上市，国家将为其未来发展提供资金支持。

从2007年起，俄罗斯进一步规范了武器装备出口和采购系统，加大了国家对国防工业企业的拨款。2007年3月，普京签署命令，俄罗斯国防出口公司成为军事技术合作领域的唯一国家中间商，武器装备的生产商没有权力出口终端产品，武器出口许可证由隶属俄罗斯国防部的联邦军事技术合作局（ФСВТС）负责审批。2007年9月11日，俄第一副总理伊万诺夫（С. Б. Иванов）宣布，俄国防工业综合体开始签署长期合同（期限不少于3年），而此前是一年一签。这个新举措和俄开始施行三年制国家预算有关。从2008年1月1日起，根据军事工业委员会的决定，所有军队采购均需通过联邦装备、军事专业技术和物资供应代办处（隶属联邦军事技术合作局）进行。2009年俄罗斯政府划拨近60亿卢布作为对国防工业综合体企业的贷款，600亿卢布作为企业支付法定资本费用，760亿卢布作为国家保证金。从2009年至2010年，俄罗斯政府对国防工业综合体企业的支持资金共计2200亿卢布。

这一时期，俄国防综合体陆续完成军事装备生产并列装部队。这主要包括：开始系列生产便携式防空导弹系统针-C（Игла-C，2004）、米-35M打击直升机（2005）和卡-52战斗直升机（2008）。列装井式洲际弹道导弹白杨-M（2000）、坦克T-90 A（2005）、战役战术导弹系统伊斯坎德尔-M（2006）、移动式洲际弹道导弹白杨-M、地对空导弹系统S-400（2007）、20380型轻护航舰（2008）和洲际弹道导弹"亚尔斯"（2009）。开始向俄武装力量提供前线轰炸机苏-34（2006）和教练—战斗机雅克-130（2009）。

2. 深化国防工业企业一体化改革和以民养军转型进程，实现武器装备现代化（2011—2017）[①]。至2011年初，俄罗斯国防工业综合体结构体制改革基本结束，随着国防订货的减少，国防工业综合体在新时期的转型再度被提上日程。一方面，俄罗斯继续深化国防工业综合体的一体化进程。有50个一体化机构加入新的机制，生产涵盖60%的产品。另一方面，开

---

① Оборонно-промышленный комплекс России. https://yandex.by/turbo/s/ru.wikipedia.org/wiki（дата обращения:16. 09. 2020）.

始了某些武器装备的系列化生产、重要项目的研发及装备的现代化，如地对空防御系统"柳树"（ПЗРК «Верба» 2011）、军事运输机伊尔–76МД–90А（2014）的系列生产；开始积极装备岸基导弹系统"棱堡"，开始了无人驾驶飞行器海雕–10（2010）、巡航导弹 X-101、航空导弹 X-38、地对空防御系统托尔–М2У（Тор-М2У）、防空导弹和高射炮综合系统铠甲–С1（ЗРПК «Панцирь-С1»）、无线电对抗系统克拉苏哈–4（Красуха-4, 2012）、装甲运输车–82А、核潜艇"北风级"（2013）、前线轰炸机苏–34、反坦克火箭综合系统攻击–СМ、核潜艇"白蜡树"（2014）和11356护航舰（2016）等。开始向俄武装力量列装歼击机苏–35С和苏–30СМ（2012），有发展前景的苏–57（2010）歼击机完成了首飞。2016年10月，结束了第四代米格–35轰炸机的研制。2017年1月26日，米格–35开始空中实验并通过了正式演示。

2016年5月16日，俄联邦政府制定了《俄联邦国防工业综合体发展国家纲要》，规定了俄国防工业综合体发展的目标、任务、指标、实施阶段、国家预算、预期结果等，每年对其进行更新。2016年9月，普京在图拉"合金"（Сплав）科学生产联合体会议上首次谈及新形势下国防工业综合体的转型问题。普京指出，国家国防订货高峰正在结束，国防工业企业应该在不减产的情况下恢复过去的非军用品生产规模，这一份额在2011年占33%。[1] 普京总统开始亲自监督国防工业的军转民进程。2016年12月1日，普京在总统国情咨文中提出国防工业综合体转型生产高技术民用和军民两用产品的计划和目标，即民用和军民两用技术产品在军工企业总产值中所占比重到2020年前达到17%，2025年前达到30%，2030年前达到50%。目的是解决和确保国防工业综合体能自信地面向未来，不间断地满负荷工作。2016年12月5日，俄颁布《关于开发国防工业综合体潜力生产民用和军民两用产品的措施》（2346号总统令），进一步明确了提高民用和军民两用产品在国防工业综合体总生产量中的比例目标，即2020年达到17%，

---

[1] Зайцев Степан. Диверсификация оборонки. Что в России пошло не так? https://yandex.by/turbo/s/rusplt.ru/policy/diversifikatsiya-oboronki-rossii-36839.html （дата опубликования: 23.09.2019）.

2025年达到30%，2030年达到50%。

2017年，关于国防工业综合体转型问题成为俄政府和国防工业部门讨论的主题。当年9月，普京在接见俄工业贸易部长杰尼斯·曼图罗夫、经济发展部长马克西姆·奥列什金时重申了国防工业综合体生产转型的重要性。普京称，国防工业综合体企业展现了劳动生产力的实质性增长，但另一方面，也很重要的是，劳动生产力的增长不仅要体现在军用品生产上，还要体现在向民用品的转型上。[①]

3. 制定和落实国防工业综合体2030年转型目标、四大优先任务及两步走战略（2018—）。普京总统称，俄国防工业综合体转型是一项国家战略任务，它将决定俄整体经济的合理发展，并将确保俄未来长期的国防能力和国家安全。2018年1月，俄乌法会议确立了清除国防工业综合体转型的法律障碍的司法目标，该目标成为统一俄罗斯党在国家杜马的重要任务。

2018年3月6日，俄国防工业综合体生产民用高技术产品的转型军工会议在彼尔姆召开。该会议决定由俄工业贸易部协同俄原子能集团、俄航空集团、俄国家技术集团一起制定俄2030年国防工业综合体转型战略，会议还决定：（1）俄工业贸易部协同俄原子能集团、俄航空集团、俄国家技术集团与俄燃料—能源综合体、银行、基础设施机构和广电部门向政府提交创建生产民用和军民两用产品的子公司或者联合公司的报告，吸引他们投资，这些公司应该是国防工业综合体民用和军民两用产品的订货商和主要需求者。（2）支持举办"请在俄罗斯制造并请购买本国产品"全俄竞赛活动的想法，考虑为解决国防工业综合体转型问题的胜出者颁授国家奖金。（3）有必要对国家支持高技术民用品生产商的现有措施进行效果评估。（4）7月1日前向政府提交立法修订案，要确保民用高技术产品生产者能够获签长期合同以助其完成相关生产任务所需的设计、生产和服务任务。（5）协调燃料—能源综合体为国防工业综合体的实验性生产建立实验场。

[①] Путин напомнил о важности диверсификации производства в сфере ОПК. https://yandex.by/turbo/s/iz.ru/649605/2017-09-23/putin-napomnil-o-vazhnosti-diversifikatcii-proizvodstva-v-sfere-opk (дата опубликования: 23.09.2017).

（6）俄国家技术集团向军事工业委员会提交创设科学生产联合公司的转型地区代办处或分公司的方案，这些"转型"公司的职能是生产和销售高技术产品的样品并为大规模投产预作准备。国家规划内的行业科学研究——实验设计工作和进口替代机制都会投入上述任务。[1] 俄加快制定2030年国防工业综合体转型战略与联邦预算的减少有关，其预算占比从2017年的3.1%减少到2019年的2.7%以及2020年的2.5%。

2018年11月21日，普京召集俄国防部长和国防工业综合体企业负责人，共同探讨了国防工业综合体的转型问题并提出了四大优先任务：一是加快制定国防工业转型的法律基础。二是推进生产多样化和相应的监管机制。三是要明确每个项目所必须的国家财政支持的具体数量和标准，包括补贴贷款利率和研发资金。四是生产多样化应与国家项目或发展规划的落实有机地结合在一起，国防工业企业参与这些项目有助于刺激需求，有助于增加这些企业民用产品的产量和销售。生产多样化可最大限度地减少不利因素的影响（如网络威胁、货币波动），能确保大多数基础设施国家垄断投资计划和国有企业投资计划得到落实。普京指出，国防工业综合体转型是一项国家级战略任务，尽管2018年国防工业民用产品的份额已达到20.7%，但国防企业还未能充分发挥作用，采取的措施仍显不足，以三年为期，都应该精确地知道自己应生产什么样的民用产品，生产多少以及供应给谁。他说，"国有企业和联邦权力机关应是这些民用产品生产项目起步阶段的关键消费者"，"舍此订单，未必能顺利启动"。[2]

2018年12月4日，俄国防部长谢尔盖·绍伊古在电话会议上指出，将国防工业融入民用经济能确保军工企业的长期稳定运行，将国防工业先进的技术转用于民用领域有助于世界水平的创新产品的生产。他再次重申了普京总统所提出的国防工业综合体的转型是国家一项战略任务的论断，提

---

[1] Журенков Денис Александрович, Трушкова Елена Александровна. Стратегия диверсификации-2030.https:// arsenal-otechestva.ru/ article/ 1036-strategiya- (дата опубликования: 22. 05. 2018).

[2] Путин В.В.Диверсификация ОПК — одна из стратегических национальных задач. https:// yandex.by/ turbo/s/ eadaily.com/ru/news/2018/11/21/putin-diversifikaciya-opk-odna-iz-strategicheskih-nacionalnyh-zadach (дата опубликования: 21. 11. 2018).

出军工企业生产多样化应主要涉及运输、通信、广电、燃料能源以及卫生保健和其他经济领域。①

俄罗斯政府2021年3月29日修订的最新版《俄联邦国防工业综合体发展国家纲要》明确了新形势下国防工业发展的目标：激励国防工业综合体的发展，加快开发相关科学技术、生产技术工艺、干部和智力潜力，提高产品的竞争力。新版国家纲要延续了2016年纲要对国防工业综合体发展两个阶段的任务划分：第一个阶段是2016—2020年，第二个阶段是2020—2027年，国家预算拨款总额将达1250.55215亿卢布。具体的指标和预期结果是，提高国防工业企业产品在国内外市场的竞争力，生产总量较2015年增长59%，人均产值较2015年增长1.45倍（2021修订版）；2027年前，国防工业综合体工人的月均工资应增长到7.3万卢布，科研机构的工作人员月均工资应增长到9.3万卢布；提高民用和军民两用高技术产品在国防工业综合体产品中的份额，争取于2027年前达到40%的比例。②

第二节 俄罗斯军民融合战略的目标与政策

俄罗斯军民融合战略即国防工业综合体现代发展战略，旨在推动军用和民用产品的生产，集中资源优先用于研发和生产有前景的民用和军民两用高技术产品，寓军于民，以民养军。2007年俄国防工业综合体总产量为1860亿美元，其中国家订货为1160亿美元，出口为70亿美元，2016年俄在世界武器市场中的出口份额占25%。③ 截至2018年，俄国防工业综合体有1319个工业和科学机构，人数达200多万，其中140万人在国防工业领

---

① Шойгу С. К. Диверсификация «оборонки» позволит создать инновационную продукцию мирового уровня. https://yandex.by/turbo/s/riafan.ru/1128138-shoigu-diversifikaciya-oboronki-pozvolit-sozdat-innovacionnuyu-produkciyu-mirovogo-urovnya (дата опубликования: 04. 12. 2018).

② Журенков Денис Александрович, Трушкова Елена Александровна. Стратегия диверсификации-2030. https:// arsenal-otechestva.ru/ article/ 1036-strategiya-(дата опубликования: 22. 05. 2018).

③ Оборонно-промышленный комплекс России. https://yandex.by/turbo/s/ru.wikipedia.org/wiki (дата обращения: 16. 09. 2020).

域。约四分之三的机构属于俄工业贸易部，这些机构联合成41个一体化机构，其中大部分是"俄技术集团"和"俄航天制造集团"等国有企业，其产品占国防工业综合体总量的84%。[1] 根据2020年3月31日的统计数据，在俄国防工业部门工作的人员有所增加，达到250万~300万人。[2]

一、俄军民融合战略的目标和发展路径

俄国防工业综合体发展的依据是俄联邦维护国家安全和国家发展目标领域的相关法律，包括《俄联邦国防工业综合体发展国家纲要》（2016年5月16日）、《关于开发国防工业综合体潜力生产民用和军民两用产品的措施》（2016年12月5日总统令）、《2025年前及未来国防工业综合体发展的国家政策原则》（2017年2月23日总统令）[3]和《俄联邦2030年前国家发展目标》（2020年7月21日总统令）等纲领性政策文件。[4] 上述法律和纲领性政策文件明确规定了国防工业综合体发展的目标、原则、优先方向和任务、资金来源及保障机制等。

（一）俄军民融合战略目标及任务。2016年5月16日，俄联邦政府制定了《俄联邦国防工业综合体发展国家纲要》，规定了俄国防工业综合体发展的目标、任务、指标、实施阶段、国家预算、预期结果等，每年都对其进行更新。2016年12月1日，普京在总统国情咨文中提出国防工业综合体转型生产高技术民用和军民两用产品的计划和目标，即民用和军民两用

---

[1] Фролов Игорь.Диверсификация ОПК: цель, промежуточный этап или средство развития? https://dfnc.ru/yandeks-novosti/diversifikatsiya-opk-tsel-promezhutochnyj-etap-ili-sredstvo-razvitiya (дата обращения: 16. 09. 2023).

[2] Оборонно-промышленный комплекс России. https://yandex.by/turbo/s/ru.wikipedia.org/wiki (дата обращения: 16. 09. 2020).

[3] Основы государственной политики в области развития оборонно-промышленного комплекса Российской Федерации на период до 2025 года и дальнейшуюперспективу(Указом Президента Российской Федерации от 23 февраля 2017 г. №91). https://spsc-ras.ru/spsc-ras/docs/ (дата обращения: 14. 09. 2023).

[4] Правительство Российской Федерации.Постановлениеот 16 мая 2016 года N 425-8 об утверждении государственной программы Российской Федерации «Развитие оборонно-промышленного комплекса»(с изменениями на 29 марта 2021 года). http://docs.cntd.ru/document/420356175 (дата обращения: 14. 12. 2021).

技术产品在军工企业总产值中所占比例到2020年前达到17%，2025年前达到30%，2030年前达到50%。2016年12月5日，《关于开发国防工业综合体潜力生产民用和军民两用产品的措施》总统令进一步确认了上述2030年前国防工业综合体发展目标。

2021年更新后的《俄联邦国防工业综合体发展国家纲要》规定：国防工业综合体的发展目标是在推动国防工业综合体发展的基础上提高其产品竞争力，长期目标是加快发展国防工业综合体的科技、生产—技术工艺、干部和智力潜力，提高其竞争优势。任务是确保国防工业综合体在发展和利用现代计算机技术的基础上推动自身发展；推动军用产品走向世界武器市场；刺激国防工业综合体组织的工业活动，为转型和生产高技术军用、民用、军民两用产品创造条件；确保国防工业综合体组织的财政经济稳定和干部潜力的发展。[①] 2021年更新版国家纲要延续了2016年国家纲要的阶段和任务划分，只是在某些具体指标方面因形势发展有所调整。《俄联邦国防工业综合体发展国家纲要》的主要执行机构是俄工业贸易部，负责向俄政府提交对《俄联邦工业发展和提高其竞争力的国家纲要》修订案的方案，每年11月1日前向俄联邦军事工业委员会部委会提交国家纲要当年实施情况的报告。

综上所述，俄国防工业体转型必须解决如下任务：完成构建转型的法律基础，建立对转型进程的管理体系，明确国防工业综合体企业转型的优先任务，通过吸引国防工业综合体企业参与国家项目刺激转型需求、对国家必须支持的项目进行评估等。[②]

（二）发展路径：国防工业综合体的全面转型。以2009—2018年为例，这一时期俄国防工业及国防工业综合体经历了怎样的发展历程，现状如

[①] Правительство Российской Федерации.Постановлениеот 16 мая 2016 года N 425-8 об утверждении государственной программы Российской Федерации «Развитие оборонно-промышленного комплекса»(с изменениями на 29 марта 2021 года). http://docs.cntd.ru/document/420356175 (дата обращения: 14. 12. 2021).

[②] Система управления диверсификацией ОПК // Арсенал Отечества.2018.№6.С.38. https://arsenal- otechestva.ru/article/1186-sistema-upravleniya-diversifikatsiej-opk (дата обращения: 14. 01. 2019).

何，未来走向如何？

总体上看，俄工业生产在2013年后不景气，年增速不到2%，与世界经济发展差距进一步拉大。民用机器制造部门相对好些，2009经济危机后年增速为5%，尤其是2010—2012年表现强劲，但近些年来也发展缓慢。在此背景下，国防工业综合体工业发展较为亮眼，近十年来产量翻了一番，这主要是与国家各种扶持有关。但从2017年起，国防工业综合体工业增速放慢，由2016年的9.5%下降到2017年的3.4%，而从2018年起由于军用品生产急剧下降，国防工业综合体工业品产量近20年来首次下降了2.5%。国防工业综合体工业增长速度和产量下降的原因是2017年以来国防采购的逐步减少。国防工业综合体再次面临如何生存和发展的问题。[1]

2017年前，国防工业综合体的军工产量主要依靠国家国防订货（含武器和专用军事技术装备的出口）的提高而稳定增长。由于国家国防订货的增长，国防工业综合体生产民用产品的份额明显下降，2013—2016年，俄国防工业综合体的民用工业产品份额或者接近于零，或者是负数（除了航空工业和部分无线电综合体）。2017年起民用产品份额依靠转型开始稳定增长，产量占国防工业综合体总份额的17%；2018年占国防工业综合体总份额的20.9%，增长率为8.8%。[2] 有鉴于此，在国防采购减少的情况下，国防工业综合体企业和组织发展的重要途径是完成其生产转型的任务，实现生产多样化。

2017年俄国防工业综合体处于转型的十字路口，各方出现意见分歧，有关国防工业企业是否需要转型问题，俄国内主要有两种态度和立场：一种观点认为，世界军政形势的发展表明军事力量不可或缺，国防工业企业应专注于军工生产。俄导弹及炮兵学院院长瓦西里·布列诺科指出，2025年后俄军备会逐渐老化，到时国防工业企业不得不重新研发新装备，而不再是转型。20世纪90年代的转型是由于国家的衰落，生产能力有限，而当前转型取决于能否正确评估国防工业综合体的发展前景和国防企业在民用

---

[1] Фролов Игорь.Диверсификация ОПК: цель, промежуточный этап или средство развития? https://dfnc.ru/ yandeks- novosti/ diversifikatsiya-opk-tsel-promezhutochnyj-etap-ili-sredstvo-razvitiya (дата обращения: 16.09. 2023).

[2] Там же.

生产领域的能力。布列诺科提出质疑，"军工厂的厂长们为按时完成民用产品的指标是否会缩减军事生产，国防工业企业如何能在必要时尽快恢复军工生产能力，能否恢复这种能力？"[1] 另一种观点认为，国防工业综合体为了在国防订货减少的情况下生存和保持生产能力，必须谋求生产多样化，认真开拓民用和军民两用新市场。2017年6月，俄技术发展代办处副处长尤里·阿布拉莫夫在新西伯利亚举行的"技术工业"技术发展国际论坛上称，俄1300多个国防工业综合体中只有8%～10%的企业打算转型生产民用产品。[2] 俄联邦政府副总理德米特里·罗戈津指出，为了活跃民用市场，国防工业综合体必须使经营环境向民用市场靠拢。但到目前为止，俄国防工业综合体仍保留着"国中国"的状态，一系列制约性因素依然存在，如价格体系、合同拨款模式、企业经营者的态度和观念等。[3]

2017年4月17日，俄"分析"俱乐部与经济战略研究所（ИНЭС）成员共同组织了与国防工业综合体企业"战略管理"领导人的会议，共同研讨苏联时期国防工业综合体转型的历史教训以及当前转型中的问题。[4] 与会专家认为，苏联历史上军转民有过两次，第一次是卫国战争后的1945年，第二次是20世纪80年代中期。苏联后期转型失败的主要原因有二：一是国家管理系统崩溃，无法形成共识和正确决策。二是国家经济形势恶化和混乱，整体经济都在崩溃，国防经济首当其冲。20世纪90年代的形势有所不同，当时国防工业重组和转型是作为部门体制改革的手段，旨在解决社会问题，而当前的国防工业综合体的转型是指转变经营模式，建立工业集群和技术园区，而不只是由国家国防订货转向民用产品。

国防工业综合体转型的实质是转变经营模式。有俄罗斯专家指出，当

---

[1] Диверксификация:как не повторить ошибки 1990-Х. https://www.aviaport.ru/digest/2017/04/19/437709.html (дата опубликования:19. 04. 2017).

[2] Обобщение: Не более 10% российских предприятий ОПК готовы к диверсификации. https:// www. korabel. ru/ news/ comments/ obobschenie_ne_bolee_10_rossiyskih_predpriyatiy_opk_gotovy_k_diversifikacii_-_atr.html (дата опубликования: 21. 06. 2017).

[3] Там же.

[4] Диверксификация:как не повторить ошибки 1990-Х. https://www.aviaport.ru/digest/2017/04/19/437709.html (дата опубликования: 19. 04. 2017).

前俄国防工业综合体应该清楚如何生产民用品、向市场提供什么产品，而不能总是抱怨缺少廉价的国防资源、专业技术人员不够、国家支持力度不足和社会购买力低。有调查显示，在使用860亿卢布银行贷款的95个项目中，真正得到实施的不到10个，且其研究质量还有待提高。以前军工企业的生产都是保密的，现在要转型面向民用市场就要信息透明，要学会与民事调解打交道。俄军事工业委员会副主席博奇卡廖夫（Бочкарев）认为，国防工业综合体需要新的经营模式，成立股份公司，自主经营，原有经营模式在国家国防订货时期有所保障，但在民用市场上不会赢利。俄罗斯总统驻西伯利亚联邦区全权代表谢尔盖·梅尼亚伊洛（Сергея Меняйло）建议，国防企业应该在子公司框架下发展新的生产，为此要简化成立子公司的手续，使这些大企业能够生产和销售"终端产品"，应建立发展基金，以确保其自力更生，而不是伸手乞讨。对外经济银行副行长佐洛塔廖夫认为，建立工业园有助于国防企业发展和巩固与私人企业的合作关系。[1] 对国防工业综合体转型任务的分析数据表明，国防工业企业可以生产2500种民用产品和军民两用产品，这些产品可分为30多种类。俄专家们建议：在转型初期，俄国防部应该明确2025年前应裁减和重组的行业和企业以及生产规模总量和产品项目，还应明确俄生产的高技术产品的出口清单和贷款来源（优惠贷款，国有私有合作关系）。国防工业企业应制定翔实的转型计划（期限、职责、财政等）、具体行业和部门的发展规划，同时需要扩大出口，提高新型现代化高级管理水平和领导水平，更新领导层的观念、作风和行事风格。[2] 俄罗斯科学院院士维克多·伊万特尔（Виктор Ивантер）指出，当前转型需要的不仅是空喊口号"让我们做得更多更好"，而应是深思熟虑的计划、市场评估和资金保障，转型工作应重在严格监督、人尽其职、令行禁止。仅凭政府指示和行政规定是不行的，需要建立起一套完

---

[1] Обобщение: Не более 10% российских предприятий ОПК готовы к диверсификации. https:// www. korabel. ru/ news/comments/ obobschenie_ne_bolee_10_rossiyskih_predpriyatiy_opk_gotovy_k_diversifikacii_-_atr.html (дата опубликования: 21. 06. 2017).

[2] Диверксификация: как не повторить ошибки 1990-X.https://www.aviaport.ru/digest/2017/04/19/437709.html (дата опубликования: 19. 04. 2017).

整的市场营销、技术、投资等机制体制，各执行部门必须权责分明，接受监督。①在扩大出口方面，维克多·伊万特尔院士认为，俄国内市场有限，不应忽视国外市场的开发，不应强迫那些世界一流水平的军事工业企业强制生产民用产品。在出口方面，国防工业综合体面临的主要问题是如何与国际标准实现对接，主要涉及知识产权保护和产品认证等问题。②俄工业贸易部副部长瓦西里·奥希马科夫（Василий Осьмаков）认为，国防工业综合体生产民用产品主要涉及三大领域：一是传统市场，即民用航空、造船、能源、电子等；二是未来市场；三是配套设施市场。上述领域的产品若只限于满足俄国内的需求是无法锻造出具有竞争力的企业的，无论是选择转型的优先方向还是制定项目总量都要考虑其出口潜力。③

二、俄军民融合战略的政策举措

俄军民融合战略包含着寓军于民，以民养军的思想。俄罗斯总统普京首次谈及转型问题是2016年9月在图拉"合金"科学生产联合体会议上，普京指出，国家国防订货高峰正在结束，呼吁国防工业企业在不减产的情况下恢复过去的非军用品生产规模。在此之后，普京亲自监督国防工业的军转民进程，2014年普京亲自出任俄军事技术合作委员会主席一职。2019年5月，在俄政府会议上专家们建议，国防工业综合体企业和组织的转型应该与国家项目和发展规划相结合，这些国家项目应该成为发展民族工业，首先是国防工业综合体工业的引擎。④2020年6月9日，俄国家安全会议秘书帕特鲁舍夫称，国防工业综合体生产高技术民用产品有利于俄减少对外依赖，减少因西方国家对俄实施制裁以及在疫情下外国产品供应中断而造成的消极后果。帕特鲁舍夫同时指出，参与国家项目对俄罗斯国防工

---

① Диверксификация:как не повторить ошибки 1990-X.https://www.aviaport.ru/digest/2017/04/19/437709.html（дата опубликования: 19.04.2017）.

② Там же.

③ Обобщение: Неболее 10% российскихпредприятий ОПК готовы к диверсификации. https:// www.korabel.ru/ news/comments/ obobschenie_ne_bolee_10_rossiyskih_predpriyatiy_opk_gotovy_k_diversifikacii_-_atr.html（дата опубликования: 21.06.2017）.

④ Дом Правительства РФ: обсуждение вопросов диверсификации в ОПК. https:// www.gosrf.ru/news/39942/（дата опубликования: 11.02.2019）.

业综合体企业非常重要，俄工业贸易部等部门和俄联邦主体必须扶持这些企业，包括助其实现生产技术更新，通过民用产品的质量验证和进行人力资源培训。①

国防工业综合体企业的有效转型可以提升国防工业的技术水平和生产资源。2018年10月，俄国家杜马经济发展、工业、创新发展和创业委员会第一副主席杰尼斯·克拉夫琴科（Денис Кравченко）在国防工业综合体第一次部门会议上指出，必须创造条件让国防工业综合体企业有兴趣提高其产品的质量和竞争性能，积极活跃民品市场。当前国防工业综合体重要的任务是寻找国防企业转型的重点方向和最有效的机制，能够开发新技术和生产资源。2020年以后国家国防订货高峰过后，应该全力生产民用产品，开足马力。特别是在西方对俄实施制裁的情势下，俄要制定全面的不依赖进口的政策，要使许多重要行业，如燃料动力、冶金、石化等使用本土进口替代产品，这将形成国内需求市场，刺激导弹—航天企业的积极转型，但目前并非所有企业都已对此做好准备。为此俄要建立激励杠杆，以保护本国生产者。杰尼斯·克拉夫琴科列举了当前激励国防工业积极参与转型的具体措施和建议，如企业个人负责制、立法保障、贷款和税收优惠等。他指出，必须建立面向转型企业的优惠贷款机制，企业可以依法得到低价而长期的优惠贷款，以切实提高对科学研究和实验设计工作的支出，在进口替代规划框架下向企业提供贷款，在进口替代政府委员会活动框架下优先向国防工业综合体企业倾斜，依靠国家订单扩大国防工业综合体企业民用产品的销售并支持其出口，比如使用联邦预算资金的工业设施和医疗设施在建设、更新和重建时要优先选用国防工业综合体生产的民用产品。他支持建立军民两用技术转化机制，包括对知识产权的保护，并高度评价了国家杜马下设的航天专家委员会、国防工业综合体转型工作组等平台发挥的重要作用。杰尼斯·克拉夫琴科认为，应该创造条件利用超前社会经济发展地区和经济特区的税收来支持国防工业综合体的转型发展，鼓励其开展科学研究和实验设计工作，将优秀研究基金的潜力和经验用于国防工业

---

① Патрушев рассказал о диверсификации ОПК. https://yandex.by/turbo/s/ria.ru/20200609/1572684466.html (дата опубликования: 09. 06. 2020).

综合体企业的转型事业。

（一）加强机构设置和政策协调，为国防工业发展和国防综合体转型提供组织管理和机制保障

在国家机构设置和组织管理体系方面，2000年11月4日成立的俄罗斯国防出口公司，其正副总经理为普京在苏联克格勃第一总局的同事切梅佐夫和别利亚尼诺夫。2000年12月，俄成立俄联邦军事技术合作委员会，于2004年转改为联邦军事技术合作局，隶属于国防部，而俄国家国防订货委员会隶属于国防部下设的联邦国防采购局。2006年，俄建立隶属俄政府的军事工业委员会，负责实施军事工业政策和解决国防军事技术保障问题。军事工业委员会最初成立于一战时期的1915—1918年，旨在调动各种资源为战争服务，而现军事工业委员会是对重大国防项目和计划进行决策的国家机构，其职能范围包括武器装备的研发生产、国防工业及大企业的改造重组、企业间合作、国家武器装备计划和国防订单等。2007年3月，普京签署命令，俄罗斯国防出口公司成为军事技术合作领域唯一的国家中间商，武器装备的生产商没有权力出口终端产品。2014年9月10日，普京出任俄军事工业委员会主席，俄副总理罗戈津任副主席，俄副总理、前国防部负责装备的副部长尤·鲍里索夫任该委员会执行秘书。军事工业委员会转由普京总统直接领导表明该委员会由政府管理转隶为总统直接管辖，这将有助于政府、企业和军方间协调关系，2019年普京主持安全会议时再次强调，成立军事工业委员会的目的是加强强力部门与国防工业综合体的协调，落实国家国防采购任务等。[①] 2019年2月，在俄政府总结2018年国防工业综合体转型问题的会议上，专家们建议成立各类专家委员会，如隶属于国家杜马国防工业委员会的军技合作专家委员会、投资和知识产权专家委员会等，各类专家委员会与联邦军事技术合作局保持紧密协作关系，对转型进程进行协调和指导。[②] 俄国防工业综合体组织管理体系详见图2.1。

[①] О перспективах развития Вооруженных Сил, других войск, воинских формирований и органов, выполняющих задачи в области обороны, на период до 2030 года. http://www.scrf.gov.ru/council/session/2688/(дата опубликования: 22.11.2019).

[②] Дом Правительства РФ: обсуждение вопросов диверсификации в ОПК. https://www.gosrf.ru/news/39942/ (дата опубликования: 11.02.2019).

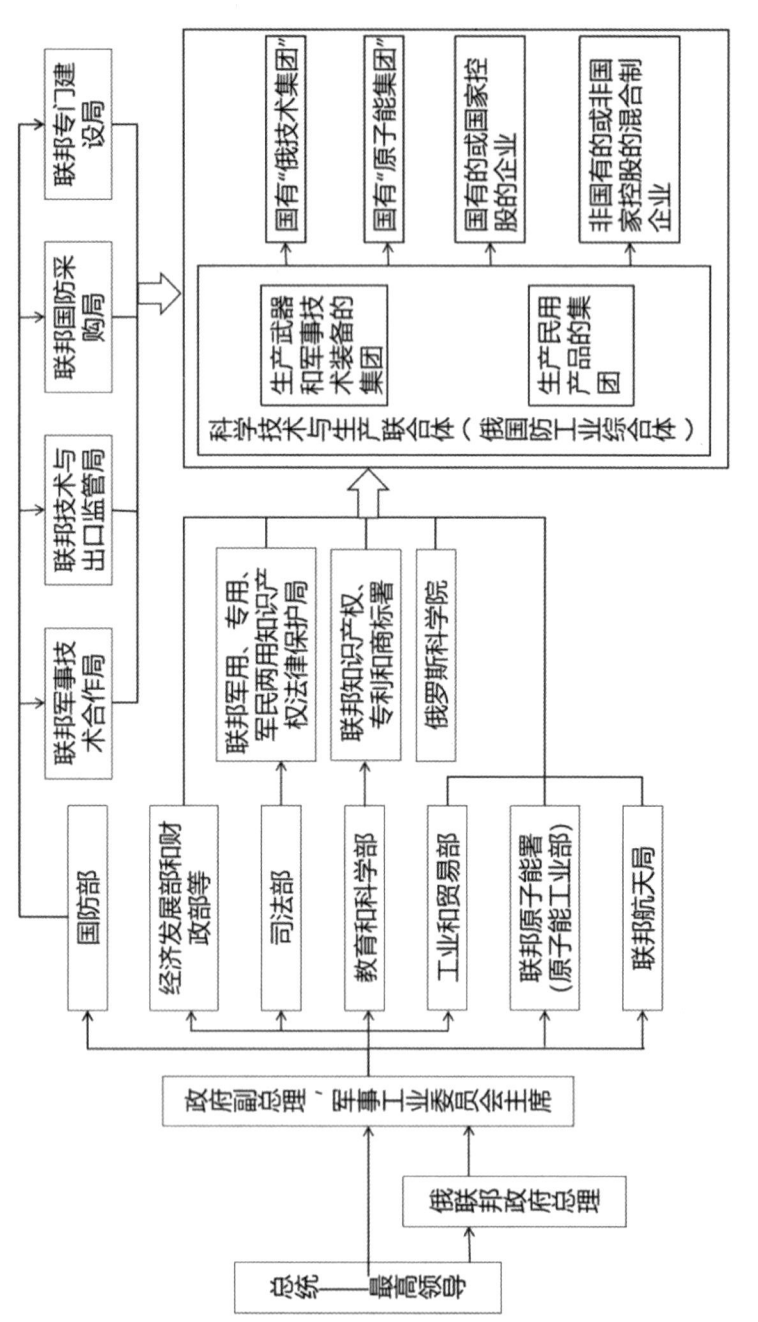

图 2.1 俄罗斯国防工业综合体组织管理体系

资料来源：Структура оборонно-промышленного комплекса, назначение, специализация. Предприятия оборонно-промышленного комплекса России. https://rusinfo.info/cto-takoe-opk.

在企业管理和协调机制方面，首先，成立国防工业综合体"转型"组织（НПО «Конверсия»），设立"转型"工业发展基金。为帮助国防企业，俄政府成立了国防工业综合体"转型"组织（俄技术集团和对外经济银行的联合体），主要职能是摸清市场需求，寻求推动和实现国防工业综合体企业产品走出去的方向和机会。有调查显示，国防企业的厂长们都不清楚生产什么，为谁生产，和谁竞争。所以该组织的任务之一是建立产品市场营销分析中心，刚开始主要分析国防企业现有产品，下一步是他们可能生产的产品。任务之二是负责分析竞争者，和谁竞争，产品往哪里销售、何方市场等。任务之三是对国防工业进行实质性补贴，即设立"转型"工业发展基金（Фонд развития промышленности），用于申请优惠、长期资金，优惠贷款从2亿到7.5亿卢布。5年期中的前3年税率是1%，后2年是5%。从连续生产的第二年开始新产品专用总额不低于税率额的一半。只有加入国防工业综合体清单的企业才可以参加该基金的专项计划。任务之四是优先制定项目计划，即科学研究和实验设计工作补助规划，是俄罗斯工业贸易部与国防科学部在建立和发展隶属于大学的工程中心框架下的项目，包括用于国防工业转型发展，2013—2016年建立了49个工程中心。2017年预算7亿卢布，用于规划有竞争力的项目，重点遴选那些有助于国防工业综合体军转民的项目，在4300多种民用和军民两用项目中有2200多种是高技术产品。[①]

其次，为完成俄总统于2016年9月23日发布的1845号总统令和2016年12月5日的《关于开发国防工业综合体潜力生产民用和军民两用产品的措施》（2346号总统令），俄罗斯工业贸易部协同相关联邦执行机关和发展机构设立了对国防工业综合体组织生产转型项目的财政支持和商品推向国内外市场的协调系统。核心的调节手段和机制包括：(1) 统一信息平台，在国家工业信息系统（ГИСП）基础上创建高技术产品的交互一览表、电子商务平台和信息收集服务系统。(2) 建立国防工业综合体民用产品目录，纳入各行业6811种产品，其中2609种是民用和军民两用高技术产品

---

① Как проходит диверсификация ОПК в России. https://rostec.ru/news/4521557/(дата опубликования: 08.11.2017).

（无线电技术设备有655种，医学技术产品有452种）。（3）在俄工业贸易部系统基础上组织会议会展活动，旨在将国防工业综合体生产的民用和军民两用产品推向国内外市场。（4）建立"转型"科学生产联合公司（НПО «Конверсия»）和国防工业综合体"转型中心"（ЦНИИ «Центр»）。"转型"组织由国有企业"俄技术集团"和对外经济银行联合建立，除了协调供需，该公司的职能还包括在国防工业综合体中推广项目管理原则、组建职能中心以及对国防工业组织的系统性分析予以支持。"转型中心"的职能是通过帮助国防工业综合体组织进行信息分析和落实转型任务，提升高技术民用和军民两用产品的生产。比如为创造有利的转型条件，在由导弹—航天联合体组建的俄航天集团（Роскосмос）建立转型中心，协调生产和推动高技术民用产品走向国内外市场。（5）俄工业贸易部协同"俄罗斯技术集团"、网络学院、"转型"工业发展基金，支持大学生、研究生和年轻学者科研项目活动的"国家智力发展基金"（«Иннопрактика»公司的业务之一），组织国防工业综合体企业以学习竞赛的形式开展创新实践活动，竞赛的目的是挖掘国防工业综合体组织生产高技术民用产品方面的优势和需求。[①]

（二）改革和重组国防企业，建立国防工业综合体一体化协作机制，实现生产多样化和科技创新发展

建立一体化协作机制是国防工业综合体改革的重要内容。在国防工业综合体构成中，单一国企占43%，有国家参与的股份公司占28.8%，没有国家参与的股份公司占28.2%，有62%的国企禁止私有化，其他的企业可以私有化。如前所述，国防工业综合体组织机制改革经历了两个阶段：第一阶段（2005年以前），组建国防工业综合体核心企业，首先是设计局和工厂完成一体化；完善国家国防采购和军事技术合作的法律规范基础以扩大消费市场；培养和加强干部队伍。第二阶段（2005—2010）。发展已组建的核心企业，形成大型转型集团公司，包括以跨部门集团公司为基础提

[①] Журенков Денис Александрович, Трушкова Елена Александровна. Стратегия диверсификации-2030. https:// arsenal-otechestva.ru/ article/ 1036-strategiya-(дата опубликования: 22.05.2018).

高其效益。企业一体化降低了产品成本，增加了收入，加快了生产设备现代化和开发新的出口市场的步伐，使俄罗斯有可能参与高技术工艺产品世界市场的分配，在武器更新链框架下扩大武器和军事技术装备的生产。

实现生产多样化，尤其是生产军民两用竞争性产品是俄军工企业转型的重要任务，将国防工业融入民用经济将确保其长期稳定运行。生产多样化涉及哪些领域？俄国防部长谢尔盖·绍伊古表示，军工企业生产多样化涉及运输、通信和电信、燃料能源以及卫生保健系统等部门和领域，这一进程将保障俄罗斯生产世界水平的民用创新产品。[①]

推动科技创新是提升国防工业高科技竞争力的关键。有效利用创新活动成果可保障国防工业综合体收入增长47%，而不断增长的国家国防采购、联邦专项计划、武器装备和军事技术装备出口是国防工业综合体创新拨款的补充性来源。国防工业综合体的创新潜力包括：企业因有竞争力的产品内需扩大而进行的改建措施获得的补充资金，可集中用于科学研究和实验设计，可利用创新小企业完成国家采购和军事技术合作方面的出口合同；新科技知识和由此生产的产品、设备和技术工艺向其他活动领域的推广等。如打造俄罗斯创新工业园和技术工业园，这样的工业园或科学城德国有19个，英国有21个，日本有19个。

研发高科技军用产品，提高国防产品在世界军售市场的国际竞争力。2013年，俄军组建了科学连，即在国防部不同科研组织和高等军事院校机构中设置的军事分队。目前共有12个科学连，每个连都是依附于本国国防工业综合体的专业生产企业。俄国防部长绍伊古称，俄军组建的科学连已初见成效，"青年研究者制造出了可使用三种燃料运行的发动机，用于不同的装备型号中，以及持续对飞机设备状况、光学瞄准系统和其他装备进行分析的设备"。[②]2018年6月25日，根据总统普京的命令创立了"时代"创

---

① Шойгу С.К. Диверсификация «оборонки» позволит создать инновационную продукцию мирового уровня. https://yandex.by/turbo/s/riafan.ru/1128138-shoigu-diversifikaciya-oboronki-pozvolit-sozdat-innovacionnuyu-produkciyu-mirovogo-urovnya(дата опубликования: 04.12.2018).

② 《绍伊古：俄军组建的科学连初见成效》，俄卫星通讯社，2020年8月24日，http://sputniknews.cn/russia/202008241032016565/，访问日期：2023年8月24日。

新军事技术城,其任务是将先进技术迅速应用到国防与安全领域。

(三)国家对国防工业发展实行立法保障、政策优惠和财政支持

20世纪90年代以来,俄联邦政府相继出台了一系列关于国防工业发展和转型的立法。叶利钦时期通过的《俄联邦国防工业转轨法》(1990)、《1993—1995年俄联邦国防工业"军转民"计划》(1993)、《关于稳定国防工业企业经济状况和保障国防订货的措施总统令》、《国防采购法》(1995)、《1995—1997年俄联邦国防工业"军转民"专项计划》(1996)等文件,为俄国防工业初期"军转民"提供了机制和政策依据。1998年,俄罗斯通过了《俄罗斯国防工业军转民法》和《1998—2000年国防工业军转民和改组专项计划》。《俄罗斯国防工业军转民法》首次将"军转民"法律化,同时强调军民两用技术的发展;《1998—2000年国防工业军转民和改组专项计划》提出了重组和改革国防工业综合体的基本思路,通过军转民改善和提高国防企业经济效益,保存国防工业基础和实力。普京时期相继通过了《俄联邦国防生产集中和合理化的保障措施》总统令(2000)、《2010年前及未来国防工业综合体发展的俄联邦政策基础》(2001)、《2001—2006年俄罗斯国防工业改革和发展规划》(2001)、《俄联邦2020年前国防工业发展规划》(2010)、《2020年前俄联邦创新发展战略》(2011)、《国防采购法》(2012)、《先期技术研究基金会法》(2012)、《俄联邦工业政策法》(2014)、《发展工业和提高工业竞争力的国家纲要》(2014)、《关于武器、军事和特种技术与装备国防订货管理和控制的若干问题》(2014)、《国家技术创新计划》(2016)、《俄联邦国防工业综合体发展纲要》(2016,每年更新)、《关于开发国防工业综合体潜力生产民用和军民两用产品的措施的总统令》(2016)、《2025年前及未来国防工业综合体发展的俄联邦政策基础》(2017)、《俄联邦2030年前发展目标》(总统令2020)等法律和政策文件,成为俄新时期进一步深化国防工业综合体改革,提高国防企业效益,提升国防工业实力和潜力的政策依据。从2018年起,俄相关部门开始制定《2030年国防工业综合体转型战略》。2018年,俄议会第一大党统一俄罗斯党提出"增长火车头"方案,着手完善国家对主要经营要素和部门支持措施的立法基础,推动建立新型企业和开展新型生产,发展私人—国家伙伴关系和扶持中小企业基础设施建设,推广创新环境好的公司案例,循序渐

进地发展俄现代经济。

规范和加大国防采购是国家支持国防企业发展的最直接而有效的政策和手段。1995年12月25日发布的《国家国防采购》规定了组建、布局、拨款和执行国家国防订货的程序，调整了其法律和财务关系。该法规定，只有拥有隶属部队和武装力量构成的联邦执行机构才能成为国家国防采购者。国家国防采购项目在拟定例行年度联邦预算时制定，考虑到国家的经济资源能力，其主要指标由俄联邦总统确定。在联邦预算框架下国家国防采购建立的基础是：俄军事学说，研制、组建和生产武器与军事技术装备（BBT）的近期、中期和长期联邦计划，包括对科学研究和实验设计工作的研发、系列生产以及有效利用和销毁退役的武器与军事技术装备、基本建设以及上述工作的物质技术保障措施；俄经济动员计划；俄对外军事技术合作计划等。国家国防采购是实施国家军事—技术政策的手段。根据2010年前国家武器装备计划，向科学研究和实验设计工作资金拨款份额达到了40%，这表明当前军事技术政策的特点是旨在消除新型战斗技术装备和武器装备发展中的落后状况。俄相关法律规定，依靠联邦预算分拨给国防工业综合体企业的拨款应用于企业和组织的建设和改造，装备现代化设备，采用新技术、新技术工艺和材料；根据各类国防产品的利润水平，每季度受通货膨胀影响的贷款指数，依靠联邦预算支付季度性和阶段性的预付款，获得国防采购的龙头生产商免除设备和其他必需产品的关税。这些措施可用来支持在国防工业综合体企业中采用先进的高技术工艺，这有助于通过国家国防采购进行订货，生产不次于甚至领先于国外同类产品的最新武器装备系统，而这被认为是维护俄国家安全所不可或缺的。

国家对国防企业转型实行资金支持和政策倾斜。2019年11月22日，普京在俄联邦安全会议上称，2016—2017年依靠预算提前偿还了参与履行国家武器装备计划的国防组织的贷款，建立了新的金融机制，帮助国防工业综合体提高经济稳定性和保留骨干队伍；国防工业综合体必须提高生产技术装备水平，以便开发和批量生产现代化武器装备；为更新国防工业综合体企业设备，俄注入大量资金，以便其能够生产现代化装备；与此同时，重要的是扩大民用产品的清单和数量,在落实国家计划的框架下。① 各地也采取相应措施对国防企业转型予以扶持。2020年8月,楚瓦什共和国行政长官在一次会议上提出该共和国的补充措施,包括对军工综合体企业5年内减免和优惠企业资产税、营利税等税收以及在土地税、基础设施现代化等方面实施优惠政策。②

第三节 俄罗斯军民融合战略的问题与出路

国防工业综合体是俄经济中解决国家创新发展任务的重要系统,在国家经济领域占据重要地位。绝大多数国防工业企业自建立伊始便服务于军事任务,当前落实军转民计划面临很大挑战。调查显示,它们中的多数企业声称自己不知道生产什么,没有营销员,没有民用生产技术工艺,没有钱落实转型和实现企业现代化等,这些问题如何解决?国防工业综合体以前从事保密的军事生产,军用产品的首要关注点是其战术—技术性能,生产期限和价格都是次要的,而在民用市场,价格和上市时间非常重要,性能取决于其产品标准和指标。③ 军工企业已经习惯过去的生产原则,转型中难免遭遇困境。

一、俄国防工业综合体在实现现代发展战略中的优势与不足

俄国防工业综合体是为强力部门和航天等重要部门定制、实验和生产军事和陆海空专门技术装备、弹药、通信和跟踪仪器、军需品的企业和组织,仅有部分产品用于出口以及装备再利用。无止境的国际军备竞赛迫使世界各国不断研发新型国防技术和装备,俄在诸多军事装备生产中位居世

---

① О перспективах развития Вооруженных Сил, других войск, воинских формирований и органов, выполняющих задачи в области обороны, на период до 2030 года. http://www.scrf.gov.ru/council/session/2688/ (дата опубликования: 22. 11. 2019).

② Олег Николаев обозначил направления дополнительных мер поддержки для диверсификации производств предприятий ОПК. http://www.cap.ru/news/2020/08/23/armiya-2020-oleg-nikolaev-oboznachil-napravleniya (дата опубликования: 23. 08. 2020).

③ Как проходит диверсификация ОПК в России. https://rostec.ru/news/4521557/ (дата опубликования: 08. 11. 2017).

界领先行列。

俄国防工业综合体具有独特的历史传统和发展优势。一是俄国防工业综合体集中了俄相当数量的先进军用和民用的技术工艺，集中了俄高新工业领域专业技术专家，有效利用这些潜力是创建高技术产品新兴市场的基本条件之一。二是国家的支持。例如，为支持无线电电子工业的发展，俄工业贸易部制定了《2013—2025年电子和无线电电子工业国家发展纲要》。在美欧等西方国家对俄实施制裁的背景下，俄加快了实施进口替代方案的进程。2014年春，俄政府制定了《发展工业和提高工业竞争力的国家纲要》，旨在建立稳定的、有竞争力的工业企业，它们能够谋求自我发展，利用本国生产降低进口产品的比例，能够有效承担发展经济和国防能力的任务。[1] 有鉴于此，俄国防工业综合体企业在国家的扶持之下拥有广阔的发展空间。三是拥有稳定的对内对外合作联系，国防工业企业之间、国防工业企业与民用品生产者之间，与外国公司之间都保持着业务联系。

国防工业综合体面临着自身发展不足和来自外部的严峻挑战。一是行政臃肿、管理低效、行业垄断、闭关自守和脱离市场。转型企业的效率和活力在很大程度上取决于管理效率，管理体制应能对企业内外部市场变化迅速做出反应。但俄国防工业企业大多没有自己的发展和转型战略方案，无法精准配置民品的优先发展方向，无法呼应市场的需求。二是在民用市场经营方面经验不足，竞争意识不够。始建于20世纪20年代的俄国防工业综合体始终专注于军事工业，民用产品在其产品总量中所占比例很低（2%~3%）。为此，有俄专家建议：应引进懂市场营销的专家，并对现有的专家和技术干部进行再培训，不断提升其业务水平。此外，国防工业综合体所生产的产品价格体系不完善，应该明确民用产品的价格和国家国防订货的产品的价格体系是不同的。当前的价格体系不利于推动国防工

---

[1] Орлов Павел Александрович.Сильные и слабые стороны ОПК с точки зрения реализации стратегии диверсификации. https:// www.elibrary.ru/ item.asp?id=36975098& ysclid=lmlrifgem3461564173 (дата обращения: 16. 09. 2023).

综合体企业进行组织、技术和科技的创新。① 三是在国防订单减少和资金不足的条件下，国防工业综合体自力更生、创新发展的能力不足。许多转型较弱的国防企业认为，非专业的民用产品生产要尽可能适应现有的组织和技术工艺，大规模的生产改革需要大笔的投资，这仅靠国家拨款是不够的。俄学界认为，除了那些不能向民用产品转型和转型受限的国防企业，都应该积极吸引私人投资，国防企业的经理们应该致力于开拓高效的、对投资者有吸引力的产品，以确保企业转型产值的稳定增长。②

二、俄国防工业发展面临的问题与出路

自2016年12月1日，俄罗斯总统普京在国情咨文中提出国防工业综合体转型、生产高技术民用和军民两用产品的分步走计划和目标以来，现有统计数据表明，2015年俄国防工业企业民用品占比为16%，2018年占比为20.8%，2019年占比为21%，以这样的发展速度，到2025年达不到30%的预定目标。③

（一）发挥国家战略统筹作用，推动俄国防工业转型进程

2019年9月，普京在第二届全俄罗斯武器论坛全体会议上发言称，国家国防订货的高峰即将过去，这意味着国防部的需求将逐步下降，国防工业必须协调好与民用生产伙伴的关系。国防工业企业应该生产高技术、有竞争力的产品，其转型旨在确保企业资金稳定和专业技能岗位的增加。国家提出2025前达到30%、2030年前达到50%的目标不是纸上谈兵，这是时代的要求，必须共同努力实现。普京认为，国防工业综合体企业应该积极占领国内国际民用产品市场，俄国防工业综合体的当前非军用品生产发

---

① Орлов Павел Александрович.Сильные и слабые стороны ОПК с точки зрения реализации стратегии диверсификации. https:// www.elibrary.ru/ item.asp?id=36975098&ysclid=lmlrifgem3461564173 (дата обращения: 16. 09. 2023).

② Орлов Павел Александрович. Сильные и слабые стороны ОПК с точки зрения реализации стратегии диверсификации. https:// www.elibrary.ru/ item. asp?id=36975098&ysclid=lmlrifgem3461564173 (дата обращения: 16. 09. 2023).

③ Зайцев Степан. Диверсификация оборонки. Что в России пошло не так? https:// yandex.by/ turbo/s/ rusplt.ru/ policy/diversifikatsiya-oboronki-rossii-36839.html (дата опубликования: 23. 09. 2019).

展速度还很有限，2018年俄国防工业综合体企业生产的民品占比为20.8%，这样的速度无法完成预定任务。普京承诺国家继续支持国防工业企业的发展，并呼吁企业家们在卫生保健、教育、城市公共设施等现代工业领域发挥重要作用。[1]

为应对当前的不足和问题，俄国家和政府采取各类政策和措施引导国防工业企业加快军转民步伐，努力提高民品生产比例，增加进口替代，积极扩大民品出口。俄经济发展部长阿列克谢·乌柳卡耶夫在2016年就指出，俄国防工业企业的民用品出口占比仅为3%，民用品必须扩大出口。他认为，俄国防工业企业扩大出口面临的主要障碍有产品质量认证、进出口许可证、物流运输补助和出口贷款等问题，但目前尚未找到较好的解决办法。[2] 俄工业设备和部件质量大多不如西方同类产品，西方的制裁又使得俄军工企业很难获得外国的设备。2019年10月，俄分析和技术中心主任鲁斯兰·普哈夫（РусланПухов）接受《论据与事实》采访时称，所谓的进口替代目前主要是指从乌克兰进口的产品（如用于海军舰船的燃气涡轮发动机和用于大型军事运输机的大功率涡轮喷气式动力装置，这些设备只有乌克兰生产），从法国和其他欧洲国家以及以色列进口的高科技产品（如坦克夜视瞄准红外成像仪）。[3] 俄机械制造对西方的技术依赖并没有得到解决，这客观上掣肘了俄劳动率和生产总量的提高。

（二）区别对待不同类型国防工业企业的军转民

俄国防工业部门的构成主要包括航空、电子、无线电、通讯、造船、弹药和特种化工、常规武器、导弹—航天等。俄学术界认为，大多数俄国防工业企业是有能力完成总统下达的民用品生产指标的，但关键环节卡在了企业管理不系统和产品竞争力不足问题上，俄高技术商品无法和国外

---

[1] Там же.
[2] Там же.
[3] ОПК - живой пока. Какие главные проблемы беспокоят российских оборонщиков? https:// yandex.by/ turbo/s/aif.ru/society/army/opk_zhivoy_poka_kakie_glavnye_problemy_bespokoyat_rossiyskih_oboronshchikov (дата опубликования: 10. 10. 2019).

同类商品进行竞争，无力在全球化竞争的背景下进行商业化经营。① 为此，俄政府提出，这类国防企业必须转变经营思路和经营模式，力争完成民品生产指标。在这方面，卡拉什尼科夫康采恩可提供成功的转型经验，其产品和技术（机器制造、飞行器、步枪）在民用市场和国际市场很受青睐。②

另一方面，俄学术界也指出，生产高精尖军事装备的国防企业必须保留和巩固其军品生产地位，强制其转型不现实，一些生产国防部所需专门产品的企业，因国防订货的减少，已经出现了工艺设备和人员的闲置。对此，俄副总理尤里·鲍里索夫（ЮрийБорисов）称，对于航天制造、直升机或者舰船制造等国防工业企业来说，军转民或开发军民两用技术比较容易，对于导弹和反导系统企业而言则比较困难。③ 对这类国防企业，俄学界强调，国家要进行相应的政策和资金支持，以保持其国防生产潜力。

（三）多种途径解决国防工业综合体的工资和债务问题

俄国防工业综合体普遍面临着贷款利息高、利润低、价格低、税收高、呆坏账等问题。俄副总理尤里·鲍里索夫称，当前较为突出的问题是多数国防工业企业和公司艰难的资金状况。2019年的数据显示，俄国防工业部门的债务高达2万亿卢布，而其利润只有1350亿卢布，企业债务高企。④ 到2019年底，俄国防工业企业共申请了7000亿卢布的政府贷款救济，但仅相当于其债务的三分之一，联合航空制造公司、联合造船公司、金刚石—安泰、乌拉尔车厢制造厂和高精度成套设备科学生产联合公司是当前俄军工企业的主要债务人。俄当前国防工业企业工程师的平均工资是4万

---

① Зайцев Степан.Диверсификация оборонки. Что в России пошло не так? https://yandex.by/ turbo/s/ rusplt.ru/ policy/diversifikatsiya-oboronki-rossii-36839.html (дата опубликования: 23. 09. 2019).

② Как проходит диверсификация ОПК в России.https://rostec.ru/news/4521557/ (дата опубликования: 08. 11. 2017).

③ ОПК – живой пока. Какие главные проблемы беспокоят российских оборонщиков? https:// yandex.by/ turbo/s/aif.ru/society/army/opk_zhivoy_poka_kakie_glavnye_problemy_bespokoyat_rossiyskih_oboronshchikov (дата опубликования: 10. 10. 2019).

④ ОПК – живой пока. Какие главные проблемы беспокоят российских оборонщиков? https:// yandex.by/ turbo/s/aif.ru/society/army/opk_zhivoy_poka_kakie_glavnye_problemy_bespokoyat_rossiyskih_oboronshchikov (дата опубликования: 10. 10. 2019).

卢布，莫斯科的技术专家大概是6万卢布，低收入必然导致技术干部的流失。为什么国防企业不把工资提高到应有水平？根本原因是没钱。俄国防工业即使在发展繁荣时期也只能平衡债务，俄政府不得不每三年一次地为国防企业抵偿银行贷款。[①]

俄罗斯政府采取了多项措施以缓解军工企业资金困难。一是创办国防工业综合体示范银行，加大金融机构对转型项目的投资。如工业通信银行（Промсвязьбанк ПСБ），该银行可以向企业提供优惠贷款，然而其前期还是要依赖国家投入资金，估计几年后它才能正常运转。二是加强军民一体化协作机制，打造国防工业龙头企业，引领国防工业发展。"俄国家技术公司"联合了15家股份公司和70家直属组织，包括一部分上面提到的债权公司。俄国家技术公司负责人谢尔盖·切梅佐夫称，我们的首要任务是实现良性发展，创造条件销售产品，然后寻找资金赞助者和合作伙伴共同发展。[②]

第四节　俄罗斯军民融合战略的成效评估与启示

苏联解体后，俄罗斯军民融合历经了30多年的发展，以国防工业综合体经营模式转型为主的军民融合战略取得了积极进展，截至2020年，俄军事装备现代化完成了70%，在世界军事高科技领域和世界军售市场继续保持着领先地位。与此同时，在军转民方面，俄国防工业企业也面临着巨大挑战，在西方主要国家继续对俄实施技术封锁和经济制裁的背景下实现国家预定的阶段性目标仍存在着诸多不确定因素。

一、俄国内对军民融合战略实施进程的评估

影响国防工业发展和国防工业综合体转型的因素有很多，从国内因素看，主要涉及政治—法律环境、经济环境、自然气候环境、国家国防采

[①] Зайцев Степан. Диверсификация оборонки. Что в России пошло не так? https://yandex.by/ turbo/s/ rusplt.ru/policy/diversifikatsiya-oboronki-rossii-36839.html (дата опубликования: 23. 09. 2019).

[②] Там же.

购、科技环境；从外部因素看，主要涉及国际竞争、科学技术进步和全球化、对外军事技术合作、国际恐怖主义等。[①] 俄国内对国防工业发展和军民融合战略实施进程的评估总体上较为客观和清醒，共识较多，但受经济实力和资金等刚性因素制约，俄国防工业及军民融合战略的发展任重道远。

（一）积极成效评估

俄学术界和业内分析人士认为，经过独立以来30年的发展，俄国防工业和军民融合战略取得了积极进展和显著成绩，主要表现在：

一是通过改革优化了俄国防工业结构，提高了国防工业的核心竞争力。普京时期俄军民融合战略的重点是通过合并重组国防工业各大企业，打造俄"巨无霸"国防工业集团、科学生产联合公司和工业金融集团。目前，俄国防工业综合体龙头企业包括联合航空制造集团（OAK）、联合造船集团（OCK）、俄罗斯技术集团（Ростех）、卡拉什尼科夫康采恩（концерн «Калашников»）、金刚石—安泰集团（концернВКО «Алмаз-Антей»）、乌拉尔车厢制造厂科学生产联合公司（НПО «Уралвагонозавод»）和高精度成套设备科学生产联合公司（НПО «Высокоточныекомплексы»）等，卡拉什尼科夫康采恩和高精度成套设备科学生产联合公司目前已纳入俄罗斯技术集团旗下。在美国《防务新闻》公布的全球武器制造商排行榜上，俄罗斯金刚石—安泰集团、联合航空制造集团、战术导弹武器集团等多家国防工业企业位列全球最具影响力的国防工业企业名单。上述龙头企业既是俄国防科技研发、装备样品生产和批量生产的领军者和驱动器，也是俄向未来军民两用高新技术进军的孵化器和火车头，是俄打造世界品牌，占领世界高科技制高点，展示国防技术和产品国际竞争力的重要抓手。

成立于2006年底的俄联合航空制造集团（OAK），是在合并苏霍伊、伊尔库特、米格、图波列夫、伊柳申、雅科夫列夫等飞机设计局和航空企

---

① Совершенствование государственной политики развития оборонно-промышленного комплекса. https:// www.bibliofond.ru/view.aspx?id=900272 (дата обращения: 03.07.2023).

业基础上打造的大型航空集团,对标国际市场上的美国波音集团和欧洲宇航防务集团。俄罗斯技术集团(Ростех)是联合了15家股份公司和70家企业组织的国有一体化集团[①],旨在促进军用民用高科技工业产品的研发、制造和出口。旗下股份公司分为三大集群:航空集群(俄直升机联合公司、发动机联合制造集团和无线电电子技术康采恩等),电子集群(俄电子股份公司、联合仪器制造公司、自动装置康采恩等),军备集群(高精度成套设备科学生产联合公司、卡拉什尼科夫康采恩等),俄国防出口公司也隶属于俄技术集团。2009年成立的俄联合造船集团(ОСК),是合并了33个船舶设计及建造厂的大型船舶集团。成立于2002年的金刚石—安泰集团,有数十个研制和生产对空防御和反导防御系统的企业加入,是俄研发和生产空天防御系统的大型康采恩。乌拉尔车厢制造厂科学生产联合公司(НПО «Уралвагонозавод»)是俄核心机器制造厂,目前担负着研制"突击"重型攻击机器人技术综合体(战车)的首批试验样品的任务,主要用于城市军事行动。

二是开发新型军事技术并列装部队,基本实现了新时期俄军事装备的现代化。在国防工业一体化机制的积极带动下,俄完成了"新面貌"军事改革,截至2020年,俄战略核力量现代化程度已达到了86%,常规力量现代化比例已达到70.3%,俄各军兵种将按计划以2%~3%的增速继续推进武器装备现代化进程。[②]

2019年11月22日,俄总统普京主持俄联邦安全会议时讨论了"俄军事组织未来10年,即至2030年前发展的途径与前景"。普京指出,鉴于世界新技术蓬勃发展,俄罗斯武装力量必须装备最新的科技装备。我们已成功落实了国家武器计划,使军事组织开始了关键技术换装,军队现代化武器装备比重已达到68%以上,并且一些武器装备的性能领先了国外同类产品好几年。今后几年,军队及其他强力部门的现代化武器装备的比重将提

---

① Зайцев Степан. Диверсификация оборонки. Что в России пошло не так? https://yandex.by/turbo/s/rusplt.ru/policy/diversifikatsiya-oboronki-rossii-36839.html (дата опубликования: 23.09.2019).

② 石文:《俄军拟制未来十年武器发展规划》,《中国国防报》2021年6月7日,http://www.81.cn/gfbmap/content/2021-06/07/content_291106.htm,访问日期:2023年8月28日。

升，必须达到70%，并持续稳定地保持住这一水平，而在遏制潜在侵略者和维持世界力量平衡方面发挥关键作用的战略核力量，其现代化装备占比还需要更高些。[1] 普京同时指出，2020年将开始制订至2033年的国家武器装备计划，并相应制订国防工业综合体发展计划。国防工业综合体必须提高技术水平，以便开发和批量生产现代化武器装备。国防工业综合体未来的主要任务应该是提高武器装备的质量与数量，即积极应用高精度武器、空天防御系统、人工智能技术，包括无人侦察与打击飞行器、激光与高超声速系统、基于新物理原则的武器以及可在战场遂行多项任务的机器人系统。[2] 2021年8月，俄主管军工事务的副总理鲍里索夫向外界透露，俄已启动《2024—2033年俄罗斯武器装备发展纲要》的调研和筹备工作，预计2021年底正式推出。作为"新面貌"改革后俄在军工领域政策性改革的产物，这标志着俄军武器装备建设正按既定轨道稳步推进。俄媒披露，新纲要将最前沿技术和新概念武器作为建设重点，以确保俄在高新技术领域处于优势地位。[3]

三是拓宽了对外军事技术合作领域，继续保持俄在世界军贸市场的领先地位。俄政府积极支持国防工业综合体走出去，始于2005年的国际军事技术论坛已成为俄展示强大国防工业实力和国防装备的重要平台。"军队–2019"国际军事技术论坛有120个国家参加，10个国家有自己的展台。"军队–2020"国际军事论坛在莫斯科爱国者公园、库宾卡机场、阿拉比诺和阿舒卢克训练场设立了主要展览区域，1500多家军工和科研企业展出了2.8万种武器和军民技术装备。俄罗斯国防部在此次论坛中展示了超过370件量产武器和特种军用装备。其中包括T-14"阿玛塔"主战坦克和T-15"阿玛塔"底盘重型步兵战车，基于台风–VDV装甲越野车设计的"德罗克"轮式自行迫击炮，Buk-M3"山毛榉"中程防空导弹系统、使用"回旋

---

[1] О перспективах развития Вооруженных Сил, других войск, воинских формирований и органов, выполняющих задачи в области обороны, на период до 2030 года. http:// www.scrf.gov.ru/ council/ session/ 2688/ (дата опубликования: 22.11.2019).

[2] Там же.

[3] 石文:《俄军拟制未来十年武器发展规划》,《中国国防报》2021年6月7日，http:// www.81.cn/gfbmap/content/2021-06/07/content_291106.htm，访问日期：2023年8月28日。

镖"新型底盘的K-16装甲运兵车和K-17步战车，2S38"偏流"自行高炮、2S35"联盟"152毫米口径自行榴弹炮以及升级版的T-90M和T-80BVM主战坦克。爱国者公园展出了俄防空反导武器和无人机，包括S-400"凯旋"防空系统发射架、Podlet雷达、铠甲–S1弹炮合一防空系统、无人侦察机、图–143"航程"无人侦察机和"蜜蜂"无人机，以及米系列直升机和卡–226直升机。① 2020年受新冠疫情影响，该届论坛有70多个国家参加，5个国家（白俄罗斯、巴西、印度、哈萨克斯坦、巴基斯坦）开设了自己的展台。在"军队–2021"论坛上，来自100多个国家和地区的1500多家企业展出了2万余件军用及军民两用产品。俄国防部展出300余种展品，俄国家技术集团旗下的各军工企业首次展出了50余种新型武器技术装备，包括新型单兵武器、坦克、步兵战车、自行火炮、飞机、直升机以及用于极寒和雪地条件下的防空导弹系统。② 在此次论坛上，俄预计签署了总值约5000亿卢布的45份政府采购合同，俄国家技术集团称将签署10余份武器装备出口合同。③

始于2015年的"国际军事比赛"日益吸引世界的关注，已成为具有一定知名度和影响力的开放型国际军事交流合作平台。参赛项目由2015年的14项扩展到2021年的34项，参赛国家由17国增加到2021年的40多国，承办赛事方由俄一国增加至2021年的11国，是俄展示军事装备和人员军事训练和战役战术准备水平的重要平台。2020年以来，俄同时举办"国际军事比赛"与"国际军事技术论坛"，大力推动俄军事技术和装备走向国际市场。俄总统普京表示，国际军事比赛是检验各方战术训练和武器装备情况的契机，为增进各参赛国军队交流互信及伙伴关系作出了巨大贡献。而通过国际军事技术论坛，各国专家可以了解国防领域的新产品并就当前国

---

① 《"军队–2020"国际军事技术论坛开幕式定于8月23日在爱国者公园会展中心举行》，俄卫星通讯社，2020年8月24日，http://sputniknews.cn/military/202008241031999968/，访问日期：2022年8月10日。

② 《"国际军事比赛–2021"暨"军队–2021"论坛在俄开幕》，中新网，2021年8月24日，http://www.chinanews.com/gj/2021/0824/9549940.shtml，访问日期：2022年8月10日。

③ 《俄罗斯"军队–2021"国际军事技术论坛正式开幕》，人民网，2021年8月23日，http://world.people.com.cn/n1/2021/0823/c1002-32204675.html，访问日期：2022年8月10日。

防合作的前景和问题等进行讨论。① 根据斯德哥尔摩国际和平研究所的报告，2014—2018年美国在世界武器出口市场中的份额为36%，俄罗斯为21%，位居第三的法国为7%。根据俄罗斯官方数据，2014年俄武器出口总额为102亿美元，2015年为145亿美元，此后基本稳定在150亿美元左右，2019年，俄武器出口订单总额为550多亿美元。② 独联体国家仍是俄军技合作的优先方向，俄向白俄罗斯和哈萨克斯坦出售S-400，打造独联体框架下一体化防空体系。在亚太、拉美、非洲等地区，俄继续加大对中国、印度、越南、蒙古、伊朗、叙利亚、委内瑞拉、埃及等传统武器进口国的军贸和军技合作。

（二）制约性因素评估

俄专家和业内分析人士指出，经过独立以来30多年的发展，俄国防工业发展和军民融合战略尚存诸多问题和发展的制约因素。

俄国防工业综合体转型发展的主要目标和战略任务是在国家国防采购下降的条件下提高民用高技术产品的生产规模，以民养军、军民两用，保存科技实力并实现创新性发展，但俄军工转型道路上，可谓困难重重，仍任重道远。2020年8月，在图拉州国防工业综合体完成国防订货和实现转型工作会议上，图拉州长阿·秋明（Алексей Дюмин）指出，图拉州在全国工业生产指标增长方面排名第二，国防工业综合体领域的积极变化在很大程度上受益于相当规模的国防订货。图拉州国防工业综合体当前发展的主要目标和战略任务应是提高民用高技术产品的生产规模。③ 2020年8月，俄罗斯工业建设银行与"创新实践"公司（ПСБ и «Иннопрактика»）进行了一项国防工业企业转型项目排行榜（民用市场排名领先者）的联合调研，结果显示，调研中选取的350多个国防企业的转型项目实施得都很顺利，总体分析表明，转型速度需要加快。为此，必须继续加强国家支持，

---

① 《"国际军事比赛–2021"暨"军队–2021"论坛在俄开幕》，中新网，2021年8月24日，http://www.chinanews.com/gj/2021/0824/9549940.shtml，访问日期：2022年8月10日。

② 代勋勋：《俄罗斯打"军售牌"多方发力》，《俄军观察》2020年09月17日。

③ Алексей Дюмин обсудил с оборонными предприятиями планы по выпуску гражданской продукции. https://tularegion.ru/presscenter/press-release/?ELEMENT_ID=259496 (дата опубликования: 20.08.2020).

刺激国内民用产品的市场需求和加大金融投资。在科学研究和实验设计领域，需要扩大国防工业企业、金融机构和国家间的共同利益。

俄分析人士认为，部分俄罗斯国防工业企业对转型发展战略没有明确而清晰的定位，在民用产品生产方面，无论是在产品技术工艺、营销模式，还是在市场分析、价格体系等方面都没有经验，尚不具备在自由市场上独立生存和自主经营的能力。抛弃原有那套封闭、垄断和政府定向采购的经营模式，向开放、竞争和以市场为导向的经营模式转型，不可能一蹴而就，要有个优胜劣汰的过程。① 此外，国防工业因其行业的战略性特点，产品周期长、成本高、利润低，产品定价不透明，一直仰赖国家统筹和国家预算扶持，长期以来，国防工业企业的资金缺口一直较大。随着俄国防预算的逐年递减，《2025年前及未来国防工业综合体发展的国家政策原则》《2024—2033年俄罗斯武器装备发展纲要》都缺乏稳定的资金支持。尽管俄在激光武器和高超音速导弹技术方面达到世界一流水平，但因经费不足，此类试验频次明显不足。此外，在西方国家的封锁和经济制裁下，俄加大了进口替代力度，但在航空电子元件、液晶显示器、隐身材料和大型无人机研究领域仍面临困难。有分析人士指出，尽管俄已计划拨款21万亿～22万亿卢布保障《2024—2033年俄罗斯武器装备发展纲要》的落实，但在具体实施过程中，俄军将面临较大的资金压力。受资金和预算等因素影响，包括T-14坦克、苏-57战机在内的诸多新型武器装备的工期一再延长，新一代航母设计方案和建造日期也多次被修改。②

---

① ОПК – живой пока. Какие главные проблемы беспокоят российских оборонщиков? https://yandex.by/turbo/s/aif.ru/society/army/opk_zhivoy_poka_kakie_glavnye_problemy_bespokoyat_rossiyskih_oboronshchikov (дата опубликования: 10. 10. 2019); Орлов Павел Александрович. Сильные и слабые стороны ОПК с точки зрения реализации стратегии диверсификации. https:// www.elibrary.ru/ item.asp?id=36975098&ysclid=lmlrifgem3461564173 (дата обращения: 16. 09. 2023); Зайцев Степан.Диверсификация оборонки. Что в России пошло не так? https:// yandex.by/ turbo/ s/ rusplt.ru/. policy/diversifikatsiya-oboronki-rossii-36839.html (дата опубликования: 23. 09. 2019) ;ТАСС: как проходит диверсификация ОПК в России. http:// www.valverus.info/news/ 8575- tass- kak- prohodit-diversifikaciya-opk-v-rossii.html (дата опубликования: 09. 11. 2017).

② 石文：《俄军拟制未来十年武器发展规划》，《中国国防报》2021年6月7日，http:// www.81.cn/gfbmap/content/2021-06/07/content_291106.htm，访问日期：2023年8月28日。

此外，俄国防工业综合体先天发展的"特殊性"和"保密性"，使其产品在知识产权认证和技术标准、绩效考核标准以及国际市场准入等方面也同样面临着严峻挑战，在俄国内市场需求有限的条件下，这严重制约着俄国防工业企业民用产品和军民两用产品的市场竞争力和国际竞争力，这也是影响俄国防工业军转民产品走出去、俄军民融合战略深入推进的"软肋"。

二、俄军民融合战略的主要启示

在俄罗斯没有"军民融合"这个概念，与此相对应的多使用"转型"（Диверсификация、Трансформация）、"转型战略"（Стратегия диверсификации）或者"转轨"（Конверсия）、"军转民"（Переход от военного производства к гражданскому, Перевод оборонки на гражданские рельсы）。苏联解体后，俄罗斯继承了其约70%的国防工业企业，80%的研制生产能力，85%的军工生产设备和90%的科技潜力，保存了规模庞大、品种齐全且技术领先的军事科研和生产体系，俄国防工业发展战略也承袭了苏联的传统。苏联时期，通常使用的概念是"军工综合体"（ВПК）。作为军事大国，苏联军事工业和军工综合体建立和发展于二战时期，服务于战争需要和军事任务。二战后，军事工业体系奠定了苏联工业发展的基础，并一直是苏联国民经济的重要支柱，军工综合体聚集了同时代先进的科学技术、科技人才和干部队伍，军工产业、武器出口及外汇收入带动了苏联整个国民经济的发展。20世纪80年代末，在美苏关系缓和与苏联经济衰落的大背景下军工综合体加快了军转民，非军用产品的份额逐步提高，1989年占到51%，90年代初苏联军工综合体遭受重创。苏联军工综合体发展路径体现了以军带民、寓军于民和军转民的思想。苏联解体后，俄罗斯在叶利钦时期受动荡的国内社会经济形势影响，国防工业和国防工业综合体军转民进程缓慢。普京执政后，俄罗斯从政府层面加快推进与国防工业综合体转型有关的行政和法律体系建设，从企业层面加快了国防工业组织的合并重组，从社会层面加大了对国防工业综合体转型的金融、信息、科技创新资源的投入，明确了国家—地方—国防工业企业—金融机构的分工和职责。2014年，普京亲自出任军事工业委员会主席，在其统筹和引领全面推进2030年前军转民和军民两用技术的创新发展战略。

总的来说，俄国防工业和国防工业综合体经历了独特的发展历程，相当长时期内也难以摆脱苏联时期经营理念和经营模式的束缚，在国家经济形势增长乏力、国防预算减少和国防工业资金缺口较大的情况下，俄国防工业和国防工业综合体转型受到很大掣肘，科技创新投资不足、人才流失较严重，国防工业和国防工业企业负重前行。但是，俄国防工业转型发展中也形成了一系列的做法和经验，对中国具有一定的启示意义：

第一，高层设计和统领，机制先行，国家支持国防工业和国防工业企业军转民进程。普京称国防工业综合体转型是一项国家战略任务，它将决定俄整体经济的合理发展，并将确保俄未来长期的国防能力和国家安全。普京还亲自领导和掌舵。俄国防综合体转型的实践中，政府主导国防工业改革，设立相应组织管理和协调机构，明确政府部门和执行机构、国防工业企业、金融机构职责和分工，规范和完善在国防采购、技术研发和试验—生产设计、产学商一体化协作、对外武器出口和军事技术合作等方面的法律体系和组织管理体系，理顺相互关系，这些举措具有极大的推动转型和保障转型作用。将国防工业发展、军事技术开发和武器装备发展规划纳入国家发展战略，将国家重大项目的研发和实施向国防工业企业倾斜，为其转型发展推出相应优惠政策（贷款、税收、出口），加快其转型进程，保护、提升和开发核心竞争力。

第二，国防工业企业走大型集团化发展道路，对国防工业重要行业和领域实行国家控股，着力打造有世界影响力的国防工业行业巨头，并全力提升国防工业企业的自主经营能力和国际竞争力。俄国防工业综合体转型的发展表明，在提高国防企业自主经营能力方面，要处理好两组关系：一是任务导向与市场导向的结合。国防工业和国防工业企业是具有国家战略意义的行业和部门，是维护国家军事安全和综合安全的基础和保障。一方面，国防技术和国防产品主要服务于国家国防采购，具有特殊性和行业垄断性；另一方面，国防工业企业还要具有自力更生和自我生存能力，除了国防采购，以市场需求为导向扩大民用和军民两用技术产品的研发和生产、军民一体化发展是世界各国国防工业企业的普遍发展趋势。国防工业企业走大型集团化和一体化协作发展道路，有助于旗下的国防工业企业之间实现分工协作，优势互补，中小企业也能在其中保持特色、持续发展，有助于其打造世界水平的核心竞争力。

第三，国家统筹与企业自主谋划相结合。国防工业企业军转民既需要国家的大力支持和协调，也要谋求自主经营。国家要为国防工业企业转型发展创造条件，打通军民双方在立法、价格、信贷、军民技术认证和技术转换方面的壁垒。国防工业企业要适应新形势下民用市场的经营规则和竞争模式，调查和摸清市场需求，结合本行业优势，合理定位研发和生产的产品种类、性能，明确民用和军民两用产品的发展规划，制定产品清单，学习和掌握现代营销理念和企业管理模式。此外，对于国防工业企业转型发展也要区别对待，不能一刀切。俄罗斯国防工业综合体转型实践表明，对于那些从事纯军事高科技研发和武器装备生产、军事保密级别高的国防工业企业不适合军转民，应保持其军事服务功能，保护和提升其军品生产潜力。

第四，科技创新是提升国防工业高科技竞争力的关键，以企业专长和需求为导向促进军民产业一体化和深度融合，着力构建国防工业企业转型发展的科技创新体系。军民一体化发展或融合式发展是科技创新的重要途径和手段，是实现国家经济建设与国防建设协调发展的内在需要。在军事技术创新方面，俄罗斯的做法值得借鉴。例如，"创新实践"公司是一家非国有的发展机构，旨在通过发展创新经济机制等手段实施提升人力资本发展的项目。该公司从2012年起联合"莫斯科国立大学国家智力潜力中心"和莫斯科国立大学创设"国家智力发展基金"，支持大学生、研究生和青年学者开展各项创新实践活动，吸引并扶持年轻人投身科技研发、科技成果转化和创业。[1] 又如，俄国防工业转型执行机构俄工业贸易部，协同"俄技术集团"、网络学院、"转型"工业发展基金、国家智力发展基金，以学习竞赛的形式倡导创新实践，助力国防工业综合体挖掘生产高技术民用产品的优势以及需求，以企业专长和需求为导向，积极促进军民产业一体化的发展和深度融合。

---

[1] Компания «Иннопрактика». https://innopraktika.ru/company (дата обращения: 16. 09. 2023).

第三章 印度军民融合战略

胡二杰[*]

印度是一个有着明确大国抱负的国家，其战略也具有追求自主性的鲜明特色。在军民融合战略上，印度围绕着构建自主性国防工业体系这一政策目标，充分利用国内和国际资源，将国防和军队现代化建设融入国家经济社会发展体系之中，在推进国防高新科技研发、国防基础设施建设和国防科技人才培养方面重点发力，其发展成效助推了印度作为新兴大国的崛起。不过，印度始终存在着军事自主性能力的短板，印度军民融合战略实践受到内外部因素的制约性较大，其成效也常常要借助某些外部的机缘条件。

第一节 印度国防工业自主化的发展历程和现状

国防工业是印度的重要战略产业。印军现役军人数量超过144万，预备役军人数量超过510万，是全球规模最大的军事力量之一，2019财年印度用于防务的财政预算高达609亿美元，其中有很大份额用于武器装备的

---

[*] 胡二杰，国防科技大学外国语学院副教授。

采购。①

自印度独立以来，国防工业自主化一直是其矢志追求的目标。何谓国防工业自主化？有印度学者将其理解为，"利用我们自己的技能和资源，在国内设计、开发和制造国防装备的能力构成了自主化。维护和修理这些国产以及外购装备的能力使我们能够自力更生。不依赖外国供应商，这使我们自给自足"。②2018年印度《国防生产政策》指出，充满活力的自主国防工业能力是有效防卫、维护国家主权和取得军事优势的重要组成部分。③从历史与现实来看，印度的国防工业自主化道路十分坎坷。

一、印度国防工业自主化的发展历程

追溯历史，在1947年印度独立后，印度军政领导、官僚机构、科学界和工业界很早就意识到，国防工业需要实现自力更生，但印度国防工业在20世纪的发展轨迹未能实现这一目标。2013年4月，印度国防部在《技术展望与能力路线图》中坦言，"国防工业自力更生的重要性无须赘言，它不仅具有重要战略意义，也是国力不可或缺的组成部分。印度独立60年来，在实现国防工业自力更生的目标上取得了重大进展，但是仍然任重道远。印度国防部认识到需要运用各种国力形式来加速这一进程"。④

具体而言，印度国防工业的自主化发展历程可以划分为四个阶段：第一阶段，独立之初到20世纪60年代中期，"自给自足"是当时印度国防工

---

① Jessica Dillinger, "29 Largest Armies in the World," January 07, 2020, accessed March 27, 2021, https://www.worldatlas.com/articles/29-largest-armies-in-the-world.html; Shaswati Das, "Sitharaman Keeps Defence Sector Outlay Unchanged in Budget 2019," July 05, 2019, accessed March 27, 2021, https://www.livemint.com/budget/news/sitharaman-keeps-defence-sector-outlay-unchanged-in-budget-2019-1562314073096.html.

② Ranjit Ghosh, *Key to Self-Sufficiency and Strategic Capability* (New Delhi: Institute for Defence Studies and Analyses, 2016), p. 7.

③ India MOD, "Defence Production Policy 2018," 2018, accessed March 26, 2021, http://www.makeinindiadefence.gov.in/admin/writereaddata/upload/files/Clean%20Copy_Defence%20Production%20Policy%20%7Br05072018%20email%20on%2023.08.2018).output.pdf.

④ India MOD, "Technology Perspective and Capability Roadmap," April 2013, accessed March 27, 2021, https://mod.gov.in/dod/technology-perspective-and-capability-roadmap.

业发展的总体原则；第二阶段，20世纪60年代中期到冷战结束，"自给自足"被"自立发展"所取代；第三阶段，冷战结束后的20年，印度国防工业开始市场化改革，鼓励国有军工企业自主经营和向私营企业开放；第四阶段，2014年莫迪政府上台后，以"印度制造"牵引的军民融合成为印度国防工业自主化发展的新路径。

（一）独立之初：国防工业的"自给自足"

印度独立后经历了一个低起点起步的国防工业发展阶段。在英国殖民统治的近200年间，英国给印度留下了相对完整的轻工业、加工业和矿业基础，然而出于防范殖民地军事发展等因素，国防工业在印度没有得到很好的发展，相关产业也受到了严格管控。资料显示，1947年印度独立后仅从英属印度继承了技术落后、设备落伍的18家兵工厂。它们构成了印度本土国防工业的基干，总产值不足800万美元。这些兵工厂由基本的国防研发机构（印度国防研究与发展组织的前身）和印度斯坦飞机公司提供支持。

尽管如此，印度独立后，依靠英国殖民者留下的工业基础，借助当时的国际环境，努力推进自主国防工业的发展。独立之初，印度采用"博采众长、兼收并蓄、为我所用"的政策，确立了国防工业发展的短期和长期目标。短期内，努力实现非竞争性武器[①]的大规模国产化，包括轻型坦克、防空炮、海军运输机和教练机等；长期内，争取形成高性能复杂武器的生产能力，如重型火炮、喷气式战斗机、轰炸机、机载雷达等。这一目标部分地受到英国科学家布莱克特的影响。布莱克特当时应印度总理尼赫鲁之邀，向印度政府提供有关国防研发的建议。布莱克特于1948年提交报告，建议印度大量生产低技术含量的非竞争性武器，同时制定了一项生产竞争性武器的长期计划。布莱克特认为，鉴于印度经济疲软和工业基础低下，该国缺乏生产复杂武器系统所需的资金；批量生产非竞争性武器将在很大程度上弥补对竞争性武器的需求，"对经济提供极为宝贵的刺激，并向工业

[①] 在布莱克特的报告中，非竞争性武器是指技术较简单的武器，如轻型高射炮、轻型野战炮、轻型坦克、军用摩托、海军护航飞机、运输机和教练机，而竞争性武器则指技术较复杂的武器，包括喷气式战斗机、轰炸机、机载雷达、重型高射炮和重型火炮等。Laxman Kumar Behera, Indian Defence Industry: An Agenda for Making in India (New Delhi: Pentagon Press, 2016), p. 4.

化迈出了非常重要的一步"。①

独立之初，印度领导人的目标是在所有生产领域实现自给自足。为此，印度1948年《工业政策决议》和1951年《工业发展与法规法案》强调"核心"产业（如国防、原子能、铁路、电力、重型工程等）均应置于公共部门类别，由印度中央政府负责发展。该决定也缘于私营部门发展不佳和研发基础薄弱。这一阶段印度国防工业的"自给自足"主要立足于低端技术和有限的经费投入。

直至20世纪60年代初，自给自足模式下的印度国防工业生产取得了一定成就，但也呈现出不少弱点。20世纪50年代，印度本土的军工生产有效地帮助该国降低对外国（主要是英国）产品的依赖。在1950年，外国产品占印度军事装备的比例不低于90%；到1953年，印度对外宣称，印度陆军80%的轻型设备实现了国产化。在此期间，印度政府主动寻求外国技术援助，在兵工厂生产坦克和各种军用车辆。1954年，巴拉特电子有限公司在法国协助下成立。印度政府还收购了马扎冈船舶有限公司和加登里奇造船厂，将之置于国防部控制之下以进行海军建设。印度军事航空工业的国产化努力，在很大程度上是仿制西方国家的战机。数据显示，1949—1962年，印度斯坦飞机制造厂仿制英国战斗机和教练机共计442架。1954年美巴战略伙伴关系建立以及20世纪50年代后期中印边境形势趋于紧张，进一步推动了印度对国防工业自给自足的追求。但与印度陆军和空军装备的本土生产相比，海军建设在印度国防工业自主化早期未获重视，这主要缘于印度对巴基斯坦和中国以陆地/空中为中心的威胁感知，以及印度海上防务仍然依托在印度洋游弋的英国海军。直到1955年，印度国防部才向国内造船厂下达建造军事测量船的小额订单。

总体而言，印度政府在这一时期分配给国防领域的资源较少，以致本就薄弱的研发和工业基础难以获得根本性改善。在1950/1951—1960/1961财年，印度国防支出在中央政府支出中的占比下降一半以上，从33%降至16%以下。布莱克特的报告已经摒弃印度研发先进防务系统的必要性。这

---

① Laxman Kumar Behera, *Indian Defence Industry: An Agenda for Making in India* (New Delhi: Pentagon Press, 2016), p. 4.

一时期，国防研发的优先级较低，国防研发经费约占印度国防预算的百分之一。再加上印度同样缺乏民用工业基础，这对印度国防工业自主化进程产生了重大影响。①

（二）1962年至冷战结束：印度国防工业的"自立"发展

在1962年中印边境冲突和1965年印巴战争中，印度国防工业自给自足战略的弱点暴露出来。一是国防装备配套性差，陆海空军装备自成体系，互不兼容；二是国防装备性能较差，故障率高；三是国防装备的零配件供给不足，难以满足作战需要。1962年中印边境冲突成为印度防务发展的重要转折点之一，印度安全规划者从此认识到印度需要发展自主防务能力。印度国内舆论谴责尼赫鲁的对外政策，把战争的失败归咎于尼赫鲁低估武力在国际政治中的作用。美国学者斯蒂芬·科恩认为，印度在中印边境冲突中遭受"耻辱的失败"，"教训了整个一代的印度人……从那时起，印度在心理上已经成了军事化的国家"。② 1965年第二次印巴战争后，美国对印巴两国的武器禁运促成印度与苏联建立起了更为密切的防务关系。而由于冷战政治的需要，苏联也愿意以对印度有利的条件向其提供武器和其他军事援助。

这一时期，印度政府重新审视并调整国防工业战略，转而以引进为主，自主生产为辅，印度国防工业进入了以特许生产为重点的"自立发展"阶段。1962年11月，印度国防部国防生产局成立，旨在"发展综合生产基础设施，以生产国防所需的武器、系统、平台和设备"。③ 从1962年至20世纪80年代中期，印度先后创建米什拉-德哈图·尼加姆有限公司和巴拉特环球搬运有限公司两个国营军工企业，以及昌迪加尔军用电缆厂、贾巴尔普尔车辆厂等11个兵工厂。印度国防研究与发展组织也获得更多投入，印度政府决定扩大其实验室，加强军事航空、电子、海军技术、材料、生

---

① Laxman Kumar Behera, *Indian Defence Industry: An Agenda for Making in India*, pp. 5-6.

② 孙士海主编《印度的发展及其对外战略》，中国科学技术出版社，2000，第3—4页。

③ MAZARS, "Indian Defence Industry: Deciphering a Multifaceted Growth for Private Participation," 2017, accessed March 16, 2021, https://www.mazars.co.in/Home/News/Our-Publications/The-Indian-Defence-Industry.

命科学和工程设备的研究。不过，从20世纪60年代中期至80年代中期，印度国防工业发展的重点是根据许可证引进和组装生产，较少自主设计和开发工作。1964年，尼赫鲁政府承认本国航空制造业基础薄弱，与苏联签订米格–21战斗机技术转让协议，并指出未来战机制造将以获得外国技术转让为主。此前为本土生产（尤其是在航空制造业）付出的艰辛努力，为纯粹基于许可证的生产奠定了基础。除米格–21战斗机外，印度还上马了不少其他许可生产项目，包括坦克、驱逐舰等。

在印度国防工业"自给自足"的阶段，由于研发和工业基础薄弱而导致了进口依赖。而在"自立发展"的阶段，通过与苏联建立密切关系和在印度进行许可制造，这种依赖关系得以正式化。到冷战结束时，印度主战装备对苏联的进口依赖率超过80%。具体而言，地面防空装备为100%，防空战斗机为75%，地面攻击机为60%，履带装甲车为100%，坦克为50%，制导导弹驱逐舰为100%，常规潜艇为95%，护卫舰为70%。苏联的武器转让和用于许可生产的技术转让有助于增强印度的军事能力，但对提升印度自主国防工业和技术能力则贡献有限。印度国防研究与发展组织前负责人曾表示，"印度的大多数国防产品均获得了许可，却既未形成设计能力，也未发展出先进的制造技术；武器系统组装的许可仅带来无聊的流水线作业"。[1]

依靠外国技术、进行许可生产等举措在发挥有效应急作用的同时，却严重挫伤了印度发展自主国防工业的创造性和积极性。尽管在此后的几十年里，印度历届政府领导人均对此举措的负面影响有所认识，却未能从根本上大力扶植自主国防工业，在遇到紧急事态时仍寄希望于采购和引进国外防务装备。这种顶层设计的偏离与政策层面的摇摆，是印度国防工业"几乎长达30年停滞"的根本原因。虽然印度在20世纪80年代开始将国防工业化模式调整为基于自主设计生产，但是由于长达数十年的停滞，印度国防工业基础比较薄弱，出现了"大地"导弹、"阿卡什"导弹、轻型战斗机等大型自主研发项目频频遭遇重大挫折而被迫向他国求助的现象。

---

[1] Laxman Kumar Behera, *Indian Defence Industry: An Agenda for Making in India*, p. 7.

（三）冷战结束后的20年：印度国防工业的调整改革

20世纪90年代，根据国际形势的变化，印度政府开始进行国防工业领域的调整改革，努力加强军工生产和国防科研的独立自主能力，提升武器装备的国产化率。冷战时期，印度和苏联建立了准军事盟友关系，苏联是印度武器装备最重要的来源国。苏联解体后，俄罗斯在南亚的利益和影响较苏联时期削弱了许多，既无意愿也无能力推行原来的对印政策。1993年《印俄友好合作条约》的签订标志着两国从原有战略关系向普通国家关系的转变，印度在国防工业领域丧失了强有力的支持者，被迫加快国防工业自主化进程。同时，冷战后的印度在内外交困下走上了经济改革的道路，其经济改革的核心是以市场经济体制替代计划指令体制，鼓励自由市场的发展，同时减少国家的干预与控制，使政府的力量逐步让位于市场的力量，这种改革在印度国防工业领域也有一定体现。

20世纪90年代初，印度政府改变了军工企业完全由政府补贴的做法，鼓励军工企业自主经营。这一政策调整给军工企业带来较大变化，其中九家生产高科技武器装备的大型国营军工企业效果尤其明显，在1993—1994年盈利达23.2亿卢布。印度政府随后决定赋予这九家军工企业生产民品和出口产品的权利，使之成为独立经营的经济实体。1994年，印度政府批准《1995—2005年自主防卫十年计划》，确定了引进、改造和自主研制相结合，不断提高装备自给能力，全面加速印军武器装备的现代化发展的奋斗目标，力争通过10年时间将印军武器装备的国产化程度由30%提升至70%以上。1995年，印度国会发表报告提出，印度将削减中小型国防科研项目，着力发展重点项目，并要求国防研究发展局只为"对国家安全至关重要的武器研究计划"拨款。据此，国防研究发展局在原有近千项计划中仅保留300多项重点计划，并将综合导弹、轻型战斗机、综合电子战装备、激光武器、主战坦克等列为最优先项目。

20世纪90年代，印度政府开始允许私营企业参与军工生产，并对一些国营军工企业实行私有化改造。印度国防部1993—1994年度报告指出，私营企业可以进入国防军工领域，与国营军工企业公平竞争军品合同；如果私营企业已具备某种军工生产能力，将不在国营军工企业中重复建设这种能力。1995年5月，国防研究发展局首次授予179家小型私营企业参与军工生产的资格。进入20世纪90年代后，印度政府开始减持在国营军工企业中的股份。根据新的政策，政府可将20%的国营军工企业股份出售给金融机构和基金，后者在持有股份达到规定时限后即可将之在股票市场出售。政府进一步放权，不再参与企业的日常经营，而是通过与企业签署备忘录来进行管控；对于一些效益低下的企业予以关停。1995年初，印度政府宣布将分阶段售出头号军工企业印度斯坦航空有限公司30%的股份。印度政府还努力为印度军品开辟国际市场，从而促进本国军工企业的自主发展。1996年，印度政府制定新的军品出口计划，并成立军品出口管理局，负责销售国营军工企业的产品和技术。

进入21世纪以来，出于对国际防务供应商可靠性的担忧，印度将自主国防工业的发展视为本国成为真正全球大国的关键标志。伴随印度其他国力要素，如经济实力、政治影响和软实力等在后冷战时期的迅速成长，印度认为防务上无法自给自足已成为制约自身发挥全球大国作用的主要短板。在此背景下，印度开始加大国防工业的开放力度，期待通过政策调整助力国防工业的实质性自力更生。

为帮助私营企业进入军工领域，印度工业联合会已游说多年，并逐渐得到军方支持。2001年，印度国防工业进一步向私营企业开放，规定私营企业可100%参与国防工业的经营，不过私营企业需要获得军工生产许可证，且企业资本不得低于2170万美元，这就使得参与者仅局限于具有雄厚资金实力的大型私营公司。随后，印度工业政策和促进局发布了关于武器和弹药生产许可证的详细指南。自2002年至2014年底，印度工业政策和促进局共为144家私营公司颁发了涵盖多种防务产品的240份意向书/工业许可证。有49家获得许可的公司据称开始生产防务产品。[①] 国防工业对私营企业开放，是印度拆分效益不佳的大规模国有企业和迈向市场经济的重要举措之一。

同时，印度政府开始允许外国公司参股印度军工企业，但将国防合资企业中的外资持股比例上限设置为26%。尽管许多外国军火公司不愿在拥有如此低股权的条件下转让专有技术，但这还是促成了印方与外国公司从

[①] Ranjit Ghosh, *Key to Self-Sufficiency and Strategic Capability*, p. 29.

传统购销关系向联合研制伙伴关系的转变。印度政府几乎向所有发达军事国家均提出了转让防务技术的要求，并成立了与各主要供应国建立联系的产业机构。印方一旦获得技术转让的承诺，就会继续跟进，进而要求获得该产品的设计等更高层次的技术，以便根据印度国内生产体系的要求进行再设计和再调整。此后，印度政府持续努力加强国防工业自主化，通过建立合资企业和开展对外技术合作不断增强本国国防工业的能力。

2011年1月，印度政府出台了"国防生产政策"，旨在推动实现国防装备/武器系统/平台的设计、研发和生产的实质性自力更生。文件指出，国防工业的自力更生至关重要，是具有战略和经济双重意义的当务之急；过去几十年的工业和技术发展使得国家可以通过发挥印度工业的新兴活力以及学界和研发机构的能力来实现这一目标。文件明确规定，优先考虑国防装备的自主设计、研发和制造。只要印度工业界能在军方要求的时限内制造出所需的武器、弹药和装备，就从国内采购；只有印度工业界无法按照军方要求的时限生产和交付装备，或者国内生产不具经济可行性时，才会根据国防采购程序对外采购，但要严加审查；根据《长期综合远景规划》，生产耗时10年以上的装备/武器系统/平台将主要在印度国内进行开发、集成和制造；鼓励印度私营部门更多地参与国防装备的设计、研发和制造，增强印度中小企业在国防工业自主化方面的潜力，努力建立强大的自主国防工业基础；印度公司应该寻求与外国公司开展旨在获得先进技术的长期合作，可在政府批准的框架内采取各种方法，例如组建联合体、合资企业和公私合营企业等，并邀请学界、研发机构以及优秀的科技组织参与其中，以提高印度国防工业的全球竞争力；进一步简化印度国防采购程序中"制造"类别下的程序，以便印度国营和私营企业能够更快地自主设计和研发所需的装备/武器系统/平台。[①]

自2002年以来，印度国防部一直在建立健全国防采购程序（DPP），经过屡次修订，优先购买印度国产防务产品的导向日益明确。"2013年国防采购程序"开始明确将获得武器装备的路径分为不同类别，许多原本需要

---

① India MOD, "Defence Production Policy 2011," 2018, accessed March 26, 2021, https://www.makeinindiadefence.gov.in/pages/defence-production-policy-2011.

全球采购的武器装备被纳入了印度本土采购和制造的类别，显示印度国防部通过加大国内采购需求来推动本国军工业发展的明确政策导向。根据最新的国防采购程序，印度国防部目前赋予优先权的国防采购类别是"在印度采购（自主设计、研发和制造）"和"在印度采购和制造"，印方希望通过优先考虑这些类别而非直接进口，为包括私营部门在内的印度工业界参与防务市场提供更多契机，为自力更生和创造就业做出贡献。

尽管印度政府已经进行了积极的政策调整，但在21世纪初，印度国防工业的自主化成效并不显著，武器装备进口比例一直居高不下。1992年，印度成立了由国防部长科技顾问阿卜杜勒·卡拉姆担纲的自立审查委员会（SRRC），并设立国防工业自立指数以衡量年度变化。印度国防工业自立指数自20世纪90年代开始有所改善，但实际上却在2006/2007—2012/2013财年恶化，远未达到此前设定的国产化率70%的目标。2010—2014年较2005—2009年，印度军备5年进口额增加了140%。在2005—2009年，印度军备进口额占全球总额的9%，而在2010—2014年则上升至全球总额的15%。2005—2009年印度的军备进口额尚不及中国，约为巴基斯坦的两倍，而2010—2014年印度的军备进口额已是中国和巴基斯坦的三倍。2011—2014年，印度连续四年成为全球主要的武器进口国，采购产品包括战斗机、潜艇、直升机、坦克、远程火炮、无人机和导弹系统等。印度的主要采购对象是俄罗斯、美国和以色列；2010—2014年，印度向俄罗斯采购了战斗机和米-17V5直升机，向美国采购了C-130J"大力神"运输机和C-17"环球霸王"运输机，向以色列采购了无人侦察机和雷达。[①]

（四）莫迪政府任期：重视军民融合

莫迪2014年上任后，高度重视军民融合，不断出台政策推动军民融合，印度国防工业军民融合程度日益深化，自主制造和研发比例逐步提升。莫迪政府上任后第一年就清理了39项军事采购提案，其中32项总价值120亿美元的提案（占提案总价值的96%）被归入"在印度采购"和"在

[①] Ajay Banerjee, "India Emerges as World's Largest Arms Importer, Yet Again," March 16, 2015, accessed March 26, 2021, http://www.tribuneindia.com/news/nation/india-emerges-as-world-s-largest-arms-importer-yet-again/54336.html.

印度采购与制造"的类别。而按照调整后的印度国防采购程序,这两个类别是以印度本国军工产业为中心的优先采购类别。而且在几乎所有主要采购提案中,都给印度私营公司留有一定空间,在某些情况下甚至让它们发挥主导作用。[1]

印度莫迪政府努力充当孵化器、催化剂和促进器,推动国防工业的招商引资和自力更生。莫迪政府进行了一系列结构改革,以增强国防工业与国营部门之间的协同作用,克服国防领域私人投资面临的障碍。印度国防部根据"印度制造"倡议采取了许多举措,如扩大国防招标中印度国内产业的范围;简化国防工业许可证颁发流程;提高国防领域外国直接投资上限;降低国防出口的严格程度;简化和理顺国防采购抵消政策以促进对外技术合作;向私营部门开放政府拥有的国防试验和测试设施;建立两个国防工业走廊;通过初创企业和中小企业的参与促进国防创新等。2015年3月,莫迪政府将P-75I项目的6艘AIP潜艇的建造订单授予了本国私营企业拉森-博洛和皮帕瓦沃国防海上工程公司,开创了引进国外最先进技术交由国内私营企业组织生产的模式。2016年2月,印度国防部放开了私营企业为印度陆军生产多种类型弹药的限制,打破了国营兵工厂对国内军用弹药行业的垄断。2017年,印度国防工业私营化改革加速进行,莫迪政府正式出台"战略伙伴"政策帮助印度私营公司成长为军工巨头。在2020年印度防务展的开幕演讲中,莫迪总理宣布了一项为期15年的"长期综合远景计划"(LTIPP)的制定,旨在让印度工业界了解印军的长远技术和能力需求,从而更安全地进行投资。

如今,印度政府屡屡呼吁要建设能力强大且反应迅速的本土国防工业。印度国营和私营企业在国防工业自主化进程中都面临许多机遇,譬如获得更多的采购订单以及为印度现有装备提供现代化升级服务。印度国防部长在2015年"共和国日"新闻发布会上指出,"印度国防部门为国内外投资者提供了巨大的机会。我们拥有世界第三大武装部队,年度预算约

---

[1] Laxman Kumar Behera, "Make in India: Big Role for Private Firms in Defence," February 15, 2016, accessed March 26, 2021, https://www.livemint.com/Opinion/xdix0RjSNhvuX4QBeVSm7I/Make-in-India-Big-role-for-private-firms-in-defence.html.

为380亿美元，其中40%用于军事采购。在接下来的七八年里，我们将投资超过1300亿美元用于军队现代化建设，而按照目前的'印度制造'政策，印度工业界现在有责任兼顾自身商业利益和国家利益充分利用这一机会。"[1] 2020年3月，印度国防部长拉格纳特·辛格在印度举行的第六届全球商务峰会上致辞，提出了印度国防工业发展的方向和目标，敦促国防工业界充分利用新兴机遇，并允诺将在国防部门充分利用私营部门的活力和企业家精神。辛格指出，印度可以通过增加私营部门对国防制造业的参与，来帮助印度政府实现2024年前成长为5万亿美元经济体的目标；印度制造业在2025年前可能实现1万亿美元的年产值，除制定与数字经济相关的政策并培养人力资源外，印度政府还通过实施关键的"印度制造"计划来努力实现这一目标。为此，必须发挥印度私营公司在国防生产中的关键作用，同时鼓励国营军工部门将其出口产品组合增至其营业额的25%。中小企业是国防工业领域的重要参与者，印度政府正在努力将国防和航空航天领域的企业数量从8000家增至16,000家。印度国防部已制定"国防卓越创新"计划，旨在带动初创企业开展与国防和航空航天相关的技术研发创新工作。印度政府的目标是在2024年前，将航空工业的产值从3000亿卢比增至6000亿卢比，并为业界提供更多的机遇。[2]

总体而言，在政府政策扶持和市场需求的双重利好下，印度国营和私营军工企业都有意不断提高自身能力，扩大参与印度防务市场，印度国防工业军民融合的发展前景比较乐观。

二、印度自主国防工业的发展现状

经过独立以来的长期努力，印度已经建立起结构较完善、门类较齐全、具有较高研发水平的国防工业体系，但距离达到国防装备完全自给的目标仍有较大差距。这一方面与印度国防工业的体制有关，印度国防工

---

[1] Press Information Bureau, Government of India, "Make in India – Defence Sector Special Feature Ministry of Defence / Republic Day 2015," January 28, 2015, accessed August 25, 2020, http://pib.nic.in/newsite/mbErel.aspx?relid=114990.

[2] 张扬：《印度国防部长谈印度国防工业发展方向和目标》，航空工业信息网，2020年3月25日，http://www.aeroinfo.com.cn/Item/33570.aspx，访问日期：2021年3月26日。

的主导力量仍是国有企业，虽然便于政府掌控，但也存在官僚主义、人浮于事、效率较低等弊病；另一方面，印度长期奉行的内向型经济政策也限制了本国军工企业获得世界尖端技术。

（一）印度国防工业主要行业的发展水平和成就

经过长期坚持不懈的努力，印度已初步建立比较完整的国防工业体系，在特定领域甚至跻身世界前列。印度国防工业主要包括六大行业，即常规兵器工业、军事航空工业、导弹/军事航天工业、军用船舶工业、军事电子工业和军事核工业。

常规兵器工业是印度国防工业中自主生产能力最强的行业，能自主研制和生产包括轻武器、弹药和主战坦克在内的大部分武器。印度常规兵器主要由41家国营兵工厂负责供应，它们由印度兵工厂委员会统一管理。这些兵工厂根据具体业务范畴可分为五大集团：弹药和爆炸物；武器、车辆和装备；材料和组件；装甲车辆；军械设备。由于印度常规兵器工业发展水平相对成熟，除了向本国军队供货，印度还向全球30多个国家和地区出口武器弹药、武器配件等军品。不过，印度常规兵器工业也受制于总体设计与系统集成能力的不足，在打造拳头产品方面屡遭挫折，一些中高端常规武器仍然依赖进口。譬如花费巨资自主研发的"阿琼"主战坦克于1996年批量投入生产，却在使用中频频暴露问题，印度陆军对其评价不高。

印度已建立比较完整配套的军事航空工业，能自主研制生产教练机、轻型战斗机和轻型直升机等。20世纪50年代，印度即引进英国技术，生产出首架"蚊蚋"喷气式战机。但这一时期，印度军事航空工业发展总体缓慢，主要依靠外部援助、对外采购和许可生产。进入20世纪80年代后，为与巴基斯坦争夺空中优势，印度开始实施"轻型战斗机"项目。进入21世纪以来，印度为捍卫其在南亚地区的首强地位、实现成为世界大国的目标，把军事航空工业视为应得到大力发展的"战略产业"，在轻型战斗机、多用途运输机、轻型直升机、教练机以及配套武器系统和电子装备的研制生产方面均取得不少成绩。然而面对国际军事航空领域的迅猛发展，印度军事航空工业的发展长期无法满足印度军方的需求。近年来，为提升技术水平，包括印度斯坦航空公司在内的多家印度企业选择技术引进，试图与美、俄、法、以等外国先进公司开展合作。

印度导弹工业在仿制和许可生产基础上开始努力自主研制，目前在全球居于先进水平。印度从1983年开始发展弹道导弹，印度国防研究发展局当时就提出了综合导弹发展计划，确定依靠本国技术研制"普里特维"近程弹道导弹和"烈火"中远程弹道导弹。1988年，"普里特维"地地战术弹道导弹首次试射成功；1989年，技术演示型"烈火"导弹进行首次试射并取得成功，使印度成为继美国、苏联、英国、法国、中国和以色列之后，全球第七个有能力制造这类导弹的国家。目前，印度已开发出"烈火"系列导弹，射程覆盖周边地区乃至整个亚太区域。其中，烈火–1为中短程弹道导弹，射程为700—1300公里；烈火–2、烈火–3和烈火–4为中远程弹道导弹，射程分别为2000—3000公里、3500—5500公里和3000—4000公里；烈火–5和烈火–6为洲际弹道导弹，射程分别为5000—8000公里和8000—10,000公里。"烈火"中远程导弹和"普里特维"近程导弹均可携带核弹头，在多次成功进行核试验后，印度将中远程弹道导弹作为核弹头的首要投送工具。

印度军用船舶工业起步于20世纪70年代，现已较具规模，能自主设计建造各种小型水面舰艇，并能建造万吨级驱逐舰、中型航空母舰和仿制常规潜艇。进入21世纪以来，印度积极强化本国造船能力，新建一些船厂并对国营造船厂进行技术升级改造。2011年8月，印度自主建造的"萨特普拉"号护卫舰开始服役，标志着印度已跻身于具备建造隐身护卫舰能力的国家之列。2013年，印度国产"维克兰特"号航母正式下水，2019年12月成功进行首次点火，按计划应于2021年交付海军使用。但另一方面，印度军用船舶工业仍受制于国内工业系统配套能力有限的痼疾，一些国产战舰的关键设备和技术仍严重依赖进口。承建印度首艘国产航母的科钦造船厂由日本三菱重工于1972年援建，目前已经发展成为印度最大的造船基地之一。科钦造船厂虽在印度国内首屈一指，但该厂的总体装备水平仅相当于船舶工业先进国家20世纪八九十年代的水平。印度大部分造船厂仍然技术能力有限，在建造军用船舶时屡屡出现建造周期过长、计划无法如期完成的情况。

印度军事电子工业具有相当的基础和潜力，但与世界先进水平尚有差距。印度从20世纪50年代开始发展军事电子工业，产品涵盖航空电子、机载系统、军事通信系统、无人机、陆上电子系统、海军电子系统、电子战系统、C4ISR以及导弹电子系统等，其中巴拉特电子有限公司已成长为印度国营军工企业的翘楚。不过迄今为止，印度本土军事电子企业仍在很大程度上依赖于组装进口的子系统，在关键领域和核心技术方面的自主研发能力比较欠缺。与世界先进水平相比，印度本土军事电子企业在IP/软件无线电、军用GPS、加密/保密模块、集成CMS解决方案、目标采集系统、电池备用系统、现场无线LTE系统等均存在能力差距。在核心技术方面，主要差距在于现场可编程门阵列技术和微机电系统的设计与制造领域。就改进现有设备和系统而言，设备小型化、耐用性和无线设计是三大重点领域。随着国营军工企业的发展，印度军事电子工业的自主化正在加速发展。塔塔、信实、马恒达、拉森-特博洛等私营公司也开始在相关领域进行大量投资，以制造国防电子和通信产品。由于印度国防预算的增长趋势和大量老旧装备的更新换代，印度军事电子工业的市场前景广阔。[1]

印度军事核工业已有一定规模。自独立之初，印度就认为拥有核武器是获得全球大国地位的"通行证"，因此从20世纪50年代开始构建本国的核工业体系。经过60余年的建设，印度核工业已拥有印度核电有限公司、印度铀有限公司等大型国有企业，约10家重水与核燃料处理厂以及40多个研究机构。目前，印度的核燃料循环体系建设已经相当完善，涵盖铀矿开采与水冶、纯化、转化、离心浓缩以及钚生产、氚生产、铍生产等，足以支持其核武器发展计划。1974年，印度进行首次核试验后掌握了原子弹的设计、制造和试验技术，之后将重点转向增强裂变弹和氢弹的研究。1998年连续进行五次核试验后，印度基本掌握热核武器的设计、制造和试验技术。进入21世纪以来，印度开始努力发展计算机模拟核试验的能力，并致力于核武器实用化和小型化的研究。相较于军事核工业，印度民用核能开发比较滞后。虽然核电站数量不少，但总体技术水平和经济效益不高，印度正努力寻求同美俄等核技术强国加强民用核能合作。

---

[1] Ritika Behal, "Defence Electronics Market," 2020, accessed March 26, 2021, https://defproac.com/?p=4122.

（二）印度国防工业发展的主要问题

印度国防工业体系虽然规模庞大，然而在满足本国武器装备需求上却表现得不尽如人意，其国防工业自主化程度长期在30%左右徘徊，近70%的需求依赖进口。印度自建国初期就有美好的大国梦想，但囿于军工基础薄弱，其建设能力一直无法满足国防发展的需要。

印度国防工业的自主能力不足对印度建设现代化军队的雄心构成了明显制约。无法快速更换老旧装备已经开始拖累印度陆军的战斗力。印度陆军司令V.K.辛格在2012年致信辛格总理，直陈印度陆军的现有装备不足以应对当前威胁，印度陆军的坦克团"没有击败敌方坦克的关键弹药"，97%的现有防空系统"已经过时"，因此缺乏在敌人空袭时保护自身的装备。[1] 印度政府在2014年3月的一次检查中发现，陆军甚至没有足够支撑20天"激烈战斗"的弹药。印度空军不仅战机总数少，而且现役战机日益老化而过时。投入巨大的轻型战斗机项目历经30余年超长研制周期，最终产出印度国产"光辉"战机，其整体性能达到全球第三代战机的水准，但性价比较低，后续发展潜力有限，而且国产率仅为60%，发动机、火控雷达等关键技术均依赖进口。号称纯粹国产的"维克兰特"号航母在初期设计、配套设备、舰载武器等多方面均有国外公司参与，实际上是多国合作的产物。一些印度业内人士对此有清醒认识，在印度举国对"维克兰特"号一片赞誉声中，就有印度船舶业工程技术人员发出不同的声音：目前，印度船厂仍然设计能力薄弱，生产效率低下，而且配套工业能力和产能尚远远落后于当今国际水平。

由于印军武器装备长期依赖进口，跌入他国"技术陷阱"的事时有发生。进入21世纪以来，印度在世界军火市场上左右逢源，美国、俄罗斯、法国、以色列等军售大国源源不断为其输送先进武器，但其中也隐藏不少技术和开支上的风险。最知名的例子是印度购买俄罗斯航母"超日王"号（原名"戈尔什科夫"号）的曲折经历。印度早在1999年就向俄方提议采

---

[1] "Army Chief's Letter to PM: General V. K. Singh Exposes Chinks in Armour," *Times of India*, March 29, 2012, accessed March 26, 2021, https://timesofindia.indiatimes.com/india/Army-chiefs-letter-to-PM-General-V-K-Singh-exposes-chinks-in-armour/articleshow/12447751.cms.

购"戈尔什科夫"号，原定交付时间是2008年。但是由于俄印两国关于航母价格和改造方案的谈判一再推延，该航母迟迟无法交付。直至2013年11月，俄方才将该航母最终交付印度海军，配属印度海军西部舰队，前后历经十年之久，改装费用由9亿美元大幅攀升至23亿美元。一些从国外采购的先进装备在印军使用过程中也表现得不尽如人意。譬如美制C-130J"大力神"运输机，因其出色的性能和极低的故障率一直是美国洛克希德·马丁公司在国际战术运输机市场上的主打产品。可是自首批6架"大力神"运输机2011年交付印度以来，截至2017年已有三架飞机在事故中坠毁或损坏，引发印度舆论界人士对本国军事能力的严重质疑和嘲讽。[1]

从现实来看，国防科技工业与军队实际需求的结合程度直接影响了印度各军种的装备国产化进程。目前，在印度陆海空三个军种中，海军在装备国产化道路上的进展相对良好，这主要是由于印度海军设计局拥有较强的内部研发能力。因此，它不必依赖国防研究与发展组织来进行整船设计和开发，只是将其子系统外包给后者进行开发。此外，制造军舰的活动通常由印度海军军官直接参与指导，便于融入军方的各种需求。相比之下，印度陆军和空军过于依赖国防研究与发展组织以及国营军工企业和兵工厂。为加强对军工生产的参与，印度陆军已于2016年启动一项开创性举措，将陆军设计局设置为节点机构，充当陆军和相关军工企业的沟通渠道。此后的一年时间内，印度私营企业就针对陆军的需求提供了26种解决方案，包括开发新型无人机和轻质防弹衣等。[2]

除上述因素外，印度国防工业自主化还受到体制不顺、机制乏力、经费不足等因素的影响。其一，印度实行的是文官治军、三军分立的军事体制，国防部不少文职官员军事经验不足，三军各自为政、相互攀比、重复建设等现象不时见诸报端。其二，印度国防工业领导机构存在官僚主义、

---

[1] Manu Pubby, "Wake Turbulence Led to C-130J Aircraft Crash," April 23, 2014, accessed March 26, 2021, http://indianexpress.com/article/india/india-others/wake-turbulence-led-to-c-130-j-aircraft-crash/.

[2] Dalip Bhardwaj, "'Make in India' in Defence Sector: A Distant Dream," May 07, 2018, accessed August 25, 2020, https://www.orfonline.org/expert-speak/make-in-india-defence-sector-distant-dream/.

本位主义，国营军工部门人浮于事、管理不善，国防基础设施与人力资源未获充分利用等问题，使得印度国防工业一些领域效率较低、技术过时，浪费人力物力。其三，长期以来，印度国防科研经费预算在国防预算中所占比例偏低，不足6%，而西方发达国家的比例均在10%以上。其四，印度国防工业领域存在贪腐现象，"军购腐败"等新闻不时出现在印度媒体上，从已公布的案件中可知，印度军购回扣率一度达到10%左右。

2018年，印度莫迪政府推出2500亿美元的军事现代化计划。近年来，印度军费开支连年增长，2016—2019年军费开支分别为603.11亿美元、645.59亿美元、665.78亿美元、711亿美元，年增幅均在6%以上，在全球军费开支榜上已上升至第三位。[①] 巨大的军费开支令印度军工制造业优先受益，同时也吸引了全球知名军工企业前来竞争。其效果能否推动印度国防工业自主化的良性发展，还需要更长时间的检验。

第二节　印度军民融合的战略设计和政策制度

军民融合是指在更大范围、更深程度上将国防和军队现代化建设融入国家经济社会发展体系之中，目的是打破军民分割格局，通过"以军带民，以民促军"，为军队建设提供更丰厚资源和可持续发展的后劲。印度的军民融合以"印度制造"计划在军工领域的实施为主要推动力，印度政府不遗余力地建设自主国防工业能力，出台了一系列配套的政策制度，如国防工业的私营化改革，扶植私营军工巨头的"战略伙伴"模式以及国防采购程序的持续调整等。

一、印度军民融合的战略设计

印度领导人从不讳言，印度的国家战略目标不仅在于主导它所处的南亚—印度洋地区的战略格局，而且要将印度建设成为与其国力相称的世界大国。自主国防工业的发展被印度视为展现其强大综合国力的重要组成部

[①] "India Military Expenditure: 1956–2018 Data," 2020, accessed March 26, 2021, https://tradingeconomics.com/india/military-expenditure.

分。矢志追求大国梦想的莫迪总理上任以来，以"印度制造"计划为牵引，既大力加强自主国防研发和制造能力，又积极拓展武器装备和先进防务技术的来源，多措并举地促进自主国防工业的发展。

（一）建设自主国防工业能力

印度的发展潜力及其巨大的防务投入表明，印度成为世界大国的决心难以逆转，在条件适当时甚至可能以军事对抗的方式来谋求和维系其大国地位。军力建设是印度世界大国梦想的重要支撑，而自主国防工业的发展意义尤为重大。"这一点很重要，因为国防的自给自足对于实现战略自主权和操控战略联盟与伙伴关系至关重要。但是，在印度，实现国防自给自足的目标（包括设计、研究、开发、原型制作、工程、制造、系统集成、生产、测试、评估和质量认证以及长期产品支持等领域）仍然前景渺茫。"[1]

莫迪政府成立以来，为了推动军队现代化建设，印度既着手本国国防工业体系的改造，大力加强自主国防研发和制造能力，又积极拓展武器装备和先进防务技术的来源，与美俄等军事强国积极开展防务合作，希望以多管齐下的方式促进自主国防工业的发展。印度发展自主国防工业能力的意愿受到诸多因素的驱动，譬如降低对外国武器装备的严重依赖，未来成为全球军售大国以及将武器装备国产化视为成为大国的关键标志等。

面对军事采购过于依赖外国的状况，印度政府试图以采购大单换取技术转让，借以吸引外国公司与本国军工企业合作生产，该举措已取得一定的成效。在对外采购时，印度不仅希望获得美俄等军事强国的先进武器装备，更希望通过联合研制和生产获得相关先进技术，从而提升本国的国防工业水平，助力印度强军目标的实现。由于印度薄弱的技术基础，印方在开展对外防务合作时，倾向于采取联合研制的方式，并为此在国防工业领域采取了不少改革措施。2020年5月，印度财政部长西塔拉曼宣布了一系列新的改革措施，以进一步促进自主国防工业的发展，减少印度对进口武器和军事平台的依赖。这些改革措施包括将外国直接投资的股份占比限制从49%增加到74%，引入禁止进口武器的年度负面清单，为购买印度制造的军事装备提供单独预算支出和国防采购改革等。

---

[1] Ranjit Ghosh, *Key to Self-Sufficiency and Strategic Capability*, p. 13.

莫迪政府将对外出售防务产品视为实现印度世界大国目标的重要举措之一。根据印度政府此前出台的印度《对外贸易政策》，国防设备出口属于限制类别，需要出口许可证；出口商还必须从印度国防部获得无异议证书，用于出口军用物资。2014年9月，莫迪政府首次颁布印度《国防出口战略》（SDE），概述了印度政府为鼓励防务产品出口采取的具体举措，旨在使印度自主国防工业发展更具可持续性，因为该行业难以完全依靠国内需求来维持。该战略提供了促进出口和优化监管的明确程序和体制机制。该战略最终确定了用于对外军售的"无异议证明"（NOC）的标准操作程序，并将之置于公共领域。对于大多数防御项目，尤其是零件、组件、子系统和子组件，取消了由政府当局签署并盖章的最终用户证书的要求；开发并部署了一个基于互联网的在线系统，可以接收NOC出口的防务产品。在对外贸易政策的范围内，它提出了与印度驻外使团/使馆合作促进出口的指导方针，提供了通过信贷额度进行出口融资的选择，促进了采购抵消政策的更好利用以及印度防务产品出口管制程序的简化。[1] 印度正努力成为对外军售大国，但其前景受限于印度在国防需求上还无法实现自给自足，以及担忧对外军售会加剧其他地区的动荡。目前，印度防务界已出现关于印度成为全球防务公司供应链中关键环节的诸多讨论。虽然印度成为军售大国的前景在近期还比较渺茫，但印度已将获得外国先进防务技术和发展自主国防工业能力视为提升自身对外军售前景的重要手段，期望未来在全球防务市场中占据一席之地。

2020年新冠疫情造成的经济状况恶化进一步加快了印度政府建设自主国防工业能力的步伐。2020年5月，印度总理莫迪在宣布应对新冠疫情的一揽子特别经济计划时提出"印度自力更生"方案。印度高层曾屡次解释，该方案并非"排斥进口"，只是为了提振经济。同年5月，印度财政部长主张对现有国防采购程序进行改革。印度财政部提议与军事事务部协商每年更新禁止进口武器的负面清单，以此促进印度企业（尤其是中小企业）

---

[1] India DIPP & DDP, "Defence Manufacturing Sector Achievements Report," February 13, 2017, accessed March 26, 2021, https://www.scribd.com/document/370241492/Defence-Manufacturing-Sector-Achievement-Report-pdf.

参与国防生产。在为国内国防采购提供单独财政预算的同时，将加强监管以减少对外国防采购的费用。鉴于印度国防采购经常出现拖延的状况，印度财政部将建立国防采购时限机制，具体措施包括建立专门的项目管理部门并为合同管理提供支持，这有助于实现及时采购国防装备的目标。印度国防部此后的做法显示其与政府政策导向的高度一致。印度国防部先后于2020年5月20日和8月9日发布了未来四年内停止进口的上百项军购项目，并于同年9月发布"自力更生"色彩浓厚的"2020年国防采购程序"。2021年1月，莫迪主持的印度内阁安全委员会批准了为印度空军采购83架本国产"光辉"轻型战斗机的计划，耗资约65.6亿美元。印度国防部长辛格宣称，此项交易将会成为印度防务工业自力更生的"游戏规则改变者"："'光辉'战机将成为未来数年印度空军战斗机群的脊梁，它采用了许多印度此前从未使用的新技术，国产化率有望达到60%"。[1]

（二）国防工业"印度制造"计划

莫迪政府执政以来，"印度制造"被视为印度各项改革计划中的重中之重，印度希望借此计划振兴制造业。"印度制造"是一项旨在将印度转变为全球制造业中心的政府计划，其中包含印度政府的多项倡议，旨在促进本国和外国公司在印度投资并使印度成为制造业强国。"印度制造"计划的重点是在25个行业中创造就业机会和提高劳动者技能，包括汽车、航空、化工、IT/BPM、制药、建筑、国防制造、电机、食品加工、纺织/服装、港口、皮革、媒体/娱乐、保健、旅游/酒店、铁路、汽车零部件、可再生能源、采矿、生物技术、太空、火电、道路/高速公路以及电子系统等。莫迪上任后不久，就在2014年8月15日的讲话中号召"印度制造"。他提出，从卫星到潜艇"都在印度制造，我们有钢铁……我们有纪律，我们有决心……在任何地方出售，但在印度制造"。[2] 2016年2月，莫迪在孟买制造

---

[1] PTI, "India Approves Deal to Buy 83 Tejas Aircraft for Rs 48,000 Crore," January 13, 2021, accessed March 17, 2021, https://www.bloombergquint.com/politics/ccs-approves-tejas-deal-worth-rs-48-000-crore.

[2] Alok Soni, "Why Narendra Modi's Make in India Is Indeed a Step of a Lion?" September 26, 2014, accessed March 26, 2021, https://yourstory.com/2014/09/make-in-india-narendra-modi?utm_pageloadtype=scroll.

业博览会上誓言重振其"印度制造"改革计划,将印度发展成为全球制造和出口大国。莫迪表示,"我们希望让印度成为全球制造业中心;印度政府正在全方位改善营商环境,也在简化营业执照、安全和环境审批等流程,还在让税收体制透明、稳定和可预见"。"我们希望制造业在国内生产总值中的份额在不久的将来上升至25%"。①印度产业联合会政策部主管达内什指出,"印度计划将制造业在国民经济中的比例从现在的15%提升至25%,这是印度经济结构改革的重要目标,也是印度经济保持中高速增长的基础动力。这一目标的实现有赖于利用国际国内有利条件。印度需要抓住当前难得的机遇期"。②

印度自主国防工业的发展是"印度制造"计划的重要组成部分。该计划的重要动力是制造业本土化和释放私营企业活力,这反过来将创造更多就业机会并促进GDP增长。在2018年4月以"新兴国防制造中心"为主题的印度防务展上,印度总理莫迪再次强调了武器系统制造领域迫切需要本土化以及政府承诺将转变为国防工业中心。但是,他承认任务的复杂性以及"印度制造"项目进展缓慢。莫迪表示,他将履行对国防工业"印度制造"计划的承诺,将在全国建立国防创新中心,为有志参与国防制造的初创企业提供必要的孵化和基础设施支持,以便掌握核心技术的中小型企业可以进入该领域。莫迪指出,印度政府已决定在南部的泰米尔纳德邦和北部的北方邦建立两个国防工业走廊,这两个国防工业走廊将利用区域内的有利条件,进一步发展成引领印度经济发展和国防工业基地增长的引擎。③具体而言,两个国防工业走廊分别在泰米尔纳德邦的钦奈、哥印拜陀、何苏尔、萨利姆和提鲁希拉帕利以及北方邦的阿格拉、阿里格尔、奇特拉科奥特、占西、坎普尔和勒克瑙。

国防工业的"印度制造"导向,在莫迪政府的人事安排上也有一定体

---

① 《莫迪拟重振"印度制造"政策》,新华网,2016年2月15日,http://news.xinhuanet.com/world/2016-02/15/c_128719547.htm,访问日期:2021年3月16日。
② 邹松:《印度经济呈多重利好(主要经济体经济扫描)》,人民网,2016年4月19日,http://world.people.com.cn/n1/2016/0419/c1002-28285477.html,访问日期:2021年3月16日。
③ 赵旭:《综述:印度期待转型为武器制造强国》,新华网,2018年4月16日,http://www.xinhuanet.com/2018-04/16/c_1122690347.htm,访问日期:2021年3月26日。

现。2017年3月，深受莫迪器重、力推财政改革的财政部长杰特雷兼任国防部长，随即开始大刀阔斧地改革军工体系，积极引入私营企业的参与。2017年9月，莫迪政府任命原商务部长西塔拉曼出任印度国防部长，她此前与国防系统并无联系，但经济管理经验丰富，在商务部长任上对推动"印度制造"作出较大贡献。西塔拉曼上任后即表示，其最重要的长期任务是推进"印度制造"在国防工业中发挥有效关键作用。2018年4月，西塔拉曼发表讲话指出："印度不仅将制造用于替代进口的产品，还将促进国防生产，将印度制造的国防产品出口到其他国家。"[1]

在2018年印度《国防生产政策》中，印度国防部明确提出一系列目标：创建充满活力和竞争力的强大国防和航空航天工业，这是"印度制造"计划的重要组成部分；在印度建立一个层次化国防工业生态系统；减少当前对进口产品的依赖，力争在2025年之前实现诸多武器系统/平台研发制造的自力更生，如战斗机、中型直升机、军舰、陆战车辆、自动武器系统、导弹系统、枪械系统、小型武器、弹药/炸药、侦察系统、电子战系统、通信系统、夜战辅助装备、潜水艇/潜水器、无人机、培训设备和模拟器等；到2025年实现航空航天和国防产品及其服务达到260亿美元的营业额和50亿美元的出口额，为200万～300万人创造就业机会；使印度成为网络空间和AI技术的全球领导者；在印度中小企业中加强灌输"零缺陷零影响"制造文化，成为重视质量的负责任制造商；营造鼓励研发、奖励创新、创造拥有印度知识产权所有权以及自力更生的强大国防工业的环境。[2]

在新冠疫情之下，印度国防部加速推动国防工业"印度制造"的步伐。2020年5月20日，印度国防部发布了限定向本国供应商定向采购的26种物品清单。至此，印度国防部已发布127种优先向本国供应商购买的物品清

---

[1] Dalip Bhardwaj, "'Make in India' in Defence Sector: A Distant Dream," May 07, 2018, accessed August 25, 2020, https://www.orfonline.org/expert-speak/make-in-india-defence-sector-distant-dream/.

[2] India MOD, "Defence Production Policy 2018," 2018, accessed March 26, 2021, http://www.makeinindiadefence.gov.in/admin/writereaddata/upload/files/Clean%20Copy_Defence%20Production%20Policy%20%7Br05072018%20email%20on%2023.08.2018).output.pdf.

单。印度国防部声明:"今后采购实体将仅自本国供应商处采购这些产品,无论其采购价如何,只要本国供应商符合各产品所规定的最低国产化率即可。"上述26种产品的最低国产化率均需达到40%~60%。[①] 2020年8月9日,印度国防部长拉杰纳特·辛格宣布,为大力推动"印度自力更生"计划,印度军方在本财年制定了70亿美元的国防预算,专门用以采购国产武器装备,振兴印度国内军工业;与此同时,将"从即日起到未来四年间"停止进口包括火炮、突击步枪、护卫舰、声呐系统、运输机、轻型直升机、雷达、越冬被服、山地装备在内的101项军购产品。印度国防部表示,这"将为印度国防工业提供一个很好的机会,使其可以利用自己的研发能力或采用由国防研究与发展组织研发的技术来满足武装部队在未来数年的需求",因"101项禁购物品清单上也包括高科技武器系统,为此将与各利益攸关方(包括印度陆军、空军、海军、国防研究与发展组织、国营军工企业、兵工厂和私营企业)就评估印度本国军工产业制造各种弹药、武器、平台、设备的当前和未来能力进行数轮磋商"。在上述禁令落实之后,印度国防部将在未来5~7年之内将约533.5亿美元的军购合同授予本国军工产业,其中印度陆军和空军在未来4年内将提供186.7亿美元的国内军购合同,印度海军同期则将提供173.4亿美元的军购合同。[②]

二、印度军民融合的政策制度

在"印度制造"计划的牵引下,莫迪政府实施多项国防工业改革措施,包括积极推动国防工业私营化改革,并改革国营军工企业的产权制度,期望以此发展自主工业能力并促进创新,从而实现自力更生的国家安全目标。为鼓励私营公司更广泛地参与主要国防平台的制造,印度国防部构建

---

① NDTV, "26 Military Equipment to Be Purchased from Domestic Firms under 'Make in India': Government," May 21, 2020, accessed March 26, 2021, https://www.ndtv.com/india-news/26-military-equipment-to-be-purchased-from-domestic-firms-under-make-in-india-government-2232530.

② Mayank Singh, "In Big Push for 'Atmanirbhar Bharat', Defence Ministry to Embargo Import of 101 Items in Phases," August 09, 2020, accessed March 26, 2021, https://www.newindianexpress.com/nation/2020/aug/09/in-big-push-for-atmanirbhar-bharat-defence-ministry-to-embargo-import-of-101-items-in-phases-2181134.html.

新的"战略伙伴"模式。印度政府推动国防工业自主化的强烈意愿，在其对国防采购程序的数次修订中也有明显体现。

（一）国防工业私营化改革

在独立后的很长时间内，印度国防工业基本上由国有企业和兵工厂垄断。由于国营军工企业对于印度政府的重要贡献和特殊意义，它们被视作印度防务自力更生的历史性标志。这不但导致国营军工企业自我满足，还阻碍私营企业进入国防生产领域。这些国营军工企业在印度官方体系内占据优越地位，进入20世纪90年代后，它们长期积累的不少弊端日益显现，譬如制定目标好高骛远，制造工艺落后，管理水平低下，难以保留高端人才，缺乏竞争意识，以及与军方沟通不畅，这些使得国营军工企业难以发挥出最佳水平。[1] 印度国营军工企业在很大程度上已无法有效满足印度军队现代化对先进武器装备的需求。自20世纪90年代以来，印度历届政府一直在对国营军工企业进行调整改革，譬如20世纪90年代的市场化改革和21世纪头十年的大规模技术改造。这些针对国营军工企业的调整改革取得了不少成效，在一定程度上激发了企业活力，提升了效率，但无法从根本上改变这些企业长期积累的种种弊病。2014年印度总审计长的报告指出，印度8个国营军工企业的人均产值约为67,000美元，与全球前5名军工企业人均产值370,000美元形成鲜明对比。[2]

尽管印度国防工业在21世纪之初就已向私营企业开放，但由于国营军工企业及兵工厂长期享有各种形式的官方支持，如长期防务采购合同等，印度私营企业在不公平的竞争环境中根本无法撼动国营军工企业的主导地位，而军工行业也因竞争不足而积累了许多弊病。针对国防工业政策和运行机制的问题，印度政府成立了一些专门委员会并积极进言献策，这些建议虽在意识形态上获得了广泛接受，却往往难以落实。国防工业领域的改

---

[1] Sunil Khilnani et al., "Non-Alignment 2.0: A Foreign and Strategic Policy for India in the Twenty First Century," 2012, accessed March 16, 2021, http://www.cprindia.org/sites/default/fles/Non-Alignment%202.0_1.pdf, p.56.

[2] MAZARS, "Indian Defence Industry: Deciphering a Multifaceted Growth for Private Participation," 2017, accessed March 17, 2021, https://www.mazars.co.in/Home/News/Our-Publications/The-Indian-Defence-Industry.

革进展比较缓慢,直至莫迪政府上台后才进入快车道。伴随"印度制造"政策的推进,印度莫迪政府开始积极推动国防工业私营化改革,期望以此加强竞争,提高效率,促进重要技术的快速吸收,构建层次化的国防工业生态系统,确保发展更广泛的工业能力并促进创新,从而减少进口依赖,实现自力更生的国家安全目标。

莫迪政府实施多项国防工业改革措施,总体目的是放开国防工业对私营企业的限制,鼓励私营企业进入国防领域。根据印度《工业发展和管理法案》进行的许可证改革放宽了对防务产品国内生产的规定,减少制造商的准入壁垒。印度国防部国防生产局于2014年6月完成了用于许可目的的防务产品清单。该清单涵盖了四个主要类别的电子、航空航天和防务设备,包括各种类型的装甲车、航空航天器、军舰、武器弹药和相关设备及零部件。未纳入清单的具有防务用途的物品不需要工业许可证,除清单中明确提及的那些用途外,双重用途的物品也不需要工业许可证。随后,国防生产常设委员会从安全角度确定了私营部门参与类别清单,进一步降低了中小企业涉足防务产业的壁垒。根据新规定,国防工业许可证的初始有效期从7年增至15年,并根据不同情况可额外延长3年。截至2015年10月31日,印度工业政策和促进局已向182家印度企业颁发了307份国防生产许可证,用于生产各种授权的防务产品,印度内政部也颁发了小型武器和弹药的生产许可证。[①]

印度政府为促进私营企业参与国防制造的其他改革措施包括:取消对国有企业的消费税/关税优惠,将向所有印度国营和私营企业征收同等的消费税及关税;制定并发布"国防公共事业部门和印度兵工厂委员会的外包和供应商发展指南",要求所有国营军工企业和印度兵工厂委员会制定短期和长期的外包及供应商发展计划,逐步提升私营企业(尤其是中小企业)参与外包的比例;印度国防部通过国防研究与发展组织向印度私营部门提供免费技术转让,加快后者参与国防研发和军工生产的进程;印度国防部成立由国防部长领导的国防投资者小组,让潜在投资者了解监管要求,并促进其对印度国防部门的投资;在各种采购类别中允许对包括私人

---

① Ranjit Ghosh, *Key to Self-Sufficiency and Strategic Capability*, p. 29.

公司在内的所有印度公司实行外汇汇率变动保护，以便在印度和外国行业之间创造出公平的竞争环境。2019年3月，印度政府规定现有国防平台中使用的组件和零部件将在印度国内生产。

长期以来，由于印度国防部总是指定大型国营军工企业负责大额军购项目，印度军工产业界对此颇有诟病。为进一步推动国防工业私营化改革，增强军工产业界对印度国防部的信任，印度国防部开始推行针对私营企业的"战略伙伴"模式，将在大型国防项目的生产制造中为印度私营公司提供参与机会，帮助有实力的私营公司成长为全球巨头。印度政府也鼓励私营中小企业积极参与国防制造业。除享受参与外包的专门政策外，印度私营中小企业还享受其他优惠政策。譬如，在印度国防采购的"制造"类别下，印度政府资助开发成本不超过1亿卢比的项目以及行业资助的开发成本不超过3000万卢比的项目，均保留给印度中小企业。印度中小企业协会获准参与"制造"项目的可行性研究。中小企业还被放宽注册和获利标准，获得参加"制造"项目的"印度供应商"资格。在外国企业履行防务抵消义务时，如果印方抵消伙伴是中小企业，则允许按1.5倍系数计算。[①]

针对国营军工企业"高投入、低产出"的状况，莫迪政府着手改革国营军工企业的产权制度，提升国有企业活力。2017年3月，锐意改革的财政部长杰特雷兼任国防部长，随即积极引入私营企业参与国防项目竞争，同时改革军工体系，动员社会力量参与国防现代化建设。杰特雷表示，"国有企业和私营企业竞争军事项目才能发挥最大潜力。竞争是达成效率和控制成本的灵丹妙药，竞争可带给我们更多的选择"。在杰特雷宣布国防工业私营化改革之初，曾引起国营军工企业和兵工厂的强烈反弹。全印国防企业工会组织全国范围内的52家工厂和企业发起抗议活动，反对印度政府将私有制竞争引入军事工业。不过，印度国营军工企业和兵工厂的罢工无法阻止国防工业私营化改革计划的推进。面对激烈的抗议浪潮，杰特雷于2017年9月辞去国防部长一职，但继任的西塔拉曼明确表示，将坚持前任采取的一系列鼓励私营企业参与军工生产的政策。

---

① India DIPP & DDP, "Defence Manufacturing Sector Achievements Report."

印度政府在积极推进国防工业私营化改革的同时，也对国营军工企业采取了一些安抚措施。2018年印度《国防生产政策》指出，政府将支持在国营军工企业和兵工厂中引入新技术/机器，使其能从事先进武器装备的研制。具体措施包括：鼓励国营军工企业和兵工厂通过去库存、扩大供应商外包、提升技能水平、整体计划管理等举措来提高生产率和及时执行订单；广泛使用基于信息技术的系统，采用供应链管理系统、客户关系管理系统、数据分析等；到2025年，将授权国营军工企业和兵工厂将至少50%的业务外包；推动兵工厂的公司化改革，提升其竞争力和生产率；回收对国营军工企业少数股权的投资；国营军工企业和兵工厂将尝试通过全球兼并收购来获取技术；鼓励国营军工企业和兵工厂尝试建立伙伴关系，以避免重复生产和设备闲置；建立国营军工企业和兵工厂的网络安全框架，为其在各自业务领域利用网络空间的能力做好准备。[1] 进入2018年后，印度国营军工企业和兵工厂的罢工抗议活动大幅减少，它们开始接受现实并积极采取应对措施，与私营企业正面竞争。2020年，已转任财政部长的西塔拉曼宣布将对印度兵工厂委员会进行公司化改革，其目标不是私有化，而是进行股份制改造并最终在股票市场上市。

目前，印度国营军工企业和兵工厂继续主导国防生产，在印度国防生产生态系统中仍发挥最重要作用。印度国营军工企业和兵工厂的国防生产额逐步增加，从2013/2014财年的4374.6亿卢比增至2016/2017财年的5589.4亿卢比。根据印度国防部数据，在2016/2017、2017/2018和2018/2019三个财年，印度国营军工企业和兵工厂的总产值为1.71万亿卢比（约247.9亿美元），占同期印度基本建设采购资金总额的79%。2019年6月，印度国防部长拉杰纳特·辛格在议会发言指出，国营防务企业和兵工厂在推动印度成为国防制造中心方面发挥了巨大作用；2018/2019年，印度四家国营防务企业的收入创下历史最高纪录，它们分别生产飞机、船舶、装甲车、先进电子产品及其他国防产品。[2]

---

[1] India MOD, "Defence Production Policy 2018."

[2] 《印度国有企业继续主导国防生产》，国防科技信息网，2019年7月25日，http://www.dsti.net/Information/News/116092，访问日期：2020年8月25日。

(二)"战略伙伴"模式

为鼓励私营公司更广泛地参与主要国防平台的制造,印度国防部着手构建新的"战略伙伴"模式。该模式设想由印度国防部选择有资质的本国私营公司作为"战略伙伴",要求它们与国际知名武器制造商合作在印度建立生产设施,自主制造主要防务平台和设备,为国防工业发展增添新动力。"战略伙伴"模式的长期愿景是通过技术转让和更高的自主化要求,促进印度成为国防装备的制造中心,从而增强自给自足能力,满足印军应对未来战争的武器装备需求。

"战略伙伴"模式的雏形可追溯到2006年印度国防部的"行业领袖"计划。为鼓励私营企业参与军工生产,印度国防部在"2006年国防采购程序"中阐明了若干用于识别私营企业行业领军者(被称作"行业领袖")的准则。这些准则旨在创建和培育若干私营公司,并期待它们发挥系统集成商及印军主要武器平台和系统生产者的作用。准则进一步规定:"在通过海外技术转让接受技术和进行许可生产方面,行业领袖应与政府选定的国营军工企业获得同等待遇。"在发布"行业领袖"准则后,印度国防部于2006年5月成立了由前国防生产秘书普拉比尔·圣古塔主持的专家委员会,后者于2007年6月向印度国防部提交报告。尽管有许多公司有意被认可为"行业领袖",但该委员会总共只选择了13家私营公司,但由于印度国营军工企业工会的反对以及对筛选"行业领袖"的方式存在异议,该报告最终未能执行。[①] 不过,印度政府也没有完全废除关于"行业领袖"的计划,直至根据迪任德拉·辛格委员会2015年报告的建议提出"战略伙伴"模式。

2016年4月,印度国防部发布《关于选择战略伙伴报告》,规定了选择参与指定的10种武器系统和军械设计制造的私营企业战略伙伴的财政和技术标准,旨在筛选优质私营企业战略伙伴,扩大印度国防工业的基础。印军采购的武器被分成两大类:第一大类包括战斗机、直升机、战斗机发动机、潜艇、军舰、火炮和装甲车;第二大类包括金属材料与合金、非金属材料和弹药(包括灵巧弹药)。报告要求,第一大类的每种武器系统仅能选择一个战略伙伴;第二大类的每种产品允许有两个战略伙伴,原因是

---

① Ranjit Ghosh, *Key to Self-Sufficiency and Strategic Capability*, pp.31-32.

生产物资和弹药时不需要进行系统集成。报告对私营战略伙伴的选择设立了严苛的条件门槛：必须是印度企业，由印度人领导；此前三个财年的综合营业额为6.02亿美元，现有资金达到3.01亿美元；前三年的财政增长率不低于5%，通过了印度信贷评级资讯服务有限公司或印度信用评级机构的评级要求，且外国直接投资股份份额不超过49%；必须获得"工程/加工技术企业"的技术资格，除拥有先进研发能力和多项专利外，还能够使用多项技术生产武器系统；具有良好的管理水平且无债务负担。该报告建议成立独立的监督团队，对战略伙伴实施技术、法律和财务上的监管；并建议对违规企业实施严厉的惩罚措施，如持续5年列入印度国防部黑名单，以及一系列的法律和财务方面的惩罚措施。①

伴随着"没有国家能够靠购买外国武器赢得战争"的口号，在财政部长兼国防部长杰特雷的强力推动下，印度国防部的"战略伙伴"计划在2017年加快落实。2017年5月，印度国防部的战略伙伴政策获得印度国防采购委员会和印度内阁安全委员会审议通过，作为《2016年国防采购程序》的第七章发布，题为《通过战略伙伴关系振兴国防工业生态系统》。根据该文件的规定，印度国防部将通过官方程序选择少数优秀私营公司作为"战略伙伴"，负责执行一些高价值的国内军购项目。这些被选中的私营公司将享受与大型国营军工企业相同的待遇，而此前大型国营军工企业在主要国内军购项目上一直保持牢固的垄断地位。这些私营企业在享受待遇的同时，也要在制造基础设施、构建供应商生态系统、培养人力资源、进行现代化改造和产品升级研发等方面进行必要的长期投资。通过建立由研发伙伴、专业供货商和供应商（尤其是中小企业）组成的广泛生态系统，战略伙伴机制有望发挥系统集成的作用。其总体目标是逐步打造印度私营企业研发和制造复杂武器系统的能力，以满足印军的未来需求，这也是实现更广泛的国家目标、鼓励自力更生以及使国防部门与政府的"印度制造"计划保持一致的重要举措。

根据规定，战略伙伴的选择标准应坚持公正、合理、慎重、透明和理

---

① 《印度国防部发布报告：规定选择私人战略合作伙伴的标准》，国防科技信息网，2016年4月26日，http://www.dsti.net/Information/News/99430，访问日期：2020年8月25日。

性的原则，并以财务实力、技术能力和基础设施等广泛参数为基础。由于印度私营公司迄今在国防制造方面的经验有限，将主要根据其在系统、工程和制造的多学科功能系统集成中的经验能力来选择潜在战略伙伴；为了在私营企业间引入竞争并充分维护政府利益，战略伙伴的最终选择将以这些入围企业的报价为指导；为了确保更多私营公司参与国防制造，并且确保每个战略伙伴始终专注于自身核心专业知识领域，通常每个细分市场仅选择一个战略伙伴；战略伙伴必须是印度公司（根据印度《2013年公司法》的定义），且由印度本国居民拥有和控制，对企业的所有权和管理权等均有具体要求[1]；为了确保所选制造平台能够满足印军各种作战要求并获得先进技术，战略伙伴需要与外国原始设备制造商进行合作，二者可采取合资、股权合作、技术共享、特许权使用费或其他约定合作形式，但在所有权和管理权方面要符合规定要求。[2]

该政策确定了发展战略伙伴关系的四大领域，即战斗机、直升机、潜艇、装甲车/主战坦克。长期以来，印度的上述主要国防平台和设备一直由国营军工企业和兵工厂负责生产。该政策旨在将透明、客观和流程性机制制度化，以鼓励印度私营企业打破国营军工企业及兵工厂的垄断，参与战斗机、潜艇、直升机和装甲车等领域的防务平台和设备的制造生产。印度国防部会在适当阶段考虑发挥国营军工企业和兵工厂的作用，推动私营战略伙伴与国营军工企业以及科研机构的合作，提升印度自主国防工业的整体实力。与20世纪90年代的印度经济自由化类似，私营部门积极参与主要国防装备的制造有望带来变革性影响。

莫迪政府对"战略伙伴"计划充满期待，财政部长兼国防部长杰特雷曾表示，该计划将在三年内使印军武器装备在多数关键技术领域实现国产化。近年来，印度国防采购委员会开始基于"战略伙伴"模式批准重大采

---

[1] 根据印度《2016年国防采购程序》的规定，"拥有权"是指该公司50%以上资本由印度公民和/或印度公司直接或实际拥有，外国直接投资不得超过49%；"控制权"则包括任命多数董事或控制管理层或政策决定的权利，应由印度人出任首席执行官，并在董事会中占多数席位。

[2] India MOD, "Revitalising Defence Industrial Ecosystem through Strategic Partnerships," 2018, accessed March 26, 2021, https://bharatshakti.in/wp-content/uploads/2017/06/Chapter-VII-of-the-defence-procurement-procedure-2016.pdf.

购项目，一些实力雄厚的私营企业开始制造大型武器。迄今，印度国防部"战略伙伴"模式下的重大项目包括海军直升机、潜艇等。

2018年，印度国防采办委员会批准了111架海军直升机自主化生产，主要执行轻型反潜、后勤保障、搜救、监视、电子情报和打击海盗等任务，合同价值约33.9亿美元。根据计划，16架直升机将从外国军工企业采购，余下的95架将交由本土私营企业生产，可能通过双方合资并从外国军工企业获得技术转让的方式进行生产。根据"战略伙伴"政策的规定，印度国防部将从国内私营企业中选择战略伙伴与一家国外原始设备制造商建立合作关系。印度国防部从2017年下半年开始选择国内战略合作伙伴，国内有意向参与的企业主要包括印度塔塔先进系统公司、印度拉森-特博洛国际公司、印度巴拉特锻造公司及印度瑞莱恩斯国防工程公司。2018年印度国防部发布招标书（RFP），正式挑选国外原始设备制造商。印方预计，该直升机采购项目国内战略伙伴和国外原始设备制造商的选择工作将持续2至3年。

2019年，印度国防采办委员会批准了为印度海军自主建造6艘具有不依赖空气推进和对陆攻击能力的常规潜艇，合同价值超过4000亿印度卢比。印方期待，通过设计、设备技术和必要能力的转让，在P-75（I）项目下建造6艘潜艇将为印度现有的潜艇设计和制造生态系统提供重大助推作用。2019年6—7月，印度国防部分别向国内厂商和外国原始设备制造商发布招标书，私营的拉森-特博洛国际公司和国营的马扎冈船舶有限公司成功入围，法国舰艇建造集团、德国蒂森-克虏伯海事系统公司、瑞典萨博公司和俄罗斯鲁宾中央设计局等国际军工企业参与竞标。印度政府表示，本土厂商将根据其财务状况以及技术和工业能力入围，而原始设备制造商将根据其潜艇设计满足印度海军需求、技术转移程度及其平台自主化生产的能力来综合评定。一旦完成此程序，选定的战略伙伴就要竞标，最终有一家企业获得建造6艘潜艇的合同。印方预计，第一艘该型潜艇将在十年后入役。

（三）国防采购程序的调整

《国防采购程序》是印度所有国防采购的工作指南。自印度《2001年国防采购程序》首次发布以来，印方一直在努力完善该程序，每隔二三年就要根据来自不同渠道的反馈进行修订。该文件经过了多次修订，在2003年、2005年、2006年、2008年、2011年、2013年、2017年和2020年均发布了更新版本。在修订采购程序时，印方既希望加强本国采购体系的透明性，增加外国公司对印度防务市场竞争环境的信心，更希望通过对本土产品的明确优先采购政策，推动印度国防工业自主化。根据印度《2016年国防采购程序》的定义，该程序旨在"通过最佳利用分配的预算资源，确保及时采购在性能、质量标准方面符合武装部队要求的军事装备、系统和平台；同时，国防采购程序将提供最高程度的诚实、公共责任、透明度和公平竞争环境。此外，防务装备生产和采购的自主化将是国防采购程序的主要目标"。[1] 对于采购业务知识有限的印度国防部而言，这殊非易事。

在国防采购领域，虽然印度在短期内难以摆脱对国外防务产品的依赖，但印度政府已在采购中给予本国产品优先考虑，并鼓励国内私营公司进入国防工业领域。印度《2001年国防采购程序》提出印度国防产业向私营部门开放，并允许不超过26%的外国直接投资。印度《2003年国防采购程序》引入"采购和制造（伴随技术转让）"类别。印度《2008年国防采购程序》突出采购程序的透明性。印度《2011年国防采购程序》中新增"自产自销"的类别，鼓励私营造船工业参与防务市场竞争，表明印方对于国产武器装备的明确偏好。对于纳入"自产自销"类别的项目，印方直接把采购需求"提交给这些经评估具有必要技术和财政能力来承担此类项目的印度军工企业"。[2] 2011年"防务采购程序"还要求拟定三种类型的采购计划，包括年度采购计划（AAP）、5年军种采购计划（SCAP）和15年长期综合预期计划（LTIPP），以便于相关防务公司了解印军近期和中长期的采购需求。2012年，印军联合参谋部发布了各军兵种2012—2027年《长期综合远景计划》（LTIPP）。

印度《2013年国防采购程序》旨在平衡加快国防采购和发展自主国防工业之间的关系。它主张遵守透明性和责任制，同时特别强调促进国防工

---

[1] MAZARS, "Indian Defence Industry: Deciphering a Multifaceted Growth for Private Participation."

[2] India MOD, "DPP (Defence Procurement Procedure) 2011," January 2011, accessed March 26, 2021, http://mod.nic.in/dpm/DPP2011.pdf.

业自主化，并为印度工业创造公平的竞争环境。较早版本的国防采购程序都没有印度《2013年国防采购程序》要求得那么直接和全面，其中最重要的是确定防务采购计划的优先等级，将采购优先次序规定为五级：在印度采购；在印度采购和制造；在印度制造；采购和制造（伴随技术转让）；全球采购。根据该程序，印度本土采购和制造较之于全球采购享有更高的优先权，这将使印度本土公司有望成为印度防务市场的主要参与者，甚至有机会满足任何国防采购需求。在具体排序下，还有详细的配套政策安排，譬如对于参与竞标且出价最低的印度本土国防军工企业，提供优惠财税支持。

同时，印度《2013年国防采购程序》强调为印度国内私营公司提供"公平竞争的环境"，希望打破印度国营军工企业和兵工厂的垄断局面。印度政府宣布，允许私营公司作为战略伙伴加入重大防务项目，并加快国营军工企业的股份制改造，提升国防工业企业的活力。印度政府还要求各大国营军工企业与中小私营企业签订研制零部件的合同。为从事国防工业配套生产的中小企业提供优惠贷款，并设立用于支持股权的基金。

印度《2016年国防采购程序》在现有采购类别外，引入全新的采购类别："在印度采购（自主设计、研发和制造）"。该类别系指从印度供应商购买自主设计、研发和制造的产品，且国产化含量不得低于40%。为了促进国内设计和本地化努力，该类别被列为获得资本项目的最高优先级。自2006年设立后一直处于停滞状态的关键"制造"程序（旨在促进行业的设计和研发工作）也得到修订。新采购程序允许印度政府以类似美国等西方国家的方式，资助设计新防务系统平台的公私部门。"印度制造"程序被分为两类："制造一类"适用于涉及关键技术、大型基础设施和高投资的主要平台，政府最高出资比例提升至研发总成本的90%；"制造二类"为私营企业提供了设计开发次要平台、系统和组件的机会，但没有政府资助。[①] 新采购程序允许印度公司与外国原始设备制造商合作，以便在"印度采购与

---

① 2018年1月，"制造二类"的程序进一步简化，缩短时间线，并引入了自动提交项目的规定。目前，"制造二类"不仅针对印度各军种的需求，而且扩展到印度内政部管理的中央武装警察部队，以及国营国防企业和兵工厂的组件需求。

制造"类别下进行技术转让。在该类别下,外方必须进行技术转让,但可以选择进行技术转让的印度生产代理商。该采购程序修订了最低报价采购政策,因为一些性价比更高的武器系统可能由于价格稍贵而落选;今后,价格不高于最低报价10%且能力更强的装备将被优先考虑。此外,该采购程序还制定了一项责任条款,要求在企业成功开发原型后的两年内进行招标,否则,政府须向后者偿还余下的10%资金。印度《2016年国防采购程序》新增"战略伙伴"类别,并赋予其重要地位。战略伙伴模式不同于印度《2016年国防采购程序》第一章提到的现有采购类型,而是作为一个独立的采购类型。

印度《2020年国防采购程序》带有鲜明的"自力更生"印记。文件开宗明义地指出,"其精神和动力源于'自力更生'和'印度制造'的伟大号召,该号召定义了印度的增长目标以及到2024年成为5万亿美元经济体的梦想。国防是将助力这些目标实现的关键部门"。程序专注于自力更生,强调通过制造、研发和战略伙伴关系来实现本土化和创新;程序新增"全球采购—印度制造"类别,规定国际采购的合同总价值至少要有50%的本土化,旨在随后通过技术转让实现印度制造。文件也对获得国外资金和先进技术寄予厚望,宣称"外国直接投资上限增至74%是将印度发展为国际制造中心的催化剂","随之专注于'营商便利'以促进外国制造商在印度的国防工业走廊及其他地区建立制造业实体"。[1]

屡次更新的印度《国防采购程序》对国外竞标者并不友好。首先,外国军火公司参加印度防务采购招标的总成本非常高。外国军火公司可能会花费百万美元,最终却一无所获。印度国防部一向以无法完成年度财政预算著称,国防采购相关法规在具体实施中缺乏透明度与专业性,加上印方采购过程漫长,有时甚至半途而废,取消招标,使得参与印度军火市场竞争对于任何外国公司来说都是高风险的选择。一些拥有丰富资源的外国大公司更具优势,它们可以对印度防务市场采取长期投入、持续经营的做

---

[1] PIB, "India Unveils Defence Acquisition Procedure-2020," September 28, 2020, accessed March 26, 2021, https://indiandefenceindustries.in/india-unveils-acquisition-procedure-2020.

法，而那些实力相对薄弱的中小企业却等待不起，它们难以承受印度采购系统所耗费的大量时间和经济成本。其次，印度《国防采购程序》明确表明印方对于国产武器装备的偏好。显然，印方的最终目标是改变印度需要大规模进口武器装备的状况。印方的政策导向显然不利于试图抢占印度军火市场的外国公司，印度武器装备国产化的趋势难以阻挡。

值得一提的还有印度的采购抵消[①]政策。采购抵消政策最早于2005年作为印度国防采购程序的组成部分提出，其主要动机是通过促进国防产品的本土生产来保护国内制造商的利益。印度《2005年国防采购程序》不仅制定采购抵消政策，还成立促进采购抵消的专门机构。印度《2011年国防采购程序》规定，所有合同价值超过30亿卢比（约5900万美元）并被列入"全球采购"类别的防务交易，其30%的合同价值要进入"直接采购抵消"[②]的渠道，并将政策范围扩展至航空和国内安全领域。印度《2012年国防采购程序》对防务抵消政策进行了修订，将技术转让也纳入抵消清单。2015年8月，根据新的采购抵消政策，强制性抵消的最低合同价值由30亿卢比提升为200亿卢比，恢复了服务（研发、维护、修理和技术转让）作为采购抵消的合法途径，并简化了外国军工企业落实采购抵消的机制。鉴于印度规模巨大的防务采购，未来十年有望带来数十亿美元的采购抵消，许多印度人士认为这是实现防务生产自给自足的重要路径。

[①] 所谓采购抵消是指一国在向另一国采购防务产品或服务时，后者以其他形式向前者提供的除采购物外的其他额外补偿。这是军事和航天领域常见的一种贸易形式。采购抵消分为直接抵消、间接抵消或两者兼有。直接抵消就是与所购装备直接有关的补偿，如联合生产或转包等；间接抵消就是与所购装备没有直接关系的补偿，如国外投资或购买物资或服务。在美国对外军售历史上，抵消政策曾是美国实现外交和国家安全目标的重要方式之一，旨在提高盟国的工业能力、军事装备标准化和盟国军队的现代化建设。"Offsets," NDIA, accessed March 17, 2021, https://www.ndia.org/policy/international/offsets.

[②] 直接采购抵消就是分配给印度防务工业的资源，既包括印度国营军工企业，也包括印度私企。根据印度《2011年防务采购程序》，印度将抵消形式扩展至民用航空、国土安全和训练等领域。有些印度评论家批评了这项政策，认为它会削弱印度获得高科技的能力。但是，外国公司在提供采购抵消方面获得了更多灵活性，不再局限于与印度军工部门合作。

第三节 印度军民融合的管理和运行体系

印度的国防工业主要由国家控制并依靠工业部门实施，寓军于民。印度国防部是主管部门，其他政府部门根据自身行业领域进行分工，譬如原子能部负责研制、试验和生产核武器，航天部负责研制和生产火箭、卫星等，电子部参与部分军用电子产品的研制与生产。就具体运行而言，印度陆续建立起由国营和私营军工企业、国防研究与发展组织以及其他科研机构构成的国防工业基础，它们也构成了当前印度实施国防工业军民融合的运行体系。

一、印度军民融合的管理体系

经过独立后70余年的发展，印度建立了以国防部为主，原子能部、空间部、电子部等有关政府部门相互配合、职责明确的国防科技与军事工业管理体制。印度国防部是国防科研与军工生产的统一决策、集中管理和主要实施部门，下设国防部长委员会、国防生产供应委员会和国防研究发展委员会等专门机构，分别负责三军建设、军工生产和国防科研工作，三个委员会均由印度国防部长任主席。

（一）印度国防工业管理体制

印度国防部下设的国防生产供应委员会是军工生产领域的主要决策机构，负责制定国防工业相关的方针政策，研究有关重大问题，管理国防生产和预算分配的协调以及陆海空军的物资供应，主要成员有国防部长、首席国防秘书、陆海空军参谋长、国防生产秘书、国防财政顾问等。印度国防部国防生产局是军工生产的主管机构，全面负责军工生产的规划计划和组织管理，并协调和监督计划的实施，拟定替代进口的规划和计划并组织实施，管辖从事军工生产的国营军工企业。国防生产局长由国防秘书（副部长级）兼任。国防生产局的任务是"为印度军队设计开发并生产最先进的传感器、武器系统、平台和相关设备，譬如武器弹药、坦克、装甲车、重型车辆、战斗机和直升机、军舰、潜艇、导弹、弹药、电子设备、土方设备、特种合金和特种钢等"。[1]

质量保证总局（DGQA）隶属印度国防部国防生产局。该部门拥有上百年的历史，其主要职能包括：对供应印军的全部武器、弹药、设备和仓库进行质量监督；负责进口替代事务，并在开发项目时和国防研究与发展组织合作；负责出台文件、制定法规和实施标准化行动，以最大限度地减少组件/设备的种类。该部门提供的其他服务包括促进小规模产业发展、采购后服务以及针对用户、部委与生产机构的技术咨询和缺陷调查。质量保证总局的主管由印军现役中将出任，下设11个技术分局，分管军事装备、武器、工程设备、军舰项目、海军装备、仓库、通用车辆、作战车辆、电子设备、雷达/系统、金属/爆炸物等不同业务，各分局主管由印军现役少将出任（分管军舰项目和海军装备的两个分局主管由印军退役海军上将出任）；另设有行政分局及政策规划与培训分局各一个。该部门下属机构遍布全国，主要派驻于印度国营军工企业、兵工厂和工业基地等。质量保证总局在2017/2018财年印度国防预算总额中占比0.5%。[2]

印度于1964年开始实行国防科研与军工生产的计划管理，建立了内阁、国防部以及军种和国防部各局的三级规划计划体制。印度内阁设有"国防计划委员会"，负责从宏观上就国防与经济建设的关系问题向最高当局提出政策建议；审查国防年度计划执行情况和重要方案。印度国防部设有"国防计划协调执行委员会"，具体负责审查和监督国防规划计划方案，并帮助协调与落实。军种和国防部各局分别设立计划小组负责本军种和各部门计划的制定与检查工作。印度的国防需求以五年为基础进行安排，实行近期（年度）、中期（5年）、远期（10年）三级结合的"滚动式"计划，强调计划的整体性和费效比，确保国防与经济计划之间、各军种之间、研制与使用之间协调一致。

在1999年的印巴卡吉尔冲突后，印度政府先后成立多达9个高级别专家委员会参与推动国防工业改革，尤其是发挥私营企业作用和吸引外国投

---

[1] India MOD, "About DPP," 2018, accessed March 26, 2021, https://www.makeinindiadefence.gov.in/pages/mission-vision.

[2] India MOD, "About Directorate General of Quality Assurance," 2020, accessed August 25, 2020, http://www.dgqadefence.nic.in/who-is-who.

资和技术。分别是2000年的国家安全部长工作组，2005年的凯尔卡委员会，2007年的西索迪亚委员会，2009年的罗姆·拉奥委员会和V. K. 米斯拉委员会，2012年的那雷什·钱德拉委员会、拉温德·古普塔委员会和B. K.查图尔维迪委员会，以及2015年成立的迪伦德拉·辛格委员会。尽管各委员会的职权范围和重点不同，但每个委员会都将发展自主制造能力和改革采购流程视为关键议题。

2001年，印度成立国防采办事务委员会（DAC），对武器装备采办进行改革，提高装备采办效率。国防采办事务委员会在国防生产供应委员会和国防生产局的领导下开展工作。2016年，印度对国防采办事务委员会进行改革，成立国防采办委员会，指导国防采购规划。国防采办委员会对境外采购武器装备的过程进行监督，而国防生产供应委员会则对印度境内采购过程进行监督。国防采办委员会成员包括印度国防部长、国防部常务副部长、参联会主席、各军种司令以及国防生产局长和国防研究发展局长。国防采办委员会旨在确保采购军队能力所需的装备，满足时限要求，最优化利用预算资源。国防采购委员会的功能有：审批印军15年的长期一体化预期规划；依据所需提出采购提议；依据"采购""采购和制造""制造"划分采办提案；单一供货商审核的相关事务；技术转让的决议；现场试验评估等。

2018年，印度政府设立国防规划委员会，建立一个由国家安全顾问领导、有关军事外交部门参与的协调机制，负责重新制定国家安全战略，监督军备采购，旨在使国防规划及战略更具综合性和前瞻性。该委员会具备跨部门的授权令，其成员包括印度国家安全顾问、财政部副部长、国防秘书、外交秘书，以及陆海空军参谋长等。其中，国家安全顾问担任主席，负责推动拟制印度军事与国家安全战略，联合参谋部参谋长履行秘书职责。委员会下设4个小组委员会，分别负责政策与战略、战力规划与发展、国防外交和国防制造生态系统。国防规划委员会有助于加强印度军方和财政部、总理办公室等地方部门的协调，在指导军备采购时，可加速采购流程。

印度航天工业的统管部门是空间委员会和空间部，两者均组建于1972年。由印度总理直接领导的空间委员会是印度航天活动的最高决策机构，负责制定航天发展方针和每年财务预算,并协调有关科研部门的合作。政府的实施机构是空间部,负责审批航天计划,管理航天研发机构,政府总理兼任空间部主任。空间部下辖印度空间研究组织、航天应用中心、火箭发射场、国家遥感局和遍布全国的卫星监控站网,从事航天运载火箭、卫星研制、卫星运行和其他航天科学研究。其中,印度空间研究组织是印度最大的航天研究中心。

印度核工业的统管部门是原子能委员会和原子能部。印度1947年独立后次年就成立了原子能委员会,1956年组建原子能部。印度原子能委员会是核事务的决策机构,负责制定与核有关的政策和核能发展计划。原子能委员会的主席一般由原子能部长担任,其成员包括总理府部长级秘书、财政部长、巴巴原子研究中心主任等。原子能部是核武器研制与生产的主管部门,并全权实施核能发展计划。原子能部下辖巴巴原子研究中心、英·甘地原子研究中心、高级技术中心及多家研究所,从事核武器及核科学和核工程领域的研发工作。

在印度国防工业领域,需要跨部门合作的领域也不在少数。譬如,在航天核动力方面,由印度空间部和原子能部合作推进,印度两个最有威望的科学研究机构——印度空间研究组织和巴巴原子研究中心负责实施。在核潜艇开发方面,印度原子能部与国防部及海军方面进行合作,由国防研究发展组织和海军共同制造,核推进系统由原子能部负责。[1]

(二)印度国防科研管理体系

印度国防部下设的国防研究发展委员会是国防科研领域的主要决策机构,负责制定国防科研相关方针政策,并研究有关重大问题。国防研究发展局是国防科研的主管机构,负责制定军工生产和国防科研的规划、计划,并协调和监督计划的实施。国防研究发展局的主要职能包括:制定各军种武器装备的研究发展计划,管理国防研究与发展组织,拟定有关管理工作条例,提供武器装备科研方面的咨询服务,沟通与国外军事科研机构的联系与合作。

---

[1] 马杰、郭朝蕾:《印度国防科技工业管理体制和运行体制》,《国防科技工业》2008年第2期,第58—60页。

国防研究与发展组织由印度国防部国防研发局直接管辖，在国家安全相关领域制定并执行科学研究、设计和开发计划。它还充当节点机构，负责确定、促进和协调军内外部门机构提出的研究与发展规划及科研活动，与印度科技机构、国营军工企业和私营机构一起执行国防相关重大计划。它根据印军各军兵种的要求，推动生产具有全球竞争力的武器系统和设备，并为各军兵种提供有关人员操作、安全性能和运行问题的技术建议。该组织能力建设的主要合作伙伴包括印军各军兵种、国营军工企业、私营企业、国际合作者和科研人员。它通过印军联合参谋部及各军种总部，与军方用户建立了良好的沟通。它对印军各军兵种的科研路线图进行研究，以识别需要自主开发的产品和关键技术。这些技术被区分为"购买""制造"和"购买与制造"等类别，并且拟定自主开发技术的多种路径，如"国防研究与发展组织内部开发"，"国家科技实验室、学界和工业界联合开发"，"国际合作共同发展"，"通过抵消义务获得成熟技术"等。国防研究与发展组织积极开展国际合作，在国防科技领域与全球30多个国家建立合作或签署谅解备忘录/协议。在浦那的先进国防科技研究院，该组织向许多发展中国家的科技人员提供了国防科技相关领域的专业培训。[①]

值得一提的是，印度国防研究与发展组织近年来正在经历改革转型，有望在印度政府的军民融合战略中发挥重要作用，尤其是推动印度工业界对国防工业的参与，促成私营企业对国防工业的参与。作为印度最大的国防研发机构，印度国防研究与发展组织虽然贡献有目共睹，但长期以来也积累了机构臃肿、效率低下的弊病，其技术研发屡屡无法实现预期目标，而耗费的人力物力却大超预期。2014年，印度总理莫迪上任之初即公开批评国防研究与发展组织"得过且过"的糟糕状态；2015年，印度新任国防部长帕里卡尔将时任该组织秘书长提前辞退，废止该组织秘书长兼任国防部长科技顾问的传统，同时开始逐步裁撤研发以外的辅助职能。

为了盘活国防研究与发展组织长期积累的研究实力和科研设施，印度国防部专门设立"军民融合"咨询委员会，鼓励私营企业利用该组织提高技术水平。2019年9月，国防研究与发展组织制定了该机构的"技术转让

---

① DRDO, "About DRDO," accessed March 26, 2021, https://www.drdo.gov.in/about-drdo.

政策和程序",并发布了"DRDO与工业伙伴关系:协同和增长以及具有出口潜力的DRDO产品"信息。在2019年10月的果阿全球博览会和峰会期间,国防研究与发展组织与16家印度公司签署了技术转让合同,其中包括3家初创公司,以生产供印军使用的产品。同月,国防研究与发展组织主席公开呼吁,为成为技术研究和生产的领导者,减少进口依赖并增强自力更生,该组织要与工业界、私营公司、研究和教育机构(包括印度理工学院和国家技术学院)进行更多合作。此前,该组织已在数家研究所建立了卓越中心,并与150余个学术机构合作开展了各种项目。[①]截至2019年12月,印度国防研究与发展组织与国内工业界签署了900多个技术转让许可协议,后者已免费获取450多项专利、试验设施和不超过1亿卢比的前期资金等。

二、印度军民融合的运行体系

独立70余年来,印度陆续建立起了由国防研究与发展组织、九大国营军工企业、41家兵工厂、52家科研机构和数百个私营企业构成的国防工业基础,它们构成了当前印度实施国防工业军民融合的运行体系。

(一)国营军工企业:印度国防工业体系的主导力量

印度的国有企业通常被称为公共部门企业(Public Sector Undertaking, PSU)。这些企业的大多数股份必须由印度中央政府或地方政府掌控,又可分为中央国有企业和地方国有企业。根据其业务领域又可分为战略性国有企业和非战略性国有企业,军工企业属于战略性国有企业。目前,印度国营军工企业主要由9家大型中央国有企业和41家兵工厂构成。它们的职能在于向印度武装部队提供武器装备,并使印度在国防生产方面自给自足。虽然国营军工企业和兵工厂都从事装备生产,但前者通常满足武装部队的战略要求,后者则更侧重战术层次。

9家大型中央国营军工企业由印度国防部国防生产局直接管理,主要

[①] PTI, "DRDO Chief Urges for Indigenous Defence Production," September 28, 2019, accessed March 26, 2021, https://economictimes.indiatimes.com/news/defence/drdo-chief-urges-for-indigenous-defence-production/articleshow/71350864.cms?from=mdr.

为印度海军和空军提供技术先进的舰船、飞机、导弹、各种军用电子设备、特种合金材料及其他现代化武器装备，其产值占印度所有国防公共部门总产值的60%以上。它们是：印度斯坦航空有限公司（HAL）、巴拉特电子有限公司（BEL）、巴拉特环球搬运有限公司（BEML）、巴拉特动力有限公司（BDL）、米什拉-德哈图·尼加姆有限公司（MIDHANI）、马扎冈船舶有限公司（MDL）、加登里奇造船与工程有限公司（GRSE）、果阿造船厂（GSL）、印度斯坦造船有限公司（HSL）。其中，果阿造船厂曾是马扎冈船舶有限公司的子公司，后来发展为独立的中央国有企业。

印度斯坦航空有限公司是印度最大的国防航空企业，1964年由印度斯坦飞机公司等合并而成，总部位于班加罗尔，另在印度各地建立12个分部。该公司的主要产品包括飞机、航空电子设备及零部件等，目前在产的有苏-30MKI战斗机、"光辉"轻型战斗机、多尼尔-228多用途运输机以及"印度豹""猎豹"和"北极星"等型号直升机。目前正在研制的主要国产项目有LCA轻型战斗机、LCH轻型武装直升机、LUH轻型实用直升机、HTT-40涡轮螺旋桨教练机、IMRH多用途直升机以及HTFE-25和HTSE-1200发动机。印度斯坦航空有限公司与俄罗斯苏霍伊航空集团、美国波音公司和欧洲空客公司等国际著名飞机制造商均有合作关系。该公司为印度国产和进口的多种型号飞机提供维修保养服务，并实施不少旨在实现关键领域自力更生的技术开发项目，如飞机显示系统、直升机自动飞行控制系统以及航空电子设备等。该公司还积极拓展出口市场，向国际客户提供"北极星"等型号轻型直升机和多尼尔-228多用途运输机。[1]

巴拉特电子有限公司是印度第一大电子公司，成立于1954年，总部位于班加罗尔，下设9家分公司。该公司主要研制生产尖端的现代化军用电子设备，产品范围十分广泛，包括通信产品、雷达、光电子设备、声频/视频广播设备、C4I系统和陆海空武器装备的电子元器件等。巴拉特电子有限公司的成立旨在满足印度国防部门对专用电子设备的要求。实现印度自给自足的梦想催生了许多公共部门企业。巴拉特电子有限公司就是这种

---

[1] HAL, "History of HAL," 2020, access April 08, 2020, accessed March 27, 2021, https://hal-india.co.in/Our%20History/M__111.

梦想的产物。政府对"印度制造"的号召与巴拉特电子有限公司在过去60年中的成就产生了共鸣。作为一家技术驱动的公司，该公司具有完善的研发结构，与印度许多知名科研院所均有长期合作关系，研发费用占其年营业额的6%~8%，其产品的国产化率约为85%。成立迄今，该公司不仅一直将服务印度国防作为优先目标，还根据市场环境变化，在开拓民用市场和海外市场方面颇有作为。与之相伴，该公司的营业额从1956/1957财年的20亿卢比增至2015/2016财年的715亿卢比。[①]

巴拉特动力有限公司成立于1970年，总部位于海德拉巴，是印军制导武器系统的制造基地，参与了新型反坦克导弹、地对空武器系统、战略武器、发射器、水下武器以及海军远程舰对空导弹的研制。该公司被提名为印度陆军中程地空导弹和阿卡什地空导弹的首席集成商，以及印度海军远程地空导弹的集成商。该公司研制的竞争–M（Konkurs）、殷钢（Invar）和米兰–2T等型号反坦克导弹产品，其国产化率分别达到90%、80%和71%。巴拉特环球搬运有限公司成立于1965年，总部位于班加罗尔，主要产品是可用于运输和采矿的重型工程设备。它在班加罗尔周围设有四个制造工厂，共有九个生产部门，除其他垂直行业外，还从事国防和航空航天产品的设计、制造、营销和售后服务。该公司将其营业额的约3%用于研发，其国防产品的本土化水平超过90%。米什拉–德哈图·尼加姆有限公司成立于1973年，总部位于海德拉巴，主要产品有武器系统与航天器的特种金属与合金等。迄今为止，该公司已根据国防、航天和原子能领域中具有重要意义的计划研制和提供了上百种不同形状、尺寸和形式的高性能合金。[②]

马扎冈船舶有限公司、加登里奇造船与工程有限公司、果阿造船厂、印度斯坦造船有限公司等是印度主要军用船舶制造企业。总部位于孟买的马扎冈船舶有限公司是印度最大的造船企业，拥有上万名员工，可建造包括水面舰艇、潜艇、综合补给舰、油轮在内的各种军民船只。它是印度国

[①] James Vazquez, "History of BEL," March 6, 2019, accessed March 27, 2021, https://bel-india.com/the-history-of-bel-india/.

[②] Ranjit Ghosh, *Key to Self-Sufficiency and Strategic Capability*, pp. 24-26.

内计算机辅助设计/制造最普及的企业，主要为海军生产潜艇、导弹驱逐舰和隐形护卫舰等，目前正在帮助印度海军实现30艘军舰的自主建造。总部位于加尔各答的加登里奇造船与工程有限公司历史悠久，主要为海军生产巡洋舰、护卫舰、反潜舰、登陆舰、攻击艇、测量船等中小型水面舰艇，目前正在为印度海军建造8艘浅水反潜舰。承建印度国产核潜艇的印度斯坦造船有限公司具备建造3万吨左右大型水面舰艇的生产能力。除建造了国产"歼敌者"号核潜艇外，还负责印度海军在役常规动力潜艇的保养维护。果阿造船厂的主要产品是中小型高科技水面舰艇，曾为印军和斯里兰卡、毛里求斯等海外客户制造近海巡逻舰、快速拦截艇和快速攻击艇等，其知名项目包括印度海军"圣河"级近海巡逻舰、印度海岸警卫队"坚定"号近海巡逻舰。在2019年印度向俄罗斯采购4艘11356型护卫舰后，有两艘由果阿造船厂建造。[①]

41家国营兵工厂由印度国防部国防生产局下属的兵工厂委员会统一管理，主要从事针对陆海空军的广泛产品系列的研发、测试、生产、营销和物流，尤其是陆军使用的武器装备和军需品，如枪炮弹药、坦克、装甲车辆等。除了41个兵工厂，印度兵工厂委员会还下辖9个培训机构、3个区域营销中心和4个区域安全控制员。印度兵工厂委员会是印度政府运营的历史最悠久的组织，目前是印度最大的国防装备制造商，被誉为印度的"第四国防军"和"印军背后的力量"，其主要目标是"自力更生为印军配备最先进的战场装备"。它也是全球最大的国营生产组织之一，根据斯德哥尔摩国际和平研究所的报告，印度兵工厂委员会是2017年"新兴生产国"类别中排名最高的印度公司，排名第37。2017/2018财年印度兵工厂委员会的总销售额为20亿美元，其中武器销售量占比96%，销售额同比增长8.5%。该公司向全球30多个国家和地区出口武器弹药、武器配件等军用品。该公司近年来积极拓展业务范围，除陆军装备外，也开始从事航空

---

① Shakeel Anwar, "List of Defence Public Sector Undertakings in India," August 31, 2017, accessed March 27, 2021, https://www.jagranjosh.com/general-knowledge/list-of-defence-public-sector-undertakings-in-india-1504177924-1.

和海洋领域的军品研发和生产。[①]

独立迄今，印度国营军工企业和兵工厂为印度自主国防工业的发展作出了巨大的贡献。印度政府根据企业过去三年的净资产、平均销售额和利润额，将经营较好的中央国有企业分为"珍宝""瑰宝""珠宝"（又细分为Ⅰ类和Ⅱ类）等不同级别，并根据其经营状况定期更新。截至2020年1月，在印度近300个中央国有企业中，有10个"珍宝"级企业、14个"瑰宝"级企业以及74个"珠宝"级企业。其中，入选"瑰宝级"的印度国营军工企业有印度斯坦航空有限公司和巴拉特电子有限公司，入选"珠宝"级Ⅰ类的有马扎冈船舶有限公司、加登里奇造船与工程有限公司、科钦造船厂、果阿造船厂、巴拉特环球搬运有限公司、巴拉特动力有限公司和米什拉-德哈图·尼加姆有限公司。[②] 印度斯坦造船有限公司尚在为入选"珠宝"级企业而努力。这些国营军工企业不仅努力占据印度本土军工市场，也积极开拓民用市场和海外市场。

（二）私营企业：印度国防工业体系的新生力量

相较于国有企业，印度私营企业有望成为推动国防工业自主化的强劲动力。据估算，印度的研发成本大约仅为美国的四分之一，如果允许印度私营企业在防务研发和制造中发挥更积极的作用，可以成为提升印度国防工业能力的催化剂。不过，在允许私营部门参与国防制造业方面，印度在较长时间内态度保守。随着冷战后印度经济的自由化进程，一些私营公司在20世纪90年代开始进入国防工业领域，最初是以配套产业中的分包商形式出现。在这一时期，尽管印度私营企业有志于更多地参与防务项目，但印度政府在较长时间内未能真正释放私营部门的研发能力。由于高昂的成本、漫长的周期以及开展业务涉及的监管障碍，军工行业一直困扰着私

[①] Indian Ordnance Factories Board, "About the Indian Ordnance Factories," 2020, accessed March 16, 2021, https://ofb.gov.in/; SIPRI, "The SIPRI Top 100 Arms-producing and Military Services Companies," 2017, accessed March 27, 2021, https://www.sipri.org/publications/2018/sipri-fact-sheets/sipri-top-100-arms-producing-and-military-services-companies-2017.

[②] India Department of Public Enterprises, "List of Maharatna, Navratna and Miniratna CPSEs," January 2020, accessed March 27, 2021, https://dpe.gov.in/about-us/divisions/list-maharatna-navratna-and-miniratna-cpses.

营公司。

进入21世纪后,尤其是近年来伴随莫迪政府"印度制造"政策的推进,印度不少私营巨头纷纷加快进入军工市场的步伐。为了把握未来的机遇,私营公司加大投资建设电子、陆地系统、航空航天产品和短程导弹的能力。着力培育制造业和提升军事实力的印度政府则通过政策引导予以支持。迄今为止,塔塔集团(Tata)、信实集团(Reliance)、马恒达集团(Mahindra)、拉森–特博洛集团(Larsen & Toubro)等是印度私营企业进军军工领域的佼佼者,阿达尼集团(Adani)、卡利亚尼集团(Kalyani)等也在努力追赶。

印度塔塔集团是国防工业领域"印度制造"的领军企业,也是该行业中核心的私营企业参与者之一,已成为印度国防部、军队以及国防研究与发展组织的重要合作伙伴。在国防领域,塔塔集团在不少具有重要战略价值的国防项目中发挥重要作用,是印度国防部众多重要的固定翼和旋转翼飞机原件的全球单一来源采购供应商。成立于2007年的塔塔先进系统有限公司是塔塔集团在国防工业和航空航天领域的战略实体。塔塔先进系统有限公司曾与美国洛克希德·马丁公司建立战略协作关系,试图在印度合作生产F-16第70批次"战隼"喷气式战斗机。2017/2018财年,塔塔集团宣布将5个航空航天和国防领域的子公司合并为单一实体子公司,名为塔塔航空航天和国防公司。合并后,塔塔航空航天和国防公司成为印度最大的私营国防企业之一,从提供个别产品转向开发整合产品以及研发制造更复杂的大型产品。展望未来,塔塔集团计划与全球原始设备制造商加强合作,为战斗机、直升机、运输机、武器系统和地面系统提供"印度制造"项目;建造无人驾驶系统;支持印度国防部门的其他航空航天和国防关键项目,并建立世界级的航空发动机零部件制造设施。[①]

印度信实集团是印度最大的私营公司之一,在能源生产、金融、电信、生物科技等领域均具有雄厚实力。进入21世纪以来,信实集团开始进军国防工业领域。信实防务工程公司于2016年初成立,同时信实集团还有

[①] Tata Group, "Tata Aerospace & Defence," 2019, accessed March 27, 2021, https://www.tata.com/business/aerospace-defence.

一系列新的信实防务公司，如信实防务技术私营有限公司、信实防务与宇航私营有限公司、信实防务有限公司和信实防务系统私营有限公司等。信实集团通过这些子公司扩大一系列宇航和防务装备的研发制造，包括地面系统、无人机、军用电子、潜艇和舰船、导弹系统以及空中、地面和海洋平台的推进系统。[①] 2016年6月，印度信实防务工程公司提交申请，希望获得工业许可以进一步扩大在印度航空航天和国防领域的业务范围，如宇宙飞船、运载火箭、卫星和轨道空间站等装备。公司还计划扩大在军事维修领域的业务。2016年以来，印度信实防务工程公司已相继与以色列、俄罗斯、美国、法国等国的大型军工企业签署多项合作协议，合作产品涵盖导弹、飞机、防空系统、维修改装服务等。譬如，在印度向法国采购"阵风"战机的军购大单中，法方选择的合作伙伴是私营的信实防务工程公司而非老牌的国有企业印度斯坦航空有限公司，引起各界的高度关注。2018年，信实防务工程公司更名为信实海军与工程公司。

印度马恒达集团是印度最大的私营企业之一，最初以拖拉机和汽车制造闻名，如今已拓展到信息技术、金融、贸易等多个领域。该公司在印度独立之初就开始参与军事装甲车辆的生产，后来逐渐扩展到其他防务产品。目前，马恒达集团防务产品部下设若干分公司：陆上防务系统公司，生产军用车辆、火炮系统和陆基武器；马恒达海军防务系统公司，为印度海军提供服务，制造各种军工组件和子系统，附带相关电子设备的武器系统；马恒达防务系统公司，系马恒达集团与英国BAE系统公司美国分公司合资组建的子公司，主要制造供印度军警使用的重型装甲车，部分产品也对外销售；马恒达电传综合系统公司，系马恒达防务系统公司与美国电传的合资企业，为印度航空、国防和民用部门生产并支持选定的电传产品，例如雷达、通信和监视系统，支持全球原始设备制造商向印度政府履行采购抵消义务。[②] 2015年以来，印度马恒达防务系统公司已相继与英国、以

---

① Brickwork, "Reliance Naval and Engineering Ltd.," September 13, 2019, accessed March 27, 2021, https://www.brickworkratings.com/Admin/PressRelease/Reliance-Naval-and-Engineering-BLR-13Sept2019.pdf.

② Mahindra Defence, "About Mahindra Defence," 2019, accessed March 27, 2021, https://www.mahindraarmored.com/defence.asp.

色列、日本等国的大型军工企业签署多个合作协议，合作产品包括轻型榴弹炮、军用无人机、军用水上飞机等。

印度拉森-特博洛集团是印度最大的私营企业之一，作为总市值数十亿美元的印度跨国公司，主要从事技术、工程、建筑、制造和金融服务等，在制造特种重型船舶、危险品运输船舶、军事和准军事舰艇、潜艇和其他特种用途舰艇方面享有声誉。拉森-特博洛防务公司是该集团的子公司，致力于国防设备和系统的开发和供应，在该领域拥有30余年的经验。公司目前的产品包括陆基武器发射系统，防空和火炮系统，巡逻舰、军舰、潜艇、附带火控解决方案的海军武器发射系统，桥接系统、通信、航空电子、C4I和导弹系统等。[①] 2016年以来，印度拉森-特博洛防务公司已相继与韩国、越南等国的军工企业签署合作协议，合作产品涵盖轻型榴弹炮、高速巡逻艇等。2019年，在印度国防采办委员会批准为印度海军自主建造6艘潜艇的计划后，拉森-特博洛集团是唯一入围的印度私营公司，该公司有望成为印度国防部"战略伙伴"模式的受益者。

（三）国防研发机构：印度国防工业发展的助力器

"科学技术是第一生产力"，科学技术对于国防工业发展的巨大推动作用不言而喻。印度非常重视国防科技的发展，拥有不少知名国防科研机构。国防研究与发展组织是印度从事国防科技研究开发的主要机构。印度政府相关部委也拥有一些研究机构，从事造船、航天、原子能和电子等方面的研究工作。此外，印度国防部下属国营军工企业、兵工厂，一些私营公司和数百所大学也不同程度地参与国防技术研发工作。

国防研究与发展组织是印度最大的多样化研究机构，系1958年合并科技发展机构、科技研发生产委员会及国防科学组织等机构而成立的。该组织的宗旨是为印度提供尖端国防技术，其任务是通过自主化和创新实现关键国防技术和系统的自力更生，同时为印军配备最先进的武器系统和设备。国防研究与发展组织的主要职责包括：设计、开发和引导生产最先进的传感器、武器系统、平台和相关设备（战略系统、战术系统、双重用途

---

① L&T Defense, "Overview of L&T Defense," 2020, accessed March 27, 2021, https://www.lnt-defence.com/.

技术）；生命科学研究，以优化士兵的战斗力并促进其健康，特别是在恶劣环境中；发展基础设施和训练有素的人力资源，以建立强大的国防技术基础。在2017/2018财年的财政预算约为23亿美元，在印度国防预算总额中占比5.7%。

国防研究与发展组织具有双层架构，即位于新德里的总部以及分布于全国各地的实验室/机构、区域中心、场站等。国防研究与发展组织下辖52个研究所和中心等研究机构（根据这些机构的核心竞争力被分为八大集群），致力于国防科技各领域的研究，如航空、军备、电子、地面战斗工程、生命科学、材料科学、导弹、航海系统等，现有7000余名科学家及20,000余名技术人员和其他辅助人员。该机构主席兼任印度国防部国防研发局要职，并得到八个集群首席控制官（CCR & D）的支持。国防研究与发展组织下设两类理事会，即公司理事会和技术理事会。八大集群下辖的实验室均由各自的技术理事会提供支持，这些理事会负责与国防部国防研发局及印度政府沟通，其工作内容涵盖与军兵种交流、技术推广、国际合作、技术获取、工程房产、技术检验等。印军各军种参谋长以及联合参谋部副参谋长均派员担任该组织的技术顾问。公司理事会负责资源的计划和管理，并促进与其他政府部门的协调。它们帮助实验室进行财务管理、人力资源管理、项目计划协调、公共关系处理和外宣活动，譬如向媒体、学界、学生社团及民众传播有关该组织的计划/政策/成就的信息。

印度空间研究组织是印度的国家航天研究机构，也是世界六大航天机构之一。该机构创建于1969年，总部位于印度班加罗尔，现有约2万名员工，主要从事与航天及空间科学有关的研究，下辖两个航天发射场。从成立之初，该机构的宗旨就是利用空间技术促进印度国家发展，同时追求空间科学研究和行星探索。其现阶段的主要任务包括：设计开发运载火箭及相关技术以提供进入太空的通道；设计开发用于地球观测、通信、导航、气象和空间科学的卫星及相关技术；开展印度国家卫星（INSAT）计划，用于满足电信、电视广播和发展应用；开展印度遥感卫星（IRS）计划，用于管理自然资源和监视环境；太空科学和行星探索的研究开发。其中，该机构开发的极轨卫星运载火箭（PSLV），由于较高的性价比而受到国内外市场的欢迎。随着印度国家需求和抱负不断发展，该机构目前致力于优化和增强其技术，发展重型运载火箭、载人航天、可回收运载火箭、半低温发动机、单级/两级入轨飞行器、太空复合材料等新项目。该机构当前的主要目标有：极轨卫星运载火箭的运行飞行；地球同步卫星运载火箭（GSLV-MkⅡ）的研制飞行；开发重型地球同步卫星运载火箭（GSLV-MkⅢ）；通信卫星的设计、开发与实现；地球观测卫星的设计、开发与实现；导航卫星系统开发；为空间科学和行星探索开发卫星。该机构还实施先进技术和创新计划，加强能力建设和培训教育，向民众普及推广空间技术，并与国际伙伴开展深入合作。[1]

巴巴原子研究中心是印度首屈一指的核研究机构。该机构由印度"原子能之父"H.J.巴巴博士领导创建于1954年，总部位于孟买的特朗贝，原名特朗贝原子研究中心，1967年更名为巴巴原子研究中心。作为一个以核科学为主的多学科研究中心，它拥有良好的基础设施、丰富的人力资源和雄厚的研发实力，可进行涵盖整个核科学、核工程和相关领域的高级研发。该机构对于核科学的基础研究和应用研究并重，推动理论研究与技术开发之间的协同，在反应堆技术、燃料后处理和废物管理、同位素应用、辐射技术、加速器和激光技术、电子仪器仪表和反应堆控制以及核材料应用等领域均有建树。巴巴原子研究中心作为研发母体，下辖不少核能研发机构和产业机构，如位于泰米尔纳德的英迪拉·甘地原子研究中心（IGCAR）、位于印多尔的拉贾·拉曼拉先进技术中心（RRCAT）、位于加尔各答的可变能回旋加速器中心（VECC）等研发机构，主要开展核能和加速器技术的前沿研究；还有位于孟买的印度核电有限公司（NPCIL）、位于海德拉巴的印度核燃料联合体（NFC）和印度电子有限公司（ECIL）等产业机构，主要从事核动力、核材料、电子仪器的生产制造等。从成立之初，该机构的宗旨就是致力于开展核物理和原子能的研发，让核能在印度得到合法与最佳应用。[2]

---

[1] Indian Space Research Organisation, "About ISRO," 2017, accessed March 27, 2021, https://www.isro.gov.in/about-isro.

[2] Bhabha Atomic Research Centre, "About BARC," 2020, accessed March 27, 2021, http://www.barc.gov.in/about/index.html.

第四节　印度推行军民融合的重点领域和主要做法

印度军民融合的重点领域包括国防高新科技研发、国防基础设施建设和国防科技人才培养。印度政府为推行军民融合战略进行了许多实践探索，其主要做法包括军方发布印军《技术展望与能力路线图》，设立支持国防科技发展和创新的专项基金，设立"验收必要性"审批机制，吸引外国投资和先进技术以及鼓励对外军售等。

一、印度军民融合的重点领域

（一）国防高新科技研发

国防高新科技研发被印度政府视为军民融合的核心领域。2018年印度《国防生产政策》指出，研发和创新是国防生产能力的重要决定因素，信息、生物和纳米技术领域的技术变革不仅会对军事行动产生深远影响，也需要国防工业的更积极响应，尤其是鉴于未来的可预测性不断降低；放眼全球，国防一直是技术增长和发展的主要原因和决定因素，可印度仍在许可生产制度下制造一些中低端技术平台；印度需要开发尖端技术，以便能在国防产品和材料方面取得领先地位。该报告认为，印度已成为全球研发中心的主要目的地，2015年甚至领先于美国和中国，而且这种趋势还在持续，但需要开辟渠道将印度研发实力转化为可满足国防需求的自主知识产权；随着"初创印度计划"[①]的启动，印度成为全球初创行动的热点，拥有全球第三大初创生态系统；需要利用这些优势来推动印度成为航空航天和国防领域中更高级的前沿技术开发者。报告特意提及人工智能和机器人等新兴技术，视之为"未来任何一支军队攻守能力的最重要决定因素"；以及开辟陆海空之外第四个作战领域网络空间，呼吁在IT领域处于领先地位

[①] 印度政府2016年出台一项旨在推动产业升级的"初创印度计划"。印度政府拟通过建立1000亿卢比（约合16亿美元）"种子基金"、简化行政审批手续以及减免赋税等措施扶助中小型初创企业，特别是那些具有"互联网+"特征的创新型企业。

的印度发挥自身优势。[1]

2018年11月，印度政府发起加强印度国防工业"知识产权文化"的行动，行动名为"拉克莎·吉安·莎克蒂任务"（MRGS）。MRGS行动主要适用于印度国营防务实体，包括国营军工企业、兵工厂委员会以及国防研究与发展组织，旨在让国防工业"提高知识产权意识、推广知识产权生产与创新文化"。时任印度国防部长尼尔马拉·西塔拉曼表示，印度国有企业"对当代知识产权保护法律体制缺乏意识，创造力常常没有得到最大限度地发挥"。MRGS行动的目标包括"从一种寻求境外技术转让的文化，转变为印度自己创造知识产权，力争实现国防产业自力更生"。为此，印度国防部于2018年4月成立了"知识产权促进小组"，对印度国防产业人员开展知识产权和申请专利等方面的培训。2019年6月，印度国防生产局长阿贾伊·库尔马宣布，"印度国营防务企业在2018/2019财年申请了730项专利，并计划于2019/2020财年再申请1000项专利"。这些成绩被归功于MRGS行动的实施。[2]

2019年11月，印度政府成立名为"国防研究与发展组织–学界互动引领未来科技"的工作组，旨在促进印度国内顶尖科研机构参与国防科技研发，推动军民融合科技创新。该工作组由印度理工学院德里分校校长任主席，成员包括印度科学研究所、海德拉巴大学等机构的负责人，以及国防研究与发展组织的高级官员。国防研究与发展组织已为该工作组选择了60多个研究项目，多数都是前沿科技与军事的结合，如超轻防弹衣、外骨骼机械装置、直升机武器系统、基于人工智能的网络防御系统等。该工作组建议在高等教育机构建设与国防安全有关的研究中心，以及建立针对研发合作的监测和评估机制等。此前，印度国防研究与发展组织已建立卓越中心，专注于前沿国防科技的研发；2016年，印度理工学院孟买分校、贾达

---

[1] India MOD, "Defence Production Policy 2018," 2018, accessed March 26, 2021, http://www.makeinindiadefence.gov.in/admin/writereaddata/upload/files/Clean%20Copy_Defence%20Production%20Policy%20%7Br05072018%20email%20on%2023.08.2018).output.pdf.

[2]《遭美报告点名，印度国防工业强调自力更生》，新华网，2019年6月21日，http://www.xinhuanet.com/mil/2019-06/21/c_1210166552.htm，访问日期：2021年3月27日。

普布尔大学和印度理工学院德里分校等三所知名高校相继建立了先进技术研发中心。

（二）国防基础设施建设

国防基础设施建设被印度政府视为军民融合的重要领域。长期以来，印度国防基础设施建设进展一直比较缓慢，在高超声速风洞、通信卫星、国家超级计算机、造船、装甲及航空生产运行的基础设施等方面都呈现相对落后的现状，莫迪政府希望通过军民融合的方式尽快予以改观。

以现代船舶工业为例，这是集劳动密集、技术密集、资金密集和信息密集等综合型产业为一体的国家重要产业。大型军用舰船作为庞大而复杂的综合技术产品，其研制生产涉及船舶结构力学、船舶动力技术、舰载武器、多方面电子技术、作战指挥系统、现代导航技术、通信技术、自动化运用和管理、先进计算机技术及舰船生产技术等多个专业学科。印度长期以来虽然拥有引进国际先进技术的有利条件，但迄今尚未建立独立完整的船舶工业生产和科研体系，对于印度自主发展海军装备无疑具有很大的负面效应。为实现独立设计、生产现代军用舰船的发展目标，莫迪政府在军用造船领域大力推进"印度制造"计划。面对21世纪以来印度造船业的颓势，莫迪政府出台了一系列措施大力推动国内造船业的发展，如确立造船行业"基础设施"地位以降低借贷成本和提供税收优惠，公布对造船业的新一轮国家资助方案以刺激接单量，以及逐步限定国营航运企业购买国产船只。印度还通过国际合作来提升国内造船业的实力，与韩国、俄罗斯、美国、日本、丹麦等国家在军民用造船领域开展不同程度的合作。为实现2027年拥有200艘战舰的目标，印度国防部计划在未来10年投入约500亿美元用于采购军用舰艇；而按照印度海军未来的发展规划，其今后增添的大中型舰艇装备将有超过一半由本国企业自主建造。2016年3月，印度国防部副部长拉奥·辛格告知议会联邦院，海军在建的主战舰艇已全部由国内船厂承建。2019年12月，印度海军参谋长表示，印度海军的目标是同时拥有三艘航母，目前还有50艘各类舰艇正处于建造之中。为配合印度海军的大规模造舰计划，印度政府对生产各类军用舰艇的造船厂进行现代化升级改造。印度国防部已完成对军用造船厂现代化建设的全面评估，计划"通过升级现有基础设施、提高建造能力、整合先进的造船技术来提升生产能力和缩短建造周期"。参与本轮现代化改造的国营造船企业主要有马扎冈船舶有限公司、加登里奇造船与工程有限公司、果阿造船厂和印度斯坦造船有限公司,均系大型中央军工企业。

根据印度总理莫迪的军民融合倡议,印度国防部鼓励私营企业参与国防基础设施的建设和管理。2018年1月,印度国防部首次决定允许私营企业管理运营位于八个不同城市的陆军基地工作坊,此举旨在提升印军作战能力、重新平衡军费开支。印度陆军基地工作坊始建于第二次世界大战期间,旨在保证印度陆军的备战状态,多年来一直由军方自己管理。根据印度国防部发布的通告,在"国有民营模式"(即国家持有、承包商管理)下,私营企业甚至无须在土地、设备、机器或支持系统等方面进行任何投资,就可以参与到管理运营工作中去。[1] 2019年7月,印度国防部启动新的国防测试基础设施计划,旨在促进私营企业参与建设和运行国防测试和认证设施。根据该计划,印度政府在每个新的测试设施中投资40亿卢比(5800万美元),但政府资金不得超过项目总成本的75%,其余部分由私营企业投资。印度国防部表示,国防测试基础设施计划支持的武器装备和能力包括无人机、雷达、减振降噪、电子战系统、船舶动力学、航空航天系统、弹道、爆炸以及"国防制造业中缺乏测试基础设施的任何其他领域"。2020年5月,印度国防部与私营军工巨头塔塔集团签署价值120亿卢比(约合1.6亿美元)的长期合同,用于对印度空军、海军、海岸警卫队所属的共37个机场进行升级,包括加强基础设施建设和安装现代化装备,提高战机在低能见度和不良天气条件下的作战能力。这是印军"机场基础设施现代化"第一阶段的后续合同。2011年3月,印度国防部曾与塔塔集团签订了122亿卢比的合同,对包括中巴边境前线机场在内的30个军用机场进行了改造升级。

(三)国防科技人才培养

国防科技人才培养被印度政府视为军民融合的新兴领域。目前,印度拥有发展中国家中最大的国防科研机构,员工多达30万人,其中包括3万

---

[1] 《印度国防部首次允许民营企业管理陆军基地工作坊》,新华网,2018年1月2日,http://www.xinhuanet.com/mil/2018-01/02/c_129781157.htm,访问日期:2021年3月27日。

名科学家和工程师。虽然投身国防工业领域的人数众多,但顶尖的专业技术人才却屈指可数。印度国防研究与发展组织作为国家国防科研体系核心机构,拥有7000余名科学家/工程师,另配备1万余名普通技术人员和1万余名辅助人员。而在这7000多名科学家/工程师中,技术骨干的学历普遍较低,仅10%的科研人员拥有博士学位(3%为工程学相关学位,7%为科学相关学位)。即便在一线工作的科技人员,也往往把进入管理层作为成功捷径,许多人热衷"当官"而非追求科研成就。因为与行政管理层相比,印度的科技人员报酬较低,工作环境较差,这也是印度科技创新人才匮乏的原因之一。[①] 此外,印度国防科技领域人才流失现象一直比较严重。许多留学人才宁愿定居国外打工,也不愿回国从事国防研究工作。近年来,印度每年流入美国的信息技术人才约5万人。2006年,美国把56%的H-1B工作签证发给印度工程师和科技人才,还接受约7.6万名印度留学生;2014年获得工作签证的计算机人才中,印度籍人才占比高达86%。

近年来,印度国防研究与发展组织努力吸引年轻学生选择国防科技作为职业,通过多种举措吸引有能力的科技人才加入,如开展全印度国防研究与发展组织科技人才入学考试,举办年度校园人才招募,从具有博士学位的应聘者中选拔科技人才,在线选择和横向招募科技人才等。该组织设有招聘和评估中心,进行各层次科技人才招聘,并定期评估以了解其晋升情况。

为减少大规模的人才外流,印度政府积极为本国国防科技人才创造事业平台,扩展成长空间。近年来,由国防研究与发展组织负责具体实施的技术发展基金已扩展至80余个技术领域,聚集了相关领域的大批公私企业和诸多专家学者。该基金具有高度专业化和支持关键技术领域等特点,重视专家学者的作用,鼓励学界参与计划中的各个层次,从识别技术差距到建立所需技术。该基金已与印度理工学院等一流大学和科研机构签署了谅解备忘录以进行合作研究,还按照"国防研究与发展组织–学界伙伴关系"的模式,在航空、海军、生命科学和军备等领域建立了研究理事会。该基金希望通过学界的广泛参与,帮助印度建立强大的国防科技基础和国防工

---

① 吴祝庆等:《印度军工:"自主化"还有多远》,《环球》2019年第16期。

业基础，扭转印度国防装备严重依赖进口的窘境，并为国防工业培养更多的科技人才和熟练技师。[1] 2020年1月，印度国防研究与发展组织在全国新建5个实验室，各实验室的重点研究方向分别是人工智能、量子技术、感知技术、不对称技术和智能材料。这些实验室将主要由青年科技人员运营，主要雇用35岁以下的科学家为印度武装部队开发先进技术。印度政府表示，新实验室的建立是莫迪总理对国防研究与发展组织提出的要求，要求其赋予年轻科学家"决策权和具有挑战的研究机会"。[2]

二、印度军民融合的主要做法

（一）军方发布《技术展望与能力路线图》

2013年4月和2018年2月，印度国防部两次发布《技术展望与能力路线图》（TPCR），旨在提供有关印军技术和能力需求的详细信息，以便印度工业界可以规划必要的研发工作和投资进行基础设施升级。

2013年4月，印度国防部发布印军《技术展望与能力路线图（2013）》，主要描述印度武装部队对2012—2027年的技术展望和能力规划。该文件概述了印军未来15年能力需求的方向，这有助于在研发阶段促进技术发展。而之所以将该文件公之于众，按照时任印度国防部长安东尼的说法，"要为印度国防工业建立公正的竞争环境，包括国营部门和私营部门"；期待印度工业界与国防部进行定期互动，并坚定承诺与国防部合作开发印军当前及未来所需的技术和设备；印度工业界基于互信与合作的有效参与在国防工业自力更生方面将颇有助益。文件提出印度武装部队的关键技术需求，包括战场感知、指挥与控制体系结构、通信系统、智能无线电、信息优势、电子战、纳米技术/微机电系统、人工智能/机器人、核生化防御、小型化技术、无人系统、先进武器系统、电磁脉冲武器、自适应战斗部、武器制导、天基雷达、隐身技术、数字化系统、自适应天线、地面防空武器、传感器及其融合技术等，此外还分别对陆海空各军种的关键技术需求

---

[1] India Filings, "Technology Development Fund," 2020, accessed March 27, 2021, https://www.indiafilings.com/learn/technology-development-fund/.

[2] 《国防科学家缺口大，印度军方启用5个"青年实验室"》，参考消息网，2020年1月8日，http://www.cankaoxiaoxi.com/mil/20200108/2399663.shtml，访问日期：2021年3月27日。

进行了阐述。文件强调了实现独立自主的重要性，并针对信息优势、网络中心战、信息技术、通信、电子战、导弹、战斗识别、精确打击、在建筑密集区域的军事行动、传感器、航空航天、反恐、后勤保障等领域分别阐述了能力愿景，此外还分别对陆海空各军种的能力愿景进行阐述。[①]

2018年2月，印度国防部发布印军《技术展望与能力路线图（2018）》，概述了未来十年印度军队所需的221项装备和技术，旨在推动国防科技发展，为行业规划、技术研发、合作伙伴关系建设及生产安排提供指导。其中，印度陆军将大力发展主战坦克/步战车的车用动力与防护系统，并提升沿岸沿海侦察能力和电子战能力，计划采购大批电子战系统、气垫船和小型武器。印度海军除了提出1艘航母、5~10艘新一代驱逐舰和护卫舰的需求外，将重点提升水下战斗和远征支持能力，计划采购大批潜艇配套装备和支援补给舰艇。印度空军没有提出新的战机需求，但希望提升侦察能力，要求发展两套地理空间信息系统和5~10架浮空器。文件提出一系列无人机需求，包括"中空长航时"无人机、"高空长航时"无人机、垂直起降无人机、舰载无人机、短程无人机、隐形无人机、潜射无人机以及固定/旋转翼混合无人机等。印度海军和陆军希望拥有能打击海陆目标的战斗无人机，还要求发展反无人机系统以应对敌方无人机。文件提出分两个阶段研制高能激光武器和高功率电磁武器。文件还着意强调，在寻求发展或合作时，印度工业界应对印度政府推动"印度制造"的努力给予足够重视；印度国防部将全力支持政府在公有和私营企业推动发展自主化生产能力；鼓励中小企业参与印度军队的"印度制造"计划。[②]

（二）设立支持国防科技发展和创新的专项基金

印度政府从2014/2015财年开始设立"技术发展基金"（TDF），旨在支持印度国防工业核心技术的发展，提升国防技术自主创新能力。主要用于引导印度工业界力量参与国防生产，促进私营企业在国防工业自力更生方面发挥积极作用，通过与学界和研究机构合作进行创新。印度技术发展

---

① India MOD, "Technology Perspective and Capability Roadmap," April 2013, accessed March 27, 2021, https://mod.gov.in/dod/technology-perspective-and-capability-roadmap.

② *Ibid.*

基金由印度国防部发起，国防研究与发展组织负责贯彻落实。该基金是"印度制造"倡议的重要组成部分，旨在满足印度各军种、国防研究与发展组织以及国防生产的需求。印方认为，由于国防技术领域未能实现快速增长，印度被迫大规模进口国防装备，技术发展基金正是为解决该问题而制定的关键计划之一。技术发展基金将致力于发挥催化剂的作用，把具有影响力的学术和创新技术转化为投资者和产业合作伙伴寻求的商业机会。

技术发展基金鼓励印度国有企业和私营企业（尤其是中小企业）参与国防工业，营造重视研发的文化，为提升国防工业的创新技术水平创造环境，其支持的技术范围包括：对现有流程、应用程序、产品等进行重大升级改进，以及更新换代；根据海陆空各军种的需求，将技术成熟度由第三等级向上提升；开发可应用于国防的创新产品和服务；开发可推动"进口零部件替代品"的技术项目。重点是开发可用于国防设备、系统和平台的核心技术，鼓励知识向产业的转移以及发展有助于创新产品或服务的新构想。该基金的投资限于对印度军队有用的产品原型或技术开发，通常开发周期不超过两年，技术开发费用不超过10亿卢比。

进入21世纪以来，印度国防部开始推动私营部门参与国防科工领域的创新。当然，由于国防科工领域的创新前期投入多、准入门槛高、科研周期长、回报风险高，印度私营企业参与的热情和活力没有得到充分释放。如今印度国防部通过设立技术发展基金鼓励私营企业参与研究，委托国防研究与发展组织指导它们从事与高风险发展有关的任务，使私营行业可以参与高端技术领域开发以加快生产过程，而不必承担与研发费用相关的负担。不过，该计划规定印度工业界参与技术发展基金需要具备如下条件：一是企业必须由印度公民拥有和控制；二是外资股份不超过49%；三是如果项目中的产品和技术需要国防生产许可，企业必须拥有或正在申请获取国防生产许可证；四是未被列入黑名单，或被印度国防部"暂停"或"搁置"其业务往来。[1]

继技术发展基金之后，2017年4月，印度政府又批准设立了国防创新

---

[1] India Filings, "Technology Development Fund," 2020, accessed March 27, 2021, https://www.indiafilings.com/learn/technology-development-fund/.

基金，支持自主研发军用现代技术。国防创新基金的启动资金由印度两家国营军工巨头印度斯坦航空有限公司和巴特拉电子有限公司提供。国防创新基金的启动资金约合1550万美元，印度国防部在后期将谋求通过政府拨款和公私部门组织捐款筹措更多经费。印度国防部表示，国防创新基金旨在创造一个"促进防务领域创新和技术开发"的生态系统；该基金将与印度研发机构、学界和业界建立联系，为其提供经费"实施有望在将来商业化的创新发展"。[①] 2016/2017 财年，印度军队在全国范围内的工业－学术中心组织了32次互动和推广活动，在艾哈迈德讷格尔、哥印拜陀、戈巴尔布尔和德夫拉利等地为工业界和学界进行设备演示，还组织科技人员前往克什米尔、锡金、拉贾斯坦和拉达克等地实地考察。2018年4月，印度政府启动国防卓越创新计划（IDEX），旨在创建一个促进国防和航空航天领域的创新和技术开发基金，通过与产业、初创企业、创新者、研究机构和学界互动，为其提供奖金、资金支持其开展国防和航空航天领域研发工作。

印度技术发展基金和国防创新基金作为充分调动印度工业界广泛参与国防科研生产的重要平台，成立后通过政府筹资负担研发成本，鼓励印度私营企业和学界参与国防科研活动，有望给印度国防科工领域带来巨大活力。

（三）设立"验收必要性"审批机制

从2014年5月起，印度国防部为价值400亿美元的项目提供"验收必要性"（Acceptance of Necessity，AON）审批，机制以通过本土企业满足陆海空各军种的长期需求，其中包括印度陆军的155毫米榴弹炮、轻型多用途直升机、防空火炮的采购及升级，步兵战车、多管火箭炮以及各种导弹和弹药的全新开发以及许可证审批。验收必要性审批机制是印度国防部国防采办委员会简化项目的明智步骤。它通过这种方法对各种采购项目进行清理，并授予许多采购项目"验收必要性"，从而为启动招标程序铺平了道路。

印度政府决心为本国军工产业指定更多的大型军购项目，这在2010—

[①]《印度设立国防创新基金：为研发现代军用技术铺路》，参考消息网，2017年4月13日，http://www.cankaoxiaoxi.com/mil/20170413/1879390.shtml，访问日期：2021年3月27日。

2015年的"验收必要性"项目数据统计表中可看到明显的趋势。(参见表3.1)。自2010年起,对印度国内产业利好的两个采购类别("在印度采购""在印度采购和制造")的项目占比就整体处于攀升状态,从50%左右逐步增至94%以上。如果再加上"采购与制造(伴随技术转让)"类别,在2014/2015财年和2015/2016财年,"验收必要性"项目的金额高达16,036.2亿卢比。"验收必要性"项目包括潜艇、登陆平台码头、榴弹炮和运输机等大型项目,印度私营公司有望在其中发挥重要作用。如果这些项目能如期落实,将显著推动印度国防工业的自主化。

表3.1 印度"验收必要性"(AON)项目采购分类年度列表[1]

年份/财年	"在印度采购"& "在印度采购和制造" 金额(千万卢比)	占比(%)	"全球采购" 金额(千万卢比)	占比(%)	总量(单位:千万卢比)
2010/2011	77,546	50.55	40,547	26.43	153,388
2011/2012	30,593	54.17	20,500	36.30	56,480
2012/2013	19,074	31.45	27,114	44.70	60,652
2013/2014	23,736	85.97	371	1.34	27,611
2014/2015	111,070	94.26	6,760	5.74	117,830

(四)吸引外国投资和先进技术

2001年,印度国防工业实施对外开放,允许外国公司在该领域的投资上限为26%,但需要获得印度政府颁发的工业许可证。该许可证是为制造武器弹药、国防装备各类产品以及零部件等而提供,由外国投资促进委员会(FIPB)与印度国防部协商后批准颁发。为从国际合作伙伴获得最先进的技术,印度莫迪政府上任后将国防工业领域的国外资本股权上限从先前的26%提高到49%,并在印度政府特批的途径下可提高到49%以上。莫迪政府在2014年8月26日发布的第7号新闻公报中,允许在一定条件(申请

---

[1] ASSOCHAM, "Make in India: Achieving Self-Reliance in Defence Production," 2016, accessed March 27, 2021, https://www.gita.org.in/Attachments/Reports/Make%20in%20India%20achieving%20self%20reliance%20in%20defence%20production.pdf.

FIPB批准的申请公司为印度公司所有,由印度居民控制)下,国防工业领域的外国直接投资可达49%;如果外国投资能促成印度使用现代和最先进的技术,则投资上限最高可达100%,但超过49%的建议将视具体情况提交给内阁安全委员会。为减少该领域的官僚主义,莫迪政府还于2017年撤销了此前负责对外国投资进行机构审查的外国投资促进委员会。2020年5月,印度财政部长西塔拉曼进一步宣布将外国直接投资上限从49%提高到74%。有印度专家表示,将现有外国直接投资上限提高到74%,有助于吸引外国资金以及在印度设有子公司的国际公司转让技术,因为这些公司有望在其印度子公司拥有多数股权。[1]

印度莫迪政府在国防工业提高外国直接投资上限的措施已开始显示效果。对印度国防工业的外国直接投资额从2014/2015财年的8万美元(560万卢比)增至2018/2019财年的218万美元(1.5亿卢比)。[2] 截至2019年12月,印度国防和航空航天部门已获得超过315.5亿卢比的资金流入,其中的183.4亿卢比是2014年以后流入的。

为推动对印军售和防务合作,美俄等军售大国也着意迎合印方吸收国外先进技术、实现"印度制造"的意愿。早在2012年,美印就签署《美印防务技术和贸易倡议》,提出要扩大合作制造和技术的共同研发。2019年12月,美印两国外长和防长"2+2"对话再次达成重要防务协议,为美国对印转让军事技术以及两国合作研制武器装备进一步清除了障碍。两国签署的《美印国防工业安全协议附件》不仅允许美国公司与印度国有企业合作,而且允许它们与印度私营公司分享敏感防务技术。这也是印度莫迪政府在国防工业领域推进"印度制造"的重要举措,即在引进外国防务技术时让本国国有企业和私营企业公平竞争,从而激发印度国防工业的活力。俄罗斯一直是印度谋求防务技术合作的最重要对象之一。2019年9月印俄

---

[1] Atul Pandey, Abhiroop De Khaitan, "Recent Reforms in the Indian Defence Sector," June 1, 2020, accessed March 27, 2021, https://www.financialexpress.com/defence/recent-reforms-in-the-indian-defence-sector/1977971/.

[2] PTI, "Defence Industry Received $2.18 Million FDI in 2018-19: Government," June 26, 2019, accessed March 27, 2021, https://economictimes.indiatimes.com/news/defence/defence-industry-received-2-18-million-fdi-in-2018-19-government/articleshow/69960949.cms?from=mdr.

首脑峰会达成协议，印度将在至少5年内继续为印度使用的苏（俄）制武器装备采购俄制零部件；与此同时，印度与俄罗斯的企业将依据"印度制造"政策在印度本土建立合资企业，借助俄军工企业的技术转让，在当地制造、保养"俄制武器和防务装备所需的零部件"。俄罗斯总统普京在峰会结束后表示，俄印双边军事技术合作计划正在顺利实施，俄罗斯不仅向印度提供武器，还与印方合作伙伴共同制造新型产品，目前在印度生产卡拉什尼科夫小型武器、K-226T直升机与导弹系统的联合项目正在实施当中。[①]

（五）鼓励对外军售

为增强印度国防工业的效益，印度莫迪政府采取了不少措施帮助印度企业开辟国际防务市场。莫迪政府刺激对外军售的具体举措包括简化出口审批流程，其中包含引入在线申请系统；公开宣传具有"出口潜力"的印度制造的防务产品清单；放宽与最终用户出口证书相关的规定；制定出口"预先批准"条款，使印度企业更容易开拓海外市场。另一个驱动印度私营企业国际防务销售的因素是印度企业积极与国外装备生产商建立合作关系。伙伴关系的建立使外国公司在印度得以免除补偿义务，同时也为印度私营企业进入其外国合作伙伴的供应链提供机会。

由于莫迪政府自2014年以来采取的宽松政策，印度的国防出口近年来大幅增加。莫迪政府执政后，4年内就批准了13亿美元的武器出口额，而之前累计批准额仅为5.77亿美元。根据印度国会官方数据，印度出口授权从2016/2017财年的2.13亿美元增至2016/2017财年的6.6亿美元，再到2018/2019财年的15亿美元，在短短两年内增长了700%。受此鼓励，印度政府设定新的目标，在未来四年内实现价值48.7亿美元（3500亿印度卢比）的国防出口。2018年"印度国防生产政策"草案设定了到2025年防务出口50亿美元的目标。[②] 2018年4月12日，在印度金奈举行的印度国际防

[①]《俄媒：俄印S400协议进展顺利，还将开展新合作》，新华网，2019年9月5日，http://www.xinhuanet.com/mil/2019-09/05/c_1210267989.htm，访问日期：2021年3月27日。

[②] Om Krishna, "India's Defence Export Set to Double in Next Four Years to $4.86 Billion," February 27, 2020, accessed March 27, 2021, https://www.defencestar.in/defence-news/defence-industry-india-defence-exports-to-double-in-next-four-years/3040/.

务展上,莫迪强调,"从印度向世界供应(武器)在战略性上不可或缺"。在2018/2019的印度国防出口总额中,印度8个国营国防企业和41个兵工厂贡献了80亿印度卢比,占比约7.6%。

此前,印度对外军售主要是面向南亚—印度洋国家和中东非洲国家,主要产品是军用车辆、轻武器及弹药、军服、降落伞、皮革制品等。2007年以后,印度连续发布文件,明确了"主导印度洋"的海洋战略构想,并开始推行"东进"战略,其目标是将实力触角从印度洋拓展至西太平洋海域。因此,东南亚国家成为印度对外军售的重要对象,印度积极向菲律宾、越南、缅甸等东南亚国家推销舰艇、导弹等各种印制武器装备,并不断加强军事技术合作。近年来,印度已向东南亚、南亚和中东国家出口了包括军舰在内的多种武器装备,以及武器系统升级改造、载具维修和武器技术转让等多层次的服务。2017年3月,印度与缅甸达成协议,向其出售价值3790万美元的印制轻型鱼雷。2017年9月和2019年8月,印度兵工厂委员会先后从阿联酋获得了两笔总计9万枚155毫米炮弹的订单。截至2019年6月,印度已为越南修理并升级了约200架现役的米格–21战斗机,同时还为越军海军舰艇、火炮与雷达等提供维修服务;2019年8月14日,由印度政府提供贷款为越南建造12艘高速巡逻艇项目的启动仪式在印度泰米尔纳德邦举行,这是越印两国防务合作框架下实施的首个大型项目。近年印度还积极向菲律宾、越南、泰国、印尼等多国推销"布拉莫斯"超声速巡航导弹,并收到来自亚太、拉美和中东至少七国对该型导弹的订购需求。

第五节　印度军民融合战略的主要问题和启示

印度莫迪政府高度重视军民融合,采取各种举措予以推动,在实践中取得了一定成就,但也呈现不少问题。印度作为近年来军力建设热情最高、力度最大、举措最多的发展中国家之一,其军民融合战略的政策实践值得发展中国家关注和参考。

一、印度军民融合战略的主要问题

印度军民融合战略在实施中呈现出不少问题，主要表现为军工领域"印度制造"计划的实际效果不及预期、国防工业自主化与迅速提高印军武器装备水平之间出现矛盾以及印度国防工业管理运行体制存在内部弊病。这些问题如果无法得到较好解决，显然会影响印度军民融合战略的最终成效。

（一）军工领域"印度制造"计划的实际效果不及预期

印度莫迪政府上任以来，"印度制造"计划在国防工业领域的推进已经取得一定成效。如今印度军队正在使用诸多自主研发的武器装备，譬如印度海军使用的"瓦鲁纳斯特拉"反潜鱼雷、"马里奇"鱼雷诱饵系统、USHUS综合声呐系统和TAL轻型鱼雷；印度空军使用的轻型战斗机、空中预警/控制平台、"阿斯特拉"空空导弹、"光辉"战机的电子战技术、雷达、复合材料；印度陆军使用的ASAT反卫星导弹、"布拉莫斯"反舰导弹、"纳格"反坦克导弹、智能反机场武器、"阿琼"Mk-1A主战坦克、"阿什温"导弹拦截系统等。[①] 2019年10月，印度国防部长辛格表示，尽管受限于种种束缚和能力不足，印度国防研究与发展组织仍成功研发出建设强大印军所需的各种系统、产品和技术；必须致力于研究工作以便成长为国防技术的全球领导者，重点在于不断改进以维持行动优势。

尽管成效初显，但囿于各种制约因素，"印度制造"总体进展有限，印度国防装备进口依存度仍然居高不下。据瑞典斯德哥尔摩国际和平研究所2018年3月的报告，印度目前仍是全球最大的武器进口国，2013—2017年印度的武器进口占全球武器进口量的12%，其间，俄罗斯仍是印度的最大武器供应国（62%），其次是美国（15%）和以色列（11%）。[②] 2015—2019年，印度政府批准了200多项国防采购提案，采购总金额达到4万亿卢比

---

① "Rajnath Singh Pushes for Indigenisation of Defence Equipment," October 15, 2019, accessed March 27, 2021, https://yespunjab.com/rajnath-singh-pushes-for-indigenisation-of-defence-equipment/.

② SIPRI, "Trends in International Arms Transfers 2017," March 2018, accessed March 25, 2021, https://www.sipri.org/sites/default/files/2018-03/fssipri_at2017_0.pdf.

(约520亿美元)。2019年5月,有印度学者撰文指出,印度政府在此前四年间完成价值4万亿卢比的军购,政府宣称军购总额的三分之二属于"印度制造"类别;但在同一时期,印度政府仅与国内供应商签订了128份、总价值约1.19万亿卢比的军购合同,占印度军购总额的四分之一,而非三分之二;此外,莫迪政府在过去数年间签署的许多重大军购合同并未要求来自外国的技术转让,譬如法国的"阵风"战斗机、俄罗斯的S400防空导弹系统以及美国的先进直升机("阿帕奇"和"支奴干")。[1] 印度国防研究与发展组织主席萨蒂什·雷迪2019年9月表示,印度使用的国防产品仅有45%~50%由其自主生产,其余的均依赖进口,印度必须致力于更多的自主国防生产,以减少武器进口;从事国防技术开发的印度研究机构应成为技术领导者,各种技术都要实现自力更生,其最终目的是向其他国家提供该技术以便维系本国国防工业并赚取外汇。[2]

印度一些前政要和研究者认为,莫迪政府的"印度制造"计划之所以在国防领域成效不彰,是因为国营军工部门缺乏责任感、长期的经费紧缩以及缺乏明确的产业政策等。在2019年的"印度制造和国家安全"会议上,前印度陆军司令V.P.马利克指出,一方面,"包括国防研究与发展组织在内的一些国营军工部门责任心不足";另一方面,"当政府为国营军工部门提供保护却不为私营部门提供足够保证时,后者将感到沮丧……然后各部门相互疏离,缺乏互动,这是印度制造未能在国防领域取得进展的关键原因"。前印度陆军司令阿伦·萨尼表示,需要为军事装备升级提供更多经费,并"采取一种更为严肃的方法,即对该领域的国营机构实施问责制以免生产出无用产品"。前印度国防部财务顾问阿米特·考希什强调在国防领域实施"印度制造"的政策空白。"国防领域没有明确的'印度制造'政策。国防工业本土化究竟是什么?是节省成本还是进口替代或创新?我

---

[1] Pradip R. Sagar, "How 'Make in India' in Defence Sector Is Still an Unfulfilled Dream," May 25, 2019, accessed March 26, 2021, https://www.theweek.in/theweek/current/2019/05/25/how-make-in-india-in-defence-sector-is-still-an-unfulfilled-dream.html.

[2] DRDO, "DRDO Chief Urges for Indigenous Defence Production," September 29, 2019, accessed March 26, 2021, https://www.drdo.gov.in/drdo-chief-urges-indigenous-defence-production.

们不清楚"。① 还有研究者认为印度政府仅凭行政手段而非依靠市场力量难以实现真正的自主发明和创新,"在某些领域（例如人工智能或网络空间技术）开发自主能力的愿望几近对印度研发和创新能力的凭空炒作。当研究型大学、机构和商业研发平台、行业和用户之间建立无缝连接时，就会出现发明和创新。但若想仅通过政府命令或政策宣布来建立此种联系以创建满足国防需求的生态系统，实乃一厢情愿"。②

（二）国防工业自主化与迅速提高印军武器装备水平之间出现矛盾

印军装备总体陈旧，武器装备亟待更新换代。面临日趋复杂的国内外安全环境，印军的现代化进程步伐相对缓慢，这引发了印军高层的担忧。巴基斯坦和中国长期被印度军方视为主要假想敌。在大多数常规武器领域，印度一度对巴基斯坦享有2∶1的优势（甚至更大）。③ 可是，印度目前效率低下的采购体系和快速老化的武器装备使得一些印度军事领导人开始担忧印度的传统军事优势正在削弱。在2017年的一份报告中，印度主计审计长表示，印军55%的弹药存量低于最低可接受风险水平，而40%处于临界水平，将在十天内耗尽。④ 相比之下，巴基斯坦购买了一系列来自中国、法国、美国和其他来源的武器装备，且无须担心采购透明度、技术转让、联合生产或采购抵消等印度关心的重要事项。还有印度对所谓的"中国威胁"的担心伴随中国迅速的军事现代化而日益增加，印方感觉自己老旧的军事机器缺点日渐暴露，军队现代化进程已经落后于他国。于是，印方冀望于在近期获得具有明显优势的撒手锏武器，可以在相当程度上增强印度

---

① Amrita Nayak Dutta, "'Make in India Has Failed in Defence Sector' - Experts Highlight Importance of Self-reliance," December 13, 2019, accessed March 26, 2021, https://theprint.in/defence/make-in-india-has-failed-in-defence-sector-experts-highlight-importance-of-self-reliance/334995/.

② Amitabha Pande, "Defence, Make in India and the Illusive Goal of Self-reliance," March 26, 2019, accessed March 26, 2021, https://www.thehinducentre.com/the-arena/current-issues/article26641241.ece.

③ Rodney Jones, "Conventional Military Imbalance and Strategic Stability in South Asia," March 2005, accessed March 16, 2021, http://www.policyarchitects.org/pdf/Conventional_imbalance_RJones.pdf.

④ Pradip R. Sagar, "How 'Make in India' in Defence Sector Is Still an Unfulfilled Dream."

的自卫能力。

印度最大的担忧是及时研制所需先进装备的技术可行性和创新能力。印度国防部从2016年起对所有进口国防装备征收关税，次年又征收了商品及服务税。尽管这两个税项旨在促进印度国产防务设备的生产，但情况很明显，印度缺乏在本国生产某些产品的能力。譬如，2018年初，印度海军拒绝使用技术相对落后的国产"光辉"轻型战机，要求获得配备最新技术的双引擎战机，而后者目前主要依靠对外采购；同样，由于印度兵工厂委员会制造的突击步枪质量低劣且火力低下，印度陆军拒绝使用。于是，印度国防部反而被迫将更多预算用于进口武器，因此双重征税降低了推动印军武器装备现代化预算的效益，导致印军削减了采购新系统的计划。从2019年11月开始，印度政府被迫宣布在五年内对进口的国防设备免征关税和进口税，因为在此期间本土生产无法满足印军的技术需求。这项政策有望为印度政府节省约35亿美元，可用于印军的现代化。[①]

伴随印度国防工业自主化进程的持续推进，对于发展自主生产能力的过分关注有时不免与印军的现代化目标发生冲突。原印度政府官员阿米塔巴·潘德指出，在全球化的世界秩序中，通过自主生产大多数国防产品来确保"战略独立"的想法已经过时。战略能力和自主权取决于经济实力、高水平的人类发展、内部政治和社会稳定以及军事实力等多重因素。而军事能力尤其取决于军队拥有的武器装备种类。它们是本土生产还是进口无关紧要；与先进的进口产品相比，对不合格的本土产品的依赖会削弱军事能力，迫使军队进行实力悬殊的战斗，而仅仅是为了维护本土生产。在几十年前全球化程度较低的世界中，当各国政府对国防贸易进行实质性控制和影响，且政治考虑因素起决定性作用时，确实存在供应受到限制或拒绝的可能性，因此关键装备和系统的自力更生必不可少，也是有价值的目标。而如今在除核贸易的几乎所有方面，限制性制度已大大放松，商业考虑远远超过政治考虑。印度作为买方市场上的最大买方之一，处于独特位

---

① Manu Pubby, "Customs, GST Relief To Give Rs 60,000-cr Boost to Defence," November 2, 2019, accessed March 26, 2021, https://economictimes.indiatimes.com/news/defence/customs-gst-relief-to-give-rs-60000-cr-boost-to-defence/articleshow/71861506.cms.

置，利用这一机会获得的战略优势，远远超过通过投资稀缺资源来追求虚幻的自力更生目标所能提供的优势。①

(三)印度国防工业管理运行体制存在内部弊病

面对印度国营军工企业存在的种种弊病，为加快实现国防领域军民融合的目标，印度政府寄希望于私营企业积极参与印度军工市场，也的确有许多私营企业响应政府号召。然而，印度国防工业现有管理运行体制存在某种固有的利益冲突，阻碍军民融合在国防领域的全面推进，尤其是束缚私营企业在该领域的深入参与。在现有架构下，印度国防部在与本国私营企业打交道时处境微妙，因为这些私营企业的竞争对手——国营军工企业恰好是印度国防部的下属单位，这使得私营企业天然处于不公平的竞争环境中。印度国防部作为客户，在付款条件、工期延误和大型项目提名方面会给下属国营军工企业更多的便利条件。甚至对于印度政府原计划采用"战略伙伴"模式完成的重大采购项目，印度国营军工企业也毫不退让。譬如，对于印度国防采办委员会2018年批准的海军直升机项目和2019年批准的海军常规潜艇项目，均有印度国营军工企业积极参与竞标。私营企业拉森-特博洛集团曾致信印度国家研究院，担心政府正在考虑一项提议，以提名方式将建造常规潜艇的项目交给国有企业，这与最初保留给私营企业的计划不同。迄今这些重大采购项目一直保持竞争性，印度国营军工企业和私营企业都参与其中。由印度政府高层领导负责特殊项目的国家安全顾问委员会以及最大政府智库印度国家研究院均建议让国营军工企业脱离国防部的监管。正在考虑的建议之一是将所有国营军工企业（其中9个在国防部的行政控制下）置于一个由不同政府部门（如重工业和公共企业部）管理的机构下。②

印度国营军工企业似乎已成为释放印度国防工业活力的重要阻碍，有待政府进一步实施改革。不过，也有印度研究者担忧，人为刺激私营部门进入国防工业，特别是通过"战略伙伴"模式也存在另一种风险，即导致新的裙带资本形式出现。具有强大政治背景的私营公司（例如信实集团、

---

① Amitabha Pande, "Defence, Make in India and the Illusive Goal of Self-Reliance."
② Manu Pubby, "Government Considering Putting PSUs out of Defense Ministry Range."

阿达尼集团、拉森-特博洛集团等），在国防制造领域经验不足却因拿下大单而享有盛誉的公司现已作为"行业伙伴"密切参与国防采购进程。"现在重新制定的采购流程都增强了此种裙带关系形式，并使其具有合法性。与政府及其安全机构建立勾结关系的私营军事工业联合体的潜在崛起，是过去五年中最危险的发展之一。"①

此外，屡经修订的印度国防采购程序在实践中也呈现出不少弊病。印度自2001年以来对国防采购程序不断进行修订、更新和重新制定，初衷是维护本土制造的利益，最终却使采购过程变得异常复杂，以至于进行新的采购，无论是"采购和制造""采购"还是"制造"，在预测必要性和使系统/产品投入服务之间需要10年以上的时间，使通过减少进口依赖实现"战略独立"的整个概念变得谬误。根据印度国防采购程序，整个采购流程需要76～126周才能完成，但实际过程可能会花费更长的时间，许多交易花费了长达10～16年的时间。② 近年来，印度官方仍在不断修订采购程序，简化相关步骤，但印度国防采购程序冗繁、耗时良久的状况没有得到多少改观。有印度学者指出，"振兴工业的需要不一定与作战准备的需要相符，实现战略能力并不取决于自主制造武器。国防部不是工业振兴部，混淆不同的角色可能会损害印度的能力"。③ 此外，该国现行采购抵消政策及其实施也存在若干问题。首先，尽管印方热衷于获得采购抵消，但对于自身想从采购抵消中获得的东西缺乏明确愿景。印方尚未制定明确的采购抵消规划，清晰阐明自身想从采购抵消项目中获得的技术和能力。印方主管官员往往把确定抵消项目的责任交由外国公司，自己很少甚至不会提供指导。对于外国公司来说，它们通常会选择便于实施或不要求获得出口许可的项目，因为所有采购抵消承诺都必须在采购合同期限内同时完成。结果，这些采购抵消项目即便得以落实，也不会提供印度所需求的高端技术。

---

① Amitabha Pande, "Defence, Make in India and the Illusive Goal of Self-reliance."
② MAZARS, "Indian Defence Industry: Deciphering a Multifaceted Growth for Private Participation," 2017, accessed March 26, 2021, https://www.mazars.co.in/Home/News/Our-Publications/The-Indian-Defence-Industry.
③ Amitabha Pande, "Defence, Make in India and the Illusive Goal of Self-reliance."

二、印度军民融合战略的主要启示

印度政府在推行军民融合战略的丰富实践中积累了若干成功的经验与挫败的教训，值得发展中国家关注和参考。印度军民融合战略的有益政策启示包括：国防工业军民融合需要政府政策引导和制度保障；坚持自主研发创新必定会有正面效益，但需要聚焦重点领域；加强质量管控是军民融合长期良性发展的必要保证。

（一）国防工业军民融合需要政府政策引导和制度保障

在较长一段时间内，由于缺乏有力的政策引导和完善的制度保障，印度私营部门参与国防工业的努力曾屡经挫折。虽然印度政府早在2001年就同意私营企业参与国防工业，但私营企业的军品生产范围受到严格限制，军民融合程度较低。印度国防军工领域的竞标通常门槛高、周期长、投入大，普通私营企业很难获得合法的竞标资格。印度政府某些人士担心国家安全会受制于一味逐利的私企，不愿意让私企过多进入军工行业。国营军工企业和研发机构也担忧这些私营企业参与研发可能会威胁自身地位，如果后者能提供更迅捷、便宜、高质的产品和服务。[1] 印度政府对私营企业的差别化对待制约了它们为国防工业作出贡献的能力。直到2014年，在印度自主生产的30%国防装备（其余70%依赖对外采购）中，国营部门占21%，私营部门占9%。对于政府决策缓慢、腐败盛行以及差别化对待私企与国有企业的做法，印度私营企业屡屡表达不满之情；面对种种政策性束缚和限制，印度数家大型私企甚至考虑退出军工行业，因为它们无法向其股东阐明参与军工行业的裨益。[2]

印度莫迪政府上任后，在"印度制造"计划的牵引下，军工领域的军民融合得到了非常鲜明的政策导向和比较完善的制度保障。莫迪政府出台多项国防工业领域相关政策，积极推动国防工业私营化改革，改革国营军工企业的产权制度，构建扶植私营军工巨头的"战略伙伴"模式。印度政

---

[1] S. Amer Latif, *U.S.-India Defense Trade: Opportunities for Deepening the Partnership* (Washington, D.C.: CSIS, 2012), p. 42.

[2] *Ibid.*, p. 41.

府对军民融合的政策导向和制度保障，在对国防采购程序的数次修订中得到进一步彰显。通过这些政策制度，印度军工行业的发展环境得到了优化，本土企业获得了更广阔的发展空间，印度私营企业有望和国有企业在更公平的环境中竞争，积极性和活力大大提升。印度政府还在一些重要领域加强对私营企业的指导，帮助它们更顺利地进入军工行业。譬如，印度国防部国防生产局为参与军工行业的私营企业制定了专门的安全手册，旨在指导企业保护实体文档和网络信息的安全，并取消对企业的安全宣誓要求。

（二）坚持自主研发创新必定会有正面效益，但需要聚焦重点领域

在军工领域，印度曾长期严重依赖发达国家的技术转让，对自主研发创新的关注和投入不足。印度国营军工企业的研发支出距离全球军工行业研发支出的平均水平还有较大差距。譬如，法国军工巨头泰雷兹公司将其20%的营收用于研发，而巴拉特电子有限公司作为印度最具创新性的国防电子企业，其研发支出不超过8%。大多数印度企业缺乏自主研发创新，长期依赖国防研究与发展组织或外国公司来获取技术。印度国营兵工厂作为印度规模最大、历史最悠久的国营组织，其自主研发的产品仅占其总营业额的7.5%。尽管印度政府将技术转让谈判视为工作重点，但由于谈判周期漫长以及转让国态度微妙，因此成效不彰，在核心技术领域尤为如此。在不少情况下，印度获得的技术已经过时或重要性不高，使该国陷入困境并蒙受损失。[1]

印度莫迪政府积极推进军民融合战略，明显加大了对国防工业领域自主研发创新的投入，譬如设立支持国防科技发展和创新的专项基金、促进印度国内顶尖科研机构参与国防科技研发以及加强印度国防工业"知识产权文化"等。印度对国防工业领域自主研发创新的积极推动已经取得一定的正面效益，印度军队正在使用越来越多的自主研发武器装备，有些甚至有望跻身国际先进水平。但是印度在自主研发创新的具体领域方面尚不够聚焦，存在贪大求全求快的倾向。譬如虽然设立支持国防科技发展和创新的专项基金，但从目前支持的项目和参与程度来看，支持项目不仅比较分

---

[1] Ranjit Ghosh, *Key to Self-Sufficiency and Strategic Capability*, p. 27.

散而且偏向应用，涵盖声学工程、航空航天工程、生物医学等80余个技术领域，其中前沿技术和高新技术的研发项目反倒有限，距离解决国防工业核心技术、提升国防技术自主创新能力的既定目标尚有差距。

（三）加强质量管控是军民融合长期良性发展的必要保证

产品质量是企业的生命线，在军工领域尤为如此。印度军工企业在武器装备质量管控方面有过一些受挫的典型案例。譬如印度斯坦航空公司为印度空军研制的"光辉"战机，经过30多年的研发过程，目前才慢慢进入量产服役，综合性能与国际先进的第三代战机仍有较大差距。由于国防建设和应对外部威胁的现实需求，印度在同期不得不从俄罗斯、法国等大量进口先进战机。还有始于20世纪70年代中期的印度陆军"阿琼"主战坦克项目，由于研发周期太长，等到21世纪初正式服役时主要技术指标已经过时，以致印度在2019年选择采购俄制T-90MS主战坦克。不仅印度斯坦航空有限公司这样的大型国营军工企业受困于质量管控问题，一些实力较弱的印度私营企业也由于缺乏技术经验和产品质量较差，在竞争中落败，被迫选择倒闭或转行。

印度莫迪政府之所以积极推进军民融合，建设自主国防工业能力，其根本目的仍是提升印度的军力发展水平，服务于印度的大国梦想。目前，推动"印度自力更生"计划的印度国防部宣布禁止进口101项军事装备，这为印度本土国营和私营军工企业的发展提供了重要机遇。但印度国产武器装备也亟待升级改进，并真正显示自身的可靠质量和出色性能，否则印度军队在遇到紧急状态时仍将高度依赖外国进口武器。如果印度自主制造的武器装备质量始终达不到国际先进水平或无法满足印度维护国防安全的需要，进而影响到印度军队的现代化建设，那么军工领域的军民融合也就难以实现长期良性发展。

第四章　澳大利亚军民融合战略

王　萍[*]

在澳大利亚，自其军队最初创建之日起，军队就被天然地赋予了同民间合作的使命。当然，最初的合作主要集中在共同完成军事和非军事任务上，尤其是在和平时期军队会帮助当地居民完成较为艰险的任务，并提供人道主义救援。随着时代的发展，尤其是国际形势的日益复杂和高科技元素在战争中分量的不断加强，再加上武器装备成本的持续升高，都导致军民融合成为国防能力提升必不可少的因素。自20世纪末，澳大利亚提出了在国防工业领域加强实施军民融合策略的政策目标，并在21世纪之初出台了一些相应政策。然而，澳大利亚国防事业中的根本性变革还是2015—2016年推出的一系列改革战略与计划，包括《2015首要原则审视》、澳大利亚《国防白皮书（2016）》以及《2016综合投资计划》。自此，澳大利亚的军民融合战略被提升到一个新的高度，为澳大利亚的国防军工业的战略调整提供了重要支撑。

第一节　澳大利亚军民融合的发展历程

澳大利亚的军民融合最初以军民合作的形式出现。根据《澳大利亚国防准则文书之3.11》行动系列中的军民合作行动部分，"军民合作"被定义为"联合指挥官与民间行为体之间，包括普通大众与地方当局，以及国际、

---

[*] 王萍，国防科技大学外国语学院副教授。

国家和非政府层面的组织与机构，为了确保任务的实现所进行的协作与合作"。[①]一直到第二次世界大战结束后，尤其是在冷战期间，随着澳大利亚国防改革的逐步展开，国防运行效率问题受到越来越多的关注，澳大利亚真正意义上的军民融合才由此展开。

一、澳大利亚建军以来的军民合作实践

自澳大利亚国防军创建以来，军民之间一直有着形式各异的合作。在澳大利亚国防军创建之初，国防军就同包括政府机构、国际组织、人道主义团体、特殊利益集团、媒体和普通民众在内的地方组织和人员进行了广泛的合作。在两次世界大战期间，澳大利亚国防军与诸如红十字会和基督教救世军等慈善组织存在着非正式的合作关系，致力于保护非战斗人员的利益，同时为国防军提供慈善救助。例如，早在1914年，救世军就开始了与澳大利亚国防军的合作，涉及内容包括：在一战期间建造了多座营房式建筑，其功能涵盖了书信室、更衣室、休闲娱乐中心以及食品饮料小卖部等；为部队医疗队提供机动救护车，军队医疗人员同救世军一起参与到医疗救护活动中；还通过印有袋鼠形象的卡通标志为身在异乡的澳大利亚官兵带去家一样的感觉。到了二战期间，慈善组织的作用在澳大利亚国防军的官方备忘录中得到确认，带有"红盾"标志的救世军小屋出现在大多数的部队营地中；救世军成员被正式任命为部队随军牧师；他们还为澳大利亚国防军提供技术培训，为部队募集资金购买车辆、飞机及其他武器装备和军用物资等；女救世军成员还为国防军提供缝纫等帮助。二战期间共有超过50万名来自不同军种的国防军成员在休假期间享受救世军的热情接待与帮助。而在二战结束后的澳军驻守日本期间以及朝鲜战争和越南战争期间，一直到今日，救世军都会为身陷战火的澳大利亚国防军提供积极

---

① Australia Department of Defence, "Australian Defence Doctrine Publication (ADDP) 3.11", April 1, 2009, accessed August 10, 2023, https://vdocuments.mx/operations-series-addp-311-civilamilitary-operations-headquarters-and-units.html?page=1.

支持。①

除了上述形式的军民合作之外，澳大利亚的军民合作更多的还是体现在军队同地方部门一起完成非军事任务上。二战结束后，澳大利亚国防军除了执行海外人道主义救援任务外，还参与了美国在越南开展的所谓"反叛乱行动"，而这样的任务往往需要与民政部门合作完成。例如，军队与民政部门一起负责恢复当地的治理、经济发展和社会稳定，这种双方共同执行任务的过程对于军队和民政行为体之间的顺畅交流与密切合作起到了重要作用。实际上，早在1945年3月，英国陆军部就提出澳大利亚应该成立一个英国民间事务组织；同年4月，英国的民间事务分队帮助澳大利亚成立了"英国驻婆罗洲民间事务分队"并不断扩大，帮助成千上万名因战争流离失所的当地民众恢复家园。之后，他们又将工作范围进一步扩大，包括建设排水系统，恢复污水处理与水资源供应，为当地居民实施医疗救护，协助其采集橡胶，开办学校等。②越南战争期间，澳大利亚首次成立了自己的澳大利亚第一民事分队（the 1st Australian Civil Affairs Unit，1CAU），为美军提供军民联合行动支持。该部队由澳大利亚对外事务部和东南亚条约组织提供资金支持，1967—1971年一直在越南执行联合行动任务。它由5支小分队组成，分别负责执行有关卫生与医疗服务、农业支持、架桥修路、建造学校与医院，以及卫生环境的改善和供水服务等方面的任务。截至1971年，澳大利亚驻越南部队共有450人参与到了民事工程项目的日常建设当中。③

冷战结束后，澳大利亚国防军又肩负起了促进各类民间组织、团体与个人同军事力量合作与协作的任务。例如，1991—1993年，饱受干

---

① "History of the Red Shield Defence Services," Red Shield Defence Services, 2023, accessed August 10, 2023, https://www.salvationarmy.org.au/rsds/history-of-red-shield-defence-services/.

② "Australian Defence Doctrine Publication (ADDP) 3.11," Australia Department of Defence, April 1, 2009, accessed August 10, 2023, https://vdocuments.mx/operations-series-addp-311-civilamilitary-operations-headquarters-and-units.html?page=1.

③ "1st Australia Civil Affair Unit," Monument Australia, 2023, accessed August 10, 2023, https://monumentaustralia.org.au/themes/conflict/vietnam/display/94486-1st-australian-civil-affairs-unit.

旱与内战折磨、人口损失高达两百万的索马里请求联合国提供援助。作为联合国索马里行动的参与国，澳大利亚于是向索马里派兵驻扎在拜多阿（Baidoa）附近支持人道主义救济行动。这支部队完成了大量维和部队、人道主义机构以及当地民众间的协调工作。澳大利亚的军民合作支持小组还担负起了在拜多阿地区与所有同澳大利亚打交道的民间机构进行协调的任务，包括联络、社区支持项目，以及建立民事执法组织等。在此之后，澳大利亚国防军在执行布干维尔、东帝汶、所罗门群岛、巴布亚新几内亚、印度尼西亚和阿富汗等军事任务时，均包含了不同程度的军民合作。[①]

这种合作直至今日仍在持续。2008年，澳大利亚政府专门成立了"军民合作中心"（Australia Civil-Military Center），主要负责提高澳大利亚在有效预防、准备以及应对海外冲突与灾难中军警民三方之间的合作能力。多年来该中心不断推进军民在教育培训中的合作，推广军民合作的理念与指导性原则，直接推动了澳大利亚政府在预防冲突以及海外灾难管理中军民合作能力的提升。

二、澳大利亚国防军改革与军民融合

尽管军民合作在澳大利亚国防军建立之初就已开展起来，但真正意义上的军民融合是从冷战期间才开始涌现，其背景正是澳大利亚的国防军改革。

虽然澳大利亚从20世纪初就创建了国防军，但是在20世纪的前半叶，澳大利亚国防军几乎都是作为英国或美国盟军的一个组成部分来参与各种军事与非军事行动。甚至在二战之前，澳大利亚的三个军种及后勤供给部门都是在同一个部门之下进行统管。战争的临近让澳大利亚政府逐渐意识到这种组织结构非常不利于各军种战斗力的有效发挥，于是三个军种及军队后勤保障被分置于四个不同的部门，各军种间基本不存在协作机

[①] "Australian Defence Doctrine Publication (ADDP) 3.11," Australia Department of Defence, April 1, 2009, accessed August 10, 2023, https://vdocuments.mx/operations-series-addp-311-civilamilitary-operations-headquarters-and-units.html?page=1.

制。例如，二战期间，为了应对战争的需要，澳大利亚皇家海军加入英国皇家海军成为后者的一部分；澳大利亚陆军则派出了远征军第二帝国部队（Australia Imperial Force），成为英国陆军的一个分支；澳大利亚皇家空军也为英国皇家空军贡献了自己的力量。此时，由于大洋洲大陆本身也面临着侵略的威胁，澳军规模大幅增加，但除了在太平洋战争阶段很短的一段时间内，大多数时候澳大利亚的部队都是由英国或美国为其提供行动支持的，澳大利亚的陆海空三军相对独立，不同军种间时而会有合作，但大多只是一种暂时现象，似乎并不存在要将它们融为一体的长期必要性。

二战结束后，澳大利亚国防军还未来得及组织其官兵复员，就出于形势的需要加入了英联邦驻日本占领军，陆海空三军分别被分配了完全不同的任务，它们之间似乎依然几乎不存在合作的必要。因此，虽然在此期间澳国防军向职业化的道路前进了一步，但依然保留了它们在战争中的组成方式。澳国防军规模进一步扩大，但各军种依然相对独立。事实上，三军种协同作战的可能性和必要性讨论自二战开始就时不时浮出水面，但澳大利亚政府始终缺乏切实的相关举措。在二战后的20世纪五六十年代，澳大利亚的国防政策相对很简单，即对"强大盟友"的高度依赖。因此澳大利亚只需在作为主力的盟军部队中贡献较小的力量即可；而有关部队建设的具体决策，则分别是陆军部、海军部和空军部的职责范围，国防部在政策制定中能够施展的空间极为有限。[①]

面对如此情形，澳大利亚授权莱斯里·莫希德爵士（他在战时被授予准将军衔）领导下的委员会对此加以审查。审查报告建议将各军种的国防部门融为一体，由国防部长统管。然而遗憾的是，这份报告未得到认可，但还是引入了"三军参谋长委员会"机制，以便提供更加协调一致的高层政策建议。1958年底，澳大利亚总理孟席斯在给国防部长的一份备忘录中指出，国防部绝不能只充当各军种间"协调员"的角色，国防部长及国防部必须肩负起澳大利亚国防政策的全面责任。然而该建议直到1968年才被付诸行动，时任国防部长艾伦·费尔霍尔宣布对国防部进行重组，大

[①] Desmond J. Ball, *Strategy and Defence: Australian Essays* (Sydney, Australia: George Allen & Unwin Ltd., 1982), p. 139.

大削减了三军各自的权力。① 根据这项指令起草的详细融合计划经历了政府更迭之后为内阁所批准，此即著名的坦格国防部改革。在接下去的几年里，澳大利亚陆、海、空三军合并成为新的国防军，它们和后勤部门共同组成新的国防部，同时还设立了国防军总参谋长（Chief of Defence Force Staff）一职，负责三军的指挥，直接对国防部长负责。② 此举旨在打破原先三军各自为政、只关注本军种小我的利益而缺乏全局观的局面；而集中指挥与管理不仅能全面提升澳军的战斗力，而且有助于减少三军间的重复消耗，提升军费使用效率。然而，这次改革虽然取得了一定的成效，但并未获得预想中的效果：各军种无法再为本军种的发展负责，也就意味着在某些环节失去了应有的发言权。

为了进一步提高军费使用效率，在之后的十年当中，澳大利亚政府又组织了若干次针对国防部运行效率的审查与改革，其中包括将军用品生产的部分业务转到国防支援部，这也是公共部门节约成本的标准程序之一：将部分效率低下的公共部门职能外包给私营生产部门，以便通过竞争与高激励机制使成本最小化。③ 但真正朝着现代军民融合方向改革的实质性进展是1986年出台的《库克西报告》（即《澳大利亚防务出口及国防工业评估》）。报告中包含了对澳大利亚的国防工业，即具有战略重要性的产业，包括武器制造、船舶制造和飞机制造等运行情况的审查，意在提高效率，提升出口前景。报告认为，影响澳大利亚国防工业与防务出口的两大因素在于，一是澳大利亚的整体战略防御政策显然缺乏协调性，这些对军力结构和国防工业政策，以及相应的基础设施建设都会产生不良影响。二是澳大利亚在国防装备与器材出口方面表现不佳直接影响到了其工业发展政策，进一步凸显了澳大利亚在国际市场上缺乏竞争力这个事实。④ 报告

---

① Desmond J. Ball, *Strategy and Defence: Australian Essays* (Sydney, Australia: George Allen & Unwin Ltd., 1982), p. 140.

② F. W. Speed, *Command Structure of the Australian Defence Force* (Canberra, Australia: The Australian National University, 1987), p. 4.

③ Henry Ergas & Mark Thomson, "More Guns without Less Butter: Improving Australian Defence Efficiency," *Agenda* 18, No. 3, 2011, pp. 31-52.

④ R. J. Cooksey, *Review of Australia's Defence Exports and Defence Industry: Report to the Minister for Defence* (Canberra: Australian Government Publishing Service, 1986), p. 53.

建议，国防部应当公开有关国防工业的能力、进程、机制等信息，以便使其更加有效地参与市场竞争，其中包括将效率极度低下的由政府经营的船只、飞机和武器制造厂私有化。这一进程在接下来的20世纪90年代为国家减轻了多达2万名员工的负担。①

接下来的重要一步是1990年的里格利（Wrigley）审查报告。阿兰·里格利博士1989年受政府委托，对澳大利亚国防事业中的军民关系做出研究。里格利报告主张在国防行动中，应充分发挥地方工业部门的支持作用。②随后澳大利亚国防部出台了《商业支持计划》③，该计划目标在于充分发挥地方资源，让私营部门有机会参与军队后勤服务，从而使澳大利亚国防的后勤服务费效比达到最大化。④该计划将16,000个军队和地方的职位投入市场试运行，其中大约有66%的岗位最终转移到私营部门。这些岗位所涉及的领域主要包括装备维护、餐饮服务与清洁等。⑤1997年国防部又进一步出台了国防效率审查报告《国防改革项目管理与成果》。报告提出了若干关于提高国防管理与经济效率的建议，其中包括：增强战斗力，严格区分"核心"与"非核心"业务，后者可以考虑由国防力量以外的部门承担；根据情况适当地选择商业化途径；在有限经费预算的前提下打造一支最高效、最有战斗力的国防队伍。⑥针对上述建议，澳大利亚当年出台了《国防改革计划》，开始了影响最为深远的一系列改革，包括国防后勤

---

① Henry Ergas & Mark Thomson, "More Guns without Less Butter: Improving Australian Defence Efficiency," *Agenda* 18, No. 3, 2011, pp. 31-52.

② David Beaumont, "Transforming the Australian Army's Logisitics—Defending Australian in the 1980s and 1990s," May 28, 2017, accessed August 10, 2023, https://logisticsinwar.com/2017/05/28/transforming-the-australian-armys-logistics-defending-australia-in-the-1980s-and-1990s/#:—:text=Wrigley%E2%80%99s%20report%2C%20The%20Defence%20Force%20and%20the%20Community%3A,for%20industry%20in%20the%20support%20of%20Defence%20activities.

③ "Commercial Support Program," Australian National Audit Office, 1998, https://www.anao.gov.au/sites/default/files/anao_report_1998-99_02.pdf.

④ *Ibid*.

⑤ Henry Ergas & Mark Thomson, "More Guns without Less Butter: Improving Australian Defence Efficiency," *Agenda* 18, No. 3, 2011, pp. 31-52.

⑥ "Defence Reform Program Management and Outcomes," Australian National Audit Office, 2001, https://www.anao.gov.au/sites/default/files/anao_report_2001-2002_16.pdf.

产业的外包以及多余地产的出售等，消除了三个军种间相互重叠的资源消耗部分，并为一系列后勤业务创造了统一的投送模式。① 2000年该计划结束后，国防部又出台了一系列支持计划，包括"国防综合分配系统""澳大利亚国防军健康服务行动"等。2002—2003年推出的《国防雇员认证协议（2002—2003）》使国防部《商业支持计划》得以落实，该协议包含了所有市场测试以及所有其他形式的竞争性投标业务，从而实现国防业务的地方外包。② 经过这一系列的审查与改革计划，尽管改革本身依然存在这样或那样的问题，例如部分人员对改革目标的不理解或不认同，或是因过分关注经费的节余导致改革的真正目标被忽视；但不管怎样，澳大利亚国防部的确实现了经费的节约，且在部分业务同地方实现合作后，军队的战斗力得到了切实提升。

进入21世纪，类似的改革还在继续。2000年，根据毕马威（KPMG）公司做出的一项评估报告，军需品维护和采办功能的合并在短期内或许会呈现出一定的弊端，但从长远看显然是利大于弊，二者合并后，当年6月澳大利亚国防部设立了"国防器材装备局"（DMO）。③ 2003年和2008年，澳大利亚出现了两次采办环节的失误，相关审查结束后，计划和军需品采购与维护环节得到进一步改革，国防器材装备局变身为一个半独立机构。在2008年的"独立预算审计"之后，澳大利亚国防部2009年发布的《国防白皮书（2009）》又推出了一项为期21年的"战略改革计划"，计划将在下一个十年中节约资金200亿澳元，用以加强澳军的战斗力和基础设施修复。④ 为此，澳大利亚政府推出了相应的《战略改革计划》，详细阐述了澳大利亚整体国防事业将要推行的全面改革计划，在军事能力、信息通信能力、国防部不动产、科技支持能力，以及其他一般性的货物与服务方

---

① "Defence Reform Program Management and Outcomes," Australian National Audit Office, 2001, https://www.anao.gov.au/sites/default/files/anao_report_2001-2002_16.pdf.

② Improving Initiatives: Commercial Support Program, Department of Defence, 1998.

③ "Chapter 1: The DMO's Reform Program," accessed August 10, 2023, https://www.aph.gov.au/~/media/wopapub/senate/committee/fadt_ctte/completed_inquiries/2002_04/dmo/report/c01_pdf.ashx

④ Defence White Paper 2009, Defending Australia in the Asia Pacific Century: Force 2030, Department of Defence, p. 14.

面的管理能力将得到普遍改善，并通过引入"综合劳动力管理系统"，使得国防事业的支持服务进一步集中化、标准化与简约化，从而达到节约资金、提高效率的目标。其中，单是从人员岗位与后勤服务的军转民一项就节余33亿澳元，再加上信息通信、科技支持、其他货物与服务方面与地方合作产生的节约成本，成果更加可观。[1] 为了更好地发挥自己的效能，国防器材装备局提出的六大准则是：实现组织成员的职业化、鼓励终生学习；根据具体情况调整优先等级；操作程序标准化；以最高水平为基准；通过鼓励公开诚实的对话以及对表现出色者予以奖励的方式改善同产业界的关系；拥抱改变引领改革。[2]

当澳大利亚的军民融合在组织层面开始逐步改革的同时，也开始了更多公私合作的实践尝试，其中最重要的一次尝试当属1989年澳大利亚国防工业公司的成立，该公司产权属于政府，用以取代国防部的"国防生产办公室"，这样一来便使其远离"官僚与政治"，使政府名下的工厂和码头被融为澳大利亚工业的一部分。该公司的四大分支分别是：海军工程、弹药与导弹、武器与工程，以及军服制作。此举是为了让澳大利亚国防工业更深层地融入国际市场，使其不再对政府过于依赖，并借以提升其长效竞争力。2001年，澳大利亚政府又开启了该公司的私有化进程，由汤姆逊无线电（Transfield Thomson-CSF）联合公司对其进行收购。鉴于该公司在民用和防务国际市场上居于领导者地位，该收购显然将进一步提升澳大利亚军工企业的国际竞争力，该公司后改名为泰雷兹（Thales）公司。2006年，泰雷兹又进一步扩大了其在国防工业公司中的股权比例，成为该公司的全权拥有者。

然而，尽管从20世纪70年代起澳大利亚就开始了一定程度的军民融合，但其主要目标还是提高军费使用效率，通过节余加大在关键军事能力方面的投入，且军民融合的范畴也主要集中在后勤保障领域，有关人员力量的融合只是从21世纪才刚刚起步。而真正全面意义上的军民融合，即在先进武器装备制造、高科技手段应用、国防力量以及国防教育中的全面军

---

[1] "Strategic Reform Program: Delivering Force 2030," Department of Defence, 2009.
[2] S. Ladika, "Defence Materiel Organisation," PM Network 22, No. 3, 2008, pp. 40-43.

民融合过程，则起始于21世纪第二个十年的中期，围绕着澳大利亚《国防白皮书（2016）》所展开的。随着白皮书的前期准备与正式出台，澳大利亚国防部推出了一系列具体的计划与政策，并在国防部机构之下明确了专门的指导与执行部门，以确保军民融合能切实有助于提高澳军的未来战斗力，同时也起到促进澳大利亚本国经济社会发展的作用。

第二节　澳大利亚军民融合的战略设计与政策制度

众所周知，国防能力建设中的军民融合要想获得成功，首先要有科学合理的顶层设计，确保集中统一领导与一体化的军队联合战略体系与国防能力，加上相应的各项配套政策措施，在实施过程中本着公开、透明的原则，实现军队与相关的地方工业与科学技术力量间的有机结合，以最经济的手段实现国防能力最大限度的提升，同时反过来也推动本国经济的进一步繁荣。澳大利亚《国防白皮书（2016）》以及与之相关的一系统配套政策的出台意味着澳大利亚军民融合战略地位的明确。

一、澳大利亚《国防白皮书（2016）》指导下的军民融合战略

军民融合的实现首先有赖于科学合理的战略设计；在此过程中集中统一的领导与国防体系与能力建设的一体化是军民融合得以实现的根本保证。这一点在澳大利亚《国防白皮书（2016）》中首次得到明确。

2015年是对澳大利亚国防建设有着非凡意义的一年。进入21世纪以来，澳大利亚对外战略中的一大变化就是对自身在地区以及国际范围内的角色认定的不同，加大了对国防力量建设的关注。这从21世纪第二个十年以来国防白皮书的颁布频率及内容便可探知。[1] 正常情况下澳大利亚每五年发布一版国防白皮书，根据国内外形势变化的需要调整其国防战略目标及应对手段。然而，继2009年之后，澳大利亚国防部提前一年于

---

[1] 澳大利亚自冷战以来分别于1976、1987、1994、2000、2009、2013、2016年颁布了《国防白皮书》。

2013年推出了国防白皮书，以应对澳战略重心转移、美国亚太再平衡战略之下澳美合作加强、世界性金融危机等周边战略环境的变化，勾画了澳大利亚国防军的未来发展目标及其对本地区长期安全将要承担的责任。澳大利亚《国防白皮书（2013）》指出，将继续推行前文提到的"战略改革计划"，并突出强调了融合式改革路径，以确保国防力量的高效性和有效性。[1]然而很快，澳大利亚政府于2014年又开始酝酿新一版的国防白皮书。之所以如此，与澳大利亚新总理的上任不无关系，但更多的还是缘于澳国内对于前期国防政策的不满，包括政策目标不明确、执行手段不清晰、盲目乐观于地理位置的优越性，以及海上战略的局限性等。[2]当然，仅凭这些显然不足以支持新一版白皮书的出台，还必须要有足够的前期调研和形势分析。正如澳大利亚时任国防部长戴维·约翰斯顿所指出的，好的公共政策需要政府、社会与单个公民之间的积极协作。[3]鉴此，一方面，澳大利亚国防部长于当年指定了6名相关领域的专家负责白皮书的起草，对白皮书中的核心观点和关键判断进行审定，并从各自的视角提供建议。另一方面，更重要的是，澳大利亚国防部还于同年面向澳大利亚广大民众发布了《国防要务征求意见书（2014）》，向社会各界民众征集意见和建议，协助专家组进一步完善相关政策建议。[4]该意见书共列举了有关澳大利亚国防建设五个方面的问题，包括澳大利亚安全与战略利益所面临的挑战与威胁、澳大利亚国防军应对这些挑战与威胁所要实现的目标、澳大利亚在本地区与地区之外同其他国家与国际组织间的关系、国防军能力建设的投资重点和产业界对国家安全可能带来的贡献为广大民众提供更多的资金与机遇以提升国防文化等。

2015年，作为对征求意见书的回应，澳大利亚国防部发布了《警惕

---

[1] "Defence White Paper 2013: Defending Australia and Its National Interests," Department of Defence, 2013.

[2] Alan Dupont, "Full Spectrum Defence: Re-Thinking the Fundamentals of Australian Defence Strategy," March 13, 2015, accessed August 10, 2023, https://www.lowyinstitute.org/publications/full-spectrum-defence-re-thinking-fundamentals-australian-defence-strategy.

[3] "Defense Issues Paper: A Discussion Paper to Inform the 2015 Defence White Paper," Australian Department of Defence, 2014, viii.

[4] *Ibid.*

不确定性：澳大利亚的国防观》报告。这份长达156页的报告汇集了澳大利亚民间对其国防事业发展方向的建设性意见，由专家小组共同协商后完稿。报告围绕六个方面的问题提供了相关建议，包括澳大利亚军队与社会的关系、澳大利亚国家安全所面临的关键威胁与机遇等，而澳大利亚军民融合得以实现的关键领域，即国防工业成为其中一个重要组成部分。报告用了整整一章的篇幅探讨国防工业政策的目标、重点、实施路径和其他需要注意的问题，以及更加具体的配套执行标准、执行计划、合作项目等。[1]

同样在2015年推出，且对澳大利亚《国防白皮书（2016）》意义重大的另一份报告为《首要原则审视》。这份报告出台的背景是，澳大利亚的国防部结构自从坦格改革以来始终未能得到真正有效改变，导致机构臃肿、效率低下，尤其是各军种、各部门间缺乏必要的统一协作，各行其是，以自己的利益为重。同时更重要的是，在未来的10至20年里，澳大利亚将面临更大的战略不确定性，主要原因在于以下几条：技术的快速变化、预算的不确定性、本地区经济水平的大幅提升，这些都对澳大利亚在本地区和更大范围内的各种危机反应能力提出了更高的要求。报告建议，在"整体国防"理念之下，澳大利亚国防部将保留原有的"双头领导机制"，即国防部秘书长与国防军司令分别统领国防部的行政事务与国防军力量，但他们的职责与相互间的界限必须更加明晰，同时国防部的战略核心，即国防委员会的构成将更加精简，从而大大提升国防部的运行效率。军民融合战略效率的提升也是报告内容的重要组成部分。报告建议，应当增加国防工业在国防能力建设中的参与度，同国防部建立更加有机的伙伴关系，克服合作过程中种种不必要的障碍；对现有的"国防器材装备局"的行政归属加以改革，同时将不专门体现国防部需求的合作产业项目交由工业部进行管理，从而避免军民两地工业项目的重叠。[2]

正是在上述背景下，原定于2015年下半年出台的新版《国防白皮书》

---

[1] "Guarding Against Uncertainty: Australia Attitudes to Defence," Department of Defence, 2015.

[2] "First Principles Review: Creating One Defence," Australian Department of Defence, 2015.

于2016年面世。简单说来，澳大利亚《国防白皮书（2016）》将目光投向此后直到2035年的十多年的防卫计划，对澳大利亚在未来印太地区乃至于整个世界更加复杂的战略环境中，如何应对各种预期之中或之外的变化，如何提升自身的国防能力、强化国家安全做出了全面规划。报告从战略、能力与资源三个方面对澳大利亚未来的国防政策进行了阐释。

报告明确了未来20年澳大利亚的国防战略目标，确保维护三个层次的战略利益，其中第一层次为安全与"韧性十足"的澳大利亚；第二层次为安全的近邻地区，包括海上东南亚与南太平洋地区；第三层次则为稳定的印太地区与对澳大利亚国家利益形成支持的"基于规则的世界秩序"。从能力方面来看，澳大利亚的目标在于建设一支能力更加全面、更加灵活机动，且更加强大的未来军队。未来的澳大利亚国防军将更加注重联合作战能力建设，尤其关注六大方面的能力，包括情报侦察能力，网络防御能力，海上、空中和地面作战能力，基础设施建设能力，以及海上和空中投送能力等。在实现上述能力的资源方面，国防工业将成为其中的至关重要因素。

可以看出，从《国防要务征求意见书》和《警惕不确定性：澳大利亚的国防观》报告，到《首要原则审视》，再到澳大利亚《国防白皮书（2016）》的正式推出，都表明澳大利亚高层已经充分认识到国防工业的发展对于提升澳大利亚国防能力有着至关重要的意义。在国防投入有限的情况下强化军事能力，必须要提升国防能力中的科学与技术能力，推动创新，加强与私营部门以及高校和科研院所的合作。不仅如此，先进武器复杂度及成本的上升还意味着国防工业的全球化合作原则。这也就意味着，军民融合战略的展开在澳大利亚已成为大势所趋。

二、澳大利亚新一轮国防军改革背景下的军民融合战略设计

根据上述几份报告原则的建议，澳大利亚《国防白皮书（2016）》首次确立了澳大利亚的军民融合战略原则，对军民合作力度、关注重点和配套保障等方面都做出了明确的设计。在国防能力建设体系中，国防工业被赋予非常重要的地位，成为澳国防能力提升的重要支撑。

白皮书指出，澳大利亚国防能力的提升与保持关键在于国防部同澳大

利亚国防工业以及科学技术研究组织的合作上升到一个新的高度。通过创造二者间合作的新机遇，将能带来国际领先的创新能力与专业技术水平，从而为澳大利亚国防军创造独有的能力优势。作为澳大利亚政府强化其国防能力的一项根本性投入，澳大利亚国防工业的贡献将主要体现在以下几个方面：为国防能力与军事行动提供一系列关键的直接与辅助服务；建设国防设施与基地并提供相关服务；提供和支持国防信息与交流技术；对国防基地形成支持，并提供后勤保障、健康支持，以及燃料、能源和其他必要的支持；扮演国防设备的使用与升级过程中创新的主要贡献者。[①]

在澳大利亚的军民融合战略中，以下几点值得特别关注。首先，国防工业对澳大利亚国防能力的关键作用得到了史无前例的认可；其次，在国防工业所涉及的众多企业中，中小型企业为澳大利亚政府主要关注目标，因为它们更多地代表了澳大利亚自身的工业能力，并且将成为澳大利亚高水平国防能力的主要孵化器；再次，澳大利亚要求其国防工业能力未来必须具备国际竞争力；最后，由于国防工业对于国防能力的作用远不止是相关设备的采办，这就意味着国防工业必须贯穿澳大利亚国防能力建设的全过程，包括人员组成、组织情况、能力训练、物资供应、设施与训练场、后勤支援、控制与管理等各个环节。

此外，既然军民融合的重要性已经得到澳大利亚政府高层的充分重视，就意味着政府将要采取一切可能的措施推动军队与国防工业之间的合作。首先，确保充足的资金支持。[②] 针对这一点，新版白皮书首次明确了资金投入计划，向地方私营部门明确告知政府的投资计划。白皮书指出，到2020/2021财年，澳政府将增加国防预算至国民生产总值的2%，在未来的10年中对国防能力建设的投入资金将史无前例地高达1950亿澳元。[③] 其次，澳政府将充分发挥国防工业的作用还意味着加强军队和国防工业间的合作，尤其是简化国防工业参与国防能力建设的程序，包括招投标和合同的签订等，更要杜绝政府中的官僚作风。此外，对于参与国防工业的企业

---

① "2016 Defence White Paper," Department of Defence, 2016.

② "Guarding Against Uncertainty: Australian Attitudes to Defence," Department of Defence, 2014; Department of Defence, 2016 Defence White Paper, 2016.

③ "2016 Defence White Paper," Department of Defence, 2016.

来说，政府也将在更多的环节开放相关信息，使其有更多的机会加入国防能力建设。在澳大利亚政府的一系列举措之中，其中最值得关注的是同年两份配套文件的出台，即《2016国防工业政策声明》和《2016综合投资计划》。它们和澳大利亚《国防白皮书（2016）》一起，为澳大利亚的国防工业提供了一种全面的政策框架，明确了产业界在澳大利亚长期安全，包括能力、基础设施以及未来技术发展等方面要达到的努力目标。

三、澳大利亚军民融合政策制度

在确定了国防军改革中的军民融合战略原则的基础上，澳大利亚推出了一系列政策文件，确定了军民融合原则具体要实现的目标及举措。尤其是《2016国防工业政策声明》和《2016综合投资计划》，对军民融合的未来建设方向给出了更加明确的设计。前者为国防军与国防工业间的有效合作确立了新的框架。后者则为合作提供了充足的资金保障。

明确合作目标。《2016国防工业政策声明》明确了国防工业将要服务于部队的重点建设领域。声明在开篇便郑重指出，"澳大利亚的国防工业是我们成功路上的关键伙伴"，对于澳大利亚国防军的成功行动及其保护澳大利亚国土安全及国家利益的能力必不可少。鉴于确保海上安全将是澳大利亚国防能力建设的重中之重，因此在其军民融合战略中，澳大利亚打算在此后20年里启动全球最大规模的澳大利亚皇家海军现代化建设，包括水面舰船与潜水艇的建造与评估。而对于如此重大的国防计划，只有通过军队与产业界的强强联合才能带来能满足需要的技术与人才。除了这些与作战直接相关的能力之外，澳大利亚产业界还能为国防事业提供基地支持，包括从商品到服务的后勤保障、信息与交流技术、健康支持、燃料、能源，以及其他各方面的支持。因此，国防与工业之间的紧密合作将对澳大利亚政府宏大国防项目的实现起到关键作用。[①]

除了在指导原则上对军民融合的至关重要性加以肯定之外，《2016国防工业政策声明》还明确了澳大利亚政府国防工业政策计划实现的四项基本目标，它们分别是：国防军与产业界之间重点突出、协调一致且公开透明

---

① "2016 Defence Industry Policy Statement," Department of Defence, 2016.

合作基础上实现国防能力的最大化；转变创新渠道，使军队产业界与学术界沟通更高效，简化获取国防研究基金的途径，在国防能力需要与澳大利亚产业界的创新思想与举措间实现无缝对接；为澳大利亚本土企业最大限度地创造机会，同时推动国防工业的出口潜力、技术深度与广度；简化投标与合同订制程序，配合《首要原则审视》中的"整体国防"原则，打破官僚作风，简化实施程序，降低产业界支持国防事业的成本。

在此基础上，《2016国防工业政策声明》还明确了国防工业政策实施过程中的若干具体举措，以及相应的资金投入情况，包括：第一，在未来十年投入16亿澳元集中实现两大工业与创新计划。一是建立一个新的"国防工业能力中心"，由国防部和私营企业分别派代表组成顾问委员会负责领导，推动地方与军队形成战略合作伙伴关系，使产业界参与到项目的管理中。国防部在未来十年将为此投入资金约2.3亿澳元。二是通过军队、产业界以及研究机构三者间更加密切的合作，共同推动创新，并促进成果的商业化。为此，政府的资金投入将分作两部分，其一是将7.3亿澳元作为"下一代技术基金"投入具有改变未来战争规则潜力的战略性技术当中；其二是投入6.4亿澳元创建新的"国防创新中心"，承担起从提出理念、设计模型并加以测试，到将其投入实际应用全部环节的任务。第二，在能力形成的整个过程承认产业界对于国防能力的根本性作用，让产业界在早期阶段就有机会发声，并获得更大的发言权。第三，落实《首要原则审视》中的建议，形成一套更加灵活快捷的能力发展与获得程序。第四，发布《2016综合投资计划》，以确保政府投资计划的落实。第五，对国防能力政策关注的重点逐渐转向自主工业能力的开发与形成，以确保澳大利亚的关键国防能力能够为澳大利亚所独自掌控。[①]

可以看到，《2016国防工业政策声明》的出台对于澳大利亚军民融合意义重大，不仅明确了指导性战略原则，而且配之以具体落实举措。上述举措将不仅通过促进军队与地方的有机合作，有效推动澳大利亚的国防能力建设，而且对于澳大利亚的整体国家利益，包括其地方工业的进步以及经济的繁荣，都将产生积极影响。而这些举措的实现，显然是和资金的投入

[①] "2016 Defence Industry Policy Statement," Department of Defence, 2016, pp. 11-12.

与有效使用分不开的。于是,《2016综合投资计划》的出台恰好满足了这一需求。

提供充足资金保障。《2016综合投资计划》中的"综合",指的是为了实现澳大利亚《国防白皮书(2016)》中设定的有关澳大利亚国防能力建设的战略目标,国防部将统合起五大关键要素,即装备、基础设施、信息与交流技术、科学技术和劳动力,集中各方力量,形成各项能力的统一,实现《首要原则审视》中提出的"整体国防"理念。本轮的投资计划是以澳大利亚《国防白皮书(2016)》中对澳大利亚国防军的军力结构评估为基础的。军力评估的重要性早在《国防要务征求意见书(2014)》中得到明确的阐述,评估的结果则在澳大利亚《国防白皮书(2016)》中得到呈现。具体说来,这项评估对截至21世纪30年代澳大利亚需要具备怎样的国防能力才足以应对挑战进行了估测,同时对未来的澳大利亚军队做出了设计,以确保国防战略、国防能力以及国防资源三者间的协调一致,以此为基础对国防军进行培塑,使其能力更加全面、更加灵活应变,且更加强大。这次评估有助于确保在澳大利亚国防能力实现过程中的关键要素,例如码头、机场、训练场和训练基地、信息与交流技术系统,以及配套的科学技术,都在未来十年的投资决策中依据其对推动国防能力建设的重要性得到应有的重视。

根据澳大利亚《国防白皮书(2016)》的评估,澳大利亚的军力结构以及更大范围内的国防能力将包括以下四个方面:舰船、飞机等装备器材;信息通信技术系统;机场、港口、训练场等基础设施;训练有素的国防军、文职人员和外聘人员。国防部从前是对这些要素通过单独的投资计划加以维持,如《国防能力计划》和《主要资本设施计划》等。《2016综合投资计划》首次将这些独立的计划融为一体,并根据澳大利亚《国防白皮书(2016)》中确定的6项关键国防能力给出了具体的投资计划。例如,针对"关键条件建设"这项国防能力,《2016综合投资计划》优先关注的领域包括:维护关键基础设施、关键国防军基地、后勤系统、燃料与爆炸品设施等;升级训练场与靶场、测试设施及医疗服务培训;推进大规模国防信息通信技术系统对国防事务的支持能力;加强军力设计以及战略政策与国际政策的开发,加大对相关国际行动的参与力度。此外,鉴于国防能力的各个方面都离不开关键条件建设，因此投身于国防事业的人力也需要得到大力加强。具体而言，《2016综合投资计划》将为国防军和文职人员分别增加1100个和40个岗位，尤其要加强在信息通信技术网络支持，后期、行动和安全支持，高级联合训练系统等领域的国防人员。这样带来的好处是，在发展未来国防能力的过程中能够提供更加连贯一致且高效的手段。整合之后的投资计划将能减少投资不足或碎片化的风险。例如，有关舰船或飞机的新需求，配套的码头和机场，信息与交流技术，以及相应的劳动力配置变动，都会得到一并考虑。

正如前文所提到的，无论是澳大利亚《国防白皮书（2016）》，还是《首要原则审视》或是《2016国防工业政策声明》，都明确了国防能力的提升是同具有国际竞争力的澳大利亚国防工业分不开的，在当今时代军事系统日益为高科技所主导的背景下尤其如此。因此，《2016综合投资计划》的有效实施必然是以军队与产业界紧密有效的合作为基础的。该投资计划目标宏大，对于澳大利亚的本国工业来说既是绝好良机，同时也充满了挑战。澳大利亚产业界可以借助该投资计划了解国防部采办所带来的各种潜在机遇，同时对计划获批的时间与先后顺序有更加清楚的认知，从而制订自己相应的商业计划。此外，由于《2016综合投资计划》是以严格落实澳大利亚《国防白皮书（2016）》宗旨为目标的，因此有助于促进军队与产业界以目标为驱动，通力合作，发现并形成创新手段，实现能力的提升。

配套政策支持具体建设目标。从具体的操作环节来看，澳大利亚政府对于国防工业能力建设目标已经有了清醒的认识与明确的认定。总的来说，澳大利亚将推动建立技术更加先进、更加以创新为驱动且具有可持续发展能力的国防工业基础，以协助军队保护澳大利亚的国家利益。这将包括以下几个方面：

一是加强国防能力的培养。澳大利亚政府的国防预算从2016年的324亿澳元增加到2026年的587亿澳元，同时还将在之后的十年间斥资1950亿澳元用于国防能力建设。不仅如此，前文提到的《2016综合投资计划》还首次将国防投资中的所有要素，不仅包括主要的武器以及相应的平台与系统，还包括装备、设施、劳动力、信息与交流技术，全部统合到一起。这不但意味着澳大利亚政府充分认识到了工业对国防能力建设的重大贡献，而且有助于产业界在进一步明确自己使命与任务的同时，更多地把专业技术与科技进步转化为国防能力建设中的创新手段。

二是在国防与工业之间建立战略伙伴关系。澳大利亚政府高度重视开发经济中的创新潜力，同时这种创新将被转化为国防能力的驱动因素与产业界的新机遇，从而实现国防能力需求、金点子以及产业界的创新实践之间的无缝衔接。优化军队与产业界、学术界和研究机构间的合作将不仅有助于澳大利亚国防力量对创新能力的应用，而且也能促进创新被直接转化为新的商机。

三是对创新在国防领域的充分利用。澳大利亚将致力于为本国企业提供最大化机遇，推动国防工业的出口潜力、技术深度及多元化发展，使得工业对军队的支持成本更低且更加便捷。前文提到的"国防工业能力中心""下一代技术基金"以及"国防创新中心"的建立都是实现这一目标的具体举措。

四是打造强大而有持续发展能力的海军造船工业。澳大利亚政府认为，海军作为澳大利亚具有高度战略意义的军种，海军造船工业将对澳大利亚建设未来20年应对各种挑战的国防能力意义非凡，因此必须做出长期打算。从长期来看，澳大利亚政府的战略将致力于持续建造各种大型战舰和小型海军舰船；而从短期来看，持续的造船战略将能保留本将失去的1000个就业机会，并在未来的几十年里维持大约2500个水上造船工业的就业机会，从而打破长期以来困扰该行业，甚至导致其几乎步入死胡同的"盛衰交替"的循环模式。

在澳大利亚《国防白皮书（2016）》《2016国防工业政策声明》和《2016综合投资计划》这三份标志性政策文件的共同指导下，澳大利亚国防部于当年开始全面推动国防工业能力建设，并陆续出台了一系列国防工业政策文件，包括：《2017海军造船计划》《2018国防出口战略》《国防工业技术与STEM战略》《国防工业参与政策》《2018国防工业能力计划》《综合投资计划能力集群工业战略》以及《自主工业能力优先实施计划》等。这些政策文件的出台将有效推动澳大利亚国防工业的快速发展。

第三节　澳大利亚军民融合体系的管理和运行

从上文可知，澳大利亚的军民融合战略的成功实施关键在于通过军队与产业界以及科研机构间的紧密合作，充分助于国防工业能力建设。在明确各项目标的前提基础之上，厘清相关部门的职责分工就显得尤为重要。

一、澳大利亚军民融合体系的管理

体系的领导。为了实现上述目标，澳大利亚政府，尤其是国防部，作为军民融合战略的领导机构，将负责展开实施这一战略。

首先，国防部的最新组织架构确保了国防工业能力建设的基础性地位。国防部的最高领导层包括4名部级领导，分别是国防部长、助理国防部长、分管现役和退役国防人员的部长、分管国防工业的部长。具体到行政事务，国防部在"整体国防"的原则指导之下，主要分行政事务和作战事务两大领域，分别由国防部秘书长和国防军司令领导。前者统领副秘书长，能力获得与维持小组，国防情报小组，国防科技小组，制导武器与爆炸物小组，海军舰船制造与维持小组，战略、政策与工业小组；而副秘书长一职又下设副秘书长小组、国防数字小组、国防财政小组、国防人力小组、安全与不动产小组。国防军司令负责统管陆、海、空三军及联合作战司令部和联合能力小组五大机构。从该组织架构本身可以看到，除部长和副部长外，另两名主管领导分别负责国防部人员和国防工业事务，这也就意味着对于国防部来说，国防工业和国防人员一样，已深入到国防力量建设的每个角落。

其次，对此形成支撑的是，国防部几乎在每一个领域都有和国防工业相关的业务。具体说来，在前文提到的国防部业务小组中，能力获得与维持小组，国防科技小组，制导武器与爆炸物小组，海军舰船制造与维持小组，战略、政策与工业小组，国防数字小组，安全与不动产小组等均与国防工业能力建设有着一定的联系，从各自的领域推动澳大利亚国防工业能力的提升。

在军民融合战略具体的运行过程当中，国防部长和国防工业部长还代表澳大利亚政府对各项战略与计划的实施情况进行监管，同时类似国防工业能力中心顾问委员会的组织则会在政府对国防工业的支持措施与政府应优先关注的能力建设方面为政府提供建议，并为军工企业提供指导。

体系的协调。在国防部的各个小组当中，对澳大利亚国防工业起到重要协调作用的是战略、政策与工业小组。该小组的前身为战略、政策与情报小组。首先由此机构的职能变化便可以看出，自从21世纪澳大利亚国防军改革以来，国防工业的重要性已经上升到国家战略层面。该小组处于国防部战略中心的地位，一方面为政府的决策提供直接建议或施加间接影响，以确保国防能力以及国家安全优先事项的实现，同时促进更强的国防决策能力；另一方面则在政策的具体实施过程中，对军事行动、国防能力培养，以及更广意义上的国家安全目标的实现提供关键支撑。更重要的是，该小组同澳大利亚政府的各个关键部门与机构有着广泛的协作，并通过一套严密的内部竞争机制，以确保小组的政策建议能够与政府的国防优先发展事项和资源形成高度一致。

在负责战略政策与工业的国防部副秘书长的领导下，该小组共设四个处，它们分别是国防工业政策处、国际政策处、战略政策处和市场竞争处。事实上，该小组的成员构成本身就体现了澳大利亚的军民融合战略原则。小组的工作人员是来自多个不同背景、不同学科的高素质人才，包括艺术、生物学、商业管理、化学、经济学、工程学、信息通信技术、信息安全、国际关系、法律、物理学、政治学、社会学等。

在该小组下属的四个处中，国防工业政策处对于澳大利亚军民融合战略的实施意义重大。该处成立于2015年，旨在指导并提升军队与产业界的合作与创新。该处的具体职能包括：确保军队与产业界之间的紧密合作；为具有竞争力的澳大利亚公司开发新的机遇；有效管理工业计划，确定明确的绩效指标；寻找国防部实现创新的新路径；使未来国防工业中的需求变得更加透明；在产业界的技术投资与国防能力需求间建立紧密联系；遏制官僚作风。该处共包含三个办公室，即国防工业办公室、国防出口办公室和国防能力与创新办公室，分别负责协调国防工业对国防能力建设的参与、本国国防工业的出口竞争力和国防能力创新的实现。

国防工业办公室主要负责国防工业政策，包括推动上述《2016国防工业政策声明》的具体实施。目前该办公室主要履行的计划与职责包括"澳大利亚工业能力计划""资助工业能力评估框架""国防工业能力计划"和"国防工业技术与STEM（科学、技术、工程与数学）战略"的开发，以及一系列技术与STEM工业援助计划，包括"学校路径计划"与"国防工业实习计划"。此外，该办公室还同国防工业能力中心密切合作，推出了一系列相关计划，以确保澳大利亚军工企业能够不放过任何一个机会推动其创新、技术与生产力，包括在澳大利亚本土与海外各种商机的最大化。

正如前文所述，澳大利亚军民融合战略原则的实现不仅意味着通过国防与产业界之间的密切合作提升整体国防能力，还意味着澳大利亚本国工业竞争力的加强与出口潜力的扩大。因此，国防工业政策处专门设立了国防出口办公室，以负责管理国防与战略物资与技术，并为出口提供授权。其具体职责包括：为制造商就控制状态以及相关物资、服务与技术的出口可能性提供前期建议；为受到管制的出口颁发许可证与执照；发布外延计划，以确保出口商能够根据澳大利亚相关规定与立法尽到其责任；通过加入多边不扩散与出口控制集团，参与到防止大规模杀伤性武器扩散的国际合作中；为进口管制国防与战略物资对终端用户进行授权并颁发非转让证明；为帮助来源于国外的国防项目获得再转让批准书。

国防能力与创新办公室负责管理在2016年确立的国防创新中心计划下的联合创新投资系列计划。澳大利亚政府计划在2026年之前的十年内向国防创新中心计划注入资金6.4亿澳元，为国防工业与研究机构的创新发展提供直接通道，以开发新的创新能力。目前，在国防创新中心计划的指导下正有一系列创新项目处在运行当中，包括：能力技术演示计划、快速模型开发与评估计划、国防创新实现基金计划、优先工业能力发展计划、信息办公室主任小组创新计划等。除此之外，国防创新中心计划还将帮助产业界与学术界更清楚地了解国防创新投资优先事项，并且投资过程更加简洁优化。

而其余三个处则从各自的领域对国防能力建设形成支持。国际政策处主要对有关国防政策的核心事务提供战略层面的政策建议；战略政策处负责为澳大利亚政府与国防部领导提供战略政策建议，使其了解长期战略国防政策的背景，包括国防战略、能力及资源，以确保澳大利亚政府的战略国防目标能够得到实现；市场竞争处则为政府提供建议以确保投资决策是在充分掌握情况的前提下做出的。

战略、政策与工业小组为推动国防工业能力发展采取了多项措施，包括关键政策文件的出台与工业能力中心的创建，如上文提到的《国防工业能力计划》。该计划于2018年出台，为澳大利亚的国防工业发展做出了全面规划，使其对前文提到的《2016综合投资计划》形成支持。该计划设立了"自主工业能力评估框架"，并引入了首批自主工业能力优先事项。澳政府的目标在于既为澳大利亚国防军提供高效尖端的能力，同时也确保本地工业最大限度地参与其中。在此前提下，首批优先事项将集中于以下几个方面：对国防任务行动至关重要的领域；《2016综合投资计划》中明确要在随后的三到五年完成的优先事项；那些因种种原因需要特别指导、管理与支持的领域。此外，《2016综合投资计划》中设定的优先事项主要集中在技术能力层面，以鼓励创新，促进综合投资计划以及单个计划中的能力集群普遍得到新的发展。《2016综合投资计划》指出，国防工业能力是澳大利亚国防能力提升的重要支柱。到2028年，澳大利亚将建成一个规模更大、能力更强、战争准备更加充分的国防工业体系，从技术、专业能力、知识储备及基础设施等方面综合为澳大利亚国防能力中的采办、行动与维持形成支持。[1] 通过与澳大利亚《国防白皮书（2016）》《2016国防工业政策声明》等政策文件的合力作用，国防工业将得到更多的投资（如前所述，到2020/2021财年2%的国民生产总值，以及下一个十年中超过2000亿澳元的国防能力新投资），且政府将继续加大澳大利亚本国工业在国防能力计划、采办与维持过程中的参与度，以建立高度自主的国防工业基地。该计划有助于打造一个具备必要的能力、规模与适应力的国防工业体系，以满足直至2028年澳大利亚的国防需要。根据计划，从2018/2019财年起，澳大利亚政府每年拨款1700万澳元支持国防工业能力优先支持事项。

此外，战略、政策与工业小组推出的其他重要事项还包括："国防工业参与政策"（鼓励澳大利亚本国工业最大限度地参与国防能力建设）；涵盖

---

[1] "Defence Industrial Capability Plan," Australian Department of Defence, 2018.

了空中、陆上、海上、太空、电子、联合作战工业能力，以及国家或地方等各个层面的"澳大利亚工业能力计划""澳大利亚工业能力系列公共计划"及"地区工业能力计划"；旨在增加国防工业中的技术劳动力以及本土战略优势的"工业技能推进计划"和"优先工业能力计划"等。

体系中关键职能的发挥。在国防部的其余小组中，各小组则分别根据各自的职责范围与特点推动军民融合战略的实现。从军民融合战略的设计初衷来看，显然加强科技的力量是重中之重。此外，提升效率、促进军地间合作的各项机制也必须重点关注。这两项职能的发挥，最为突出的当属国防科技小组和能力获得与维持小组。

国防科技小组。首先是促进科技与国防工业实现紧密结合的国防科技小组。该小组是澳大利亚政府实现将科学技术应用于保卫国家利益之目标的领导机构，并且是澳大利亚第二大由公共资金支持的研究机构。该小组的目标是将澳大利亚建成国防科技一流大国。国防科技小组由首席国防科学家领导，年平均预算约4.08亿澳元，小组规模约2300人，主要由科学家、工程师、IT专家以及技术人员组成。小组的总部设在堪培拉，但在几乎每个州或领地都有自己的研究场所，包括墨尔本、爱丁堡、堪培拉、布里斯班、悉尼、罗金汉姆、塔斯马尼亚的斯科茨代尔和昆士兰北部的因尼斯费尔等地。该小组同产业界、高校以及科学家均有密切的合作，以支持澳大利亚的国防能力与国家安全，同时也致力于促进国家经济发展。

事实上，早在1907年，澳大利亚就已高度重视将科技工作融入国防事业当中，并在刚合并加入澳大利亚不久的六个州分别履行了不同的职能，包括有关武器弹药、军用压缩食品、潜艇与飞机技术等方面的研究。自其成立一个多世纪以来，该小组表现出了高度的适应力与创新精神，在科技领域为澳大利亚国防建设作出了重要贡献。21世纪以来，尤其是2016年澳大利亚国防军改革之后，科技小组更是加大了科技强军的力度，出台了一系列政策文件，建立新的研究院所，并确立了当今时代澳大利亚国防科技中的三大战略支柱，目的在于确保科技真正服务于国防，同时增加参与国防的本国科技企业数量，以投入应对复杂多变的国防挑战中。这三大战略支柱分别是：国防科技能力支柱、杰出的团队与合作文化支柱、以基础设施为驱动的研究创新支柱。

从行政架构看，国防科技小组共分成9个处，分别为空中与海上处，人员与决策处，信息科学处，地面与一体化部队处，国防平台处，研究技术与作战处，科学战略计划与合作处，传感器与效应器处，太空、情报、国家安全与网络处。其所涉及的技术门类涵盖了空中、地面与海上交通工具，自动化系统，化学，生物，电磁波与核武器，网络，电子战，人类科学，信息与交流，行动分析，推进器与能源，监测与太空，武器系统等各个方面。尤其是澳大利亚开始其最新一轮的国防事业改革以来，该小组发布了一系列重要政策文件，包括针对各个领域的科技战略，如《在情报领域塑造国防科技（2016—2026）》《在联合作战领域塑造国防科技（2017—2021）》，以及在航空领域、陆上领域以及海上领域的国防科技建设，时间跨度分别为十年甚至更多，用以指导该小组提升科技能力，并通过研究促进国防建设投资，以及同国外伙伴的合作。另一方面，针对国防科技的能力创新，该小组也发布了多项审查报告与政策计划。除了遵照惯例颁布的年度评审报告，其他具有战略意义的政策文件还包括：《科技能力系列》（Science and Technology Capability Portfolio, 2018），对国防科技小组的各个分支以及主要的科技能力（MSTC）给出了总览性目标介绍，包括声呐技术、声音信号管理、地面车辆与系统、航空系统有效性、太空能力分析，等等；《国家安全科技政策与优先事项》，概括性介绍了澳大利亚当前的国家安全优先事项以及为合作而做出的努力，以期最大限度地利用好在科技领域的投资，弥补在当下与未来国家安全能力方面的不足。此外，国防科技小组还出台了多项关于网络安全与能力、未来潜艇技术、医学技术、陆上作战能力、未来航空发展，以及情报探测能力等不同领域的政策计划。

该小组近期最重要的战略性文件当属2020年发布的《携手共进：国防科学技术战略（2030）》。这份战略文件列出了澳大利亚在国防建设中的理想与期望，并确立了科技优先事项。该战略致力于确保国防科技企业得到鼓励与扶持，以获得应有的增长。此外，战略还制定了将资源集中投入到具有最高国防战略优先等级事项中去的具体计划，并将为创新思想向能力转化提供更便捷的途径。通过上述举措，澳大利亚将能够借助国防能力的大幅提升获得战略优势，从而在当前与未来的竞争环境中立于不败之地。

该战略的具体目标包括以下几项：集中力量投入支持国防战略优先事项中的大型科技计划；通过同本国科技企业与国际合作伙伴的合作扩大规模；借助优化且安全的创新路径实现能力优势。

配合战略的发布，国防科技小组还确定了首批科技研究计划，包括太空计划、信息战计划、指挥与控制计划、以量子技术为保障的导航、定位与授时（Quantum-Assured PNT）、破坏性武器效应、大规模杀伤性武器环境中的行动、战争准备平台、远距离海下监测等。上述计划的出台将能汇集澳大利亚全国科技企业的技术能力，通过合作提升规模。由于每一项计划针对的是某一个方面的重要军事挑战，且没有预设的解决办法或确定的研究途径，这显然不仅为本国企业指明了方向，而且对创新提出了很高的要求，从而有可能带来国防能力的重大突破。此外，国防科技小组还号召国内各领域科技企业在计划的早期加入其中，这有助于不同领域之间的合力并举，推动企业间的合作，对现有的国防工业合作伙伴模式形成补充，由此而形成的国防工业体系将会与高校以及相应的政府部门共同合作，致力于研究与开发并最终促成新技术的诞生。此外，科技研究计划的另一个重要目的在于实现国防部与本国科技企业的双赢。一方面，这将助力于国防能力的提升；另一方面，本国科技企业也会从中收获源源不断的好处。因为被开发出来的新对策如果能成功通过军队的测试，其意义将不只是标志着科技能力的大幅提升，更是找到了将创新思想转化为实用技术的军民合作路径，并进而推动创新知识、技术与系统合成新的国防能力。

此外，国防科技小组近年来还推出了其他多个科技合作基金或项目。例如，前文提到的跨时10年、投入资金共7.3亿澳元的"下一代技术基金"将不仅致力于满足澳大利亚未来充满变数的防御需要，同时还要确保澳大利亚产业界也能从中受益。如此大手笔地推动国防创新，这在澳大利亚有史以来还是第一次。这笔资金支持了多项研究计划，其中最早开始，同时也是最大规模的计划之一就是"伟大挑战"（The Grand Challenges）计划，旨在应对必须通过创新的手段，需要借助跨领域、跨国界研究才能解决的高难度国防问题。对此下文将有进一步的介绍。

该基金支持的另一项重要的研究计划为"国防合作研究中心计划"。根据这项计划，国防部将在国防部科技专家和地方科研院所，以及澳大利亚的产业界，尤其是中小企业之间建立联系，共同开发具备改变战争规则潜能的下一代技术，同时确保人与机器之间相互信任和有效合作。这项计划将汇集澳大利亚学术界、政府资助的研发机构以及产业界的精英力量，组成一个世界顶级的研究小组，致力于实现跨领域的研究与创新。

此外，小组还推出了"澳美跨域大学研究计划"（Australia-US Multidisciplinary University Research Initiative Program）。该项目计划历时9年，投资2500万澳元，旨在鼓励澳大利亚与美国两国高校间的合作，针对特定的项目尝试技术开发。该计划对美国国防部推出的"跨域大学研究计划"形成补充，为成功跻身于美国多领域大学研究计划的澳大利亚大学提供支持。

为了充分利用各个领域的科学技术优势，国防科技小组将产业界、高校、广大社会民众、澳大利亚政府机构以及国际政府机构悉数列为自己的潜在合作对象，同时成立了多个研究中心，负责不同层面的国防科技能力开发。例如，为了提升作为科技能力中最重要环节之一的创新能力，该小组同国防部其他机构密切合作，派代表同来自能力获得与维持小组、能力开发小组的代表共同组成"高级指导小组"，意在用战略性手段将新思想新理念转化为国防能力。此外，该小组还专门成立了"国防创新中心"（the Defence Innovation Hub），集军队、产业界、学界以及科研机构之合力，共同致力于创新技术的开发，并最终转化为澳大利亚的先进国防能力。中心所涉及的内容涵盖了概念探索、技术展示、模型构建、综合能力展示，以及评估等各个环节，对国防科技小组现有的创新项目实施战略性指导。

国防科技小组下属的国家安全科技中心（the National Security Science and Technology Centre，NSSTC）在协调国内学术界与企业界之间的合作以及国际研究合作中发挥着重要作用。《国家安全科技政策与优先事项》正是该中心的成果之一。作为国家安全能力的提供者，国家安全科技中心致力于推动本土化国防科学技术在军事和民用领域共同发挥效能，促进军事和国家安全环境的构建。目前已初见成效的技术领域包括：面部识别算法、视频分析技术、运载工具的生存能力、决策支持系统、爆炸模拟、网络开源训练、简易爆炸装置识别与威胁分析、化学毒素探测器等。在国际合作方面，国家安全科技中心同下述国际伙伴签署了合作备忘录，包括美国国土安全部、美国反恐技术支持办公室、英国内政部、加拿大安全科技中心以及新西兰商业、创新和就业部。在与同盟国建立广泛的双边合作基础上，国家安全科技中心还设立了"五国研究与发展计划"（5RD Initiative），以提升投资费效比，扩大研究、开发、测试与评估的能力，并缓解因预算环境波动而造成的束缚。

能力获得与维持小组（Capability acquisition and sustainment group）。另一个对国防工业能力建设起到重要作用的小组是能力获得与维持小组。该小组的前身是前文提到的国防器材装备局（Defence Materiel Organisation），成立于2000年，由原国防采购局与澳大利亚后勤司令部合并而成，旨在使国防部的资金采购与后勤供应合为一体。国防器材装备局负责除设施与行政物资之外的军事物资的购买、终身维护与处置，并致力于在澳大利亚项目管理与工程组织中发挥领头羊角色。其具体举措包括：实现国防器材装备局成员的职业化并鼓励终身学习；重新调整工作重心；力图使采购程序标准化；随时对标现行最佳做法；通过鼓励开诚布公的对话，对成绩突出者予以奖励，以改善与企业界关系；倡导改变、引领改革。从上述目标、措施以及职责来看，国防器材装备局肩负着为国防军采购装备物资的重任，且注重创新与效率。正如该组织前总干事基姆·吉利斯（Kim Gillis）所说："当你想创新时，有时候靠的并不是一支庞大的队伍。"[①] 新一轮国防改革启动之后，尤其是在军民融合战略原则已确定、国防工业的重要性得到进一步提升的背景下，根据《首要原则审视》的建议，国防器材装备局被并入新成立的能力获得与维持小组，进一步优化与产业界的合作。该小组将致力于五个方面的目标：第一，落实《首要原则审视》中的建议，同三军及其他国防组织进行有效合作，确保实现整体国防（One Defence）的目标；第二，通过成本与过程的全透明建立并保持同雇主（即政府）与顾客（能力管理负责人）之间的互信关系，发挥其应有的能力融合角色；第三，在战略层面改善同企业界的伙伴关系，将国防工业充分融入覆盖了装备器材整个生命周期的项目管理战略并在其中发挥关键性作用，同时也努力实现军队与企业界的双赢，确保企业可持续发展；第四，努力实现和

---

① S. Ladika, "Defence Materiel Organisation," *PM Network* 22, No. 3, 2008, pp. 40-43.

保持成本与过程的全透明，在国防工业能力成长的整个生命周期内确保政府、国防能力主管（即各军种主官）、企业伙伴以及供应商之间的可靠信息共享；第五，推动实现人员队伍的职业化，以更加有力的决策为雇员树立信心，并通过提供必要的技术、工具、知识、经验及其他支持，努力实现小组成员的专业化，从而有效提升国防能力。

根据《首要原则审视》，能力获得与维持小组是实现"智慧消费"的核心环节。开启智慧消费模式能够让该小组统筹计划与管理，而企业界则只需要将注意力集中在执行的环节。从上文可知，2015年以来澳大利亚政府已经充分认识到了企业对于国防的重要性，因此国防部将会与企业界密切合作，以便为后者提供有效的能力提升解决方案，使投入资本实现其应有的价值。如此一来，二者的合作就不仅能降低成本，还能确保产品与服务的质量。

能力获得与维持小组下设五个独立处，分别是空域处、陆域处、海域处、商业管理处和联合系统处。空域处负责与空中领域相关的所有采购与维持业务，下设航空系统处、直升机系统处和联合攻击机处。陆域处和海域处则除了陆上和海上系统之外，还各设一个处专门负责陆地和海上作战装备的采购和维护。商业管理处负责协助小组副秘书长确定战略与商业计划。具体而言，该处负责支持小组商业计划的实现，并提供有效的管理框架，为小组行动预算进行优先排序，并使其与小组的商业计划相一致。该处还负责指导计划的实施过程，使其符合相关的法规政策。可以说，商业管理处为能力获得与维持小组提供了从政策制定到实施全过程的服务，包括某些专门性的环节，如商业建议和报废处置等。此外，该处还能帮助小组实现同国防部其他小组、政府部门以及国防工业间的战略对接。联合系统处则主要负责指挥与控制、通信、电子战等系统的采购与终身支持。

具体到与企业界的合作方面，能力获得与维持小组开发了一系列支持与能力培养计划以支持国防工业，涉及三个环节。第一个环节是发现合作机遇。在这个环节，首先，作为澳大利亚军民融合战略重要基石的国防工业能力中心可以为服务于国防工业的澳大利亚企业提供建议。该中心将通过积极有效的建议帮助企业顺利进入国防市场；为帮助企业提升竞争力、评估全球市场提供专业建议；推动企业与国防部之间的联系；在澳大利亚各类创新与研究的团队和个人同国防创新中心之间发挥桥梁作用，并帮助他们争取到下一代技术基金的资助；承担本部门内部的各类项目以支持企业发展。通过上述举措，国防工业能力中心力图同企业界和国防部其他机构，以及州与领地政府的合作伙伴一起，共同打造一支世界一流、具有强大的全球竞争力且可持续发展的澳大利亚军工企业队伍，成为国防能力的坚强基石。除此之外，能力获得与维持小组还通过设立专门的奖项与活动（如举行国防+企业年度大会与年度颁奖盛宴等）[1]，以及在AusTender（澳大利亚招标）网站上发布年度国防采购计划等采购信息，发布《澳大利亚工业与国防体系》（Australian Industry and Defence Network）、《澳大利亚国防杂志之供货商指南》（Australian Defence Magazine Suppliers Directory）等指导性手册等形式，推动企业界积极参与国防事业。

  第二个环节是提供军工企业所必要的技术。这主要通过两个渠道，一是为国防部与企业界相关人士提供专门针对能力管理与职业化的课程。这些课程跨度从一天到数周不等，内容覆盖了从技术培训到学位课程的各个门类。这些培训可以弥补企业界相关领域人员知识与能力不足，如"装备器材物流"和"澳大利亚国防合同标准"等课程。二是专门用于促进军队与企业界相互理解的"国防与工业研究课程"。此课程源自二战结束后的"工业动员课程"，当时国防与私人经济在国家安全方面处于严重分离的局面，相互之间缺乏了解。因此，该课程的目标在于促进国防与企业界之间的相互理解与合作，推动澳大利亚军工产业能力，以及相应的国家安全。[2]

---

[1] "Defence and Industry Online Conference 2020," Australian Department of Defence, October 15, 2020, accessed August 10, 2023, https://www.defence.gov.au/CASG/DoingBusiness/Industry/Findingopportunities/Defence%20Industry%20Conference%202020.asp; "Defence + Industry Gala Awards," Australian Department of Defence, September 29, 2020, accessed August 10, 2023, https://www.defence.gov.au/CASG/DoingBusiness/Industry/Findingopportunities/Defence%20Industry%20Gala%20Awards.asp.

[2] 由于新冠疫情的影响，2020年度的课程被取消。See "Defence & Industry Study Course," Australian Department of Defence, 2023, accessed August 10, https://www.defence.gov.au/CASG/DoingBusiness/Industry/Skillingdefenceindustry/Defence%20Industry%20Study%20Course.asp.

第三个环节是产业计划的出台。为了使企业界能获得更多同军队合作的机会，澳大利亚政府推出了一系列支持计划。例如"业绩交换：产业与国防记分卡计划"（Performance Exchange: Industry & Defence Scorecard Program）。该计划是一项能有效帮助国防部获得产业界对合作情况的反馈的机制，并促使军队与企业伙伴及时就合作情况展开讨论。通过这种一年两次军队与其企业合作伙伴的调研测评，该计划将能促进公开透明、开诚布公的工作业绩的双向信息反馈，从而和企业合作伙伴一起快速发现和解决问题，同时加深与企业的伙伴关系，确保预期合作效果的实现。再如"新空战能力工业支持计划"。该计划设立于2010年，旨在支持澳大利亚企业与研究机构参与联合攻击战斗机（Joint Strike Fighter，JSF）项目，让澳大利亚本国企业与研究机构进一步提升自身能力，谋取在F-35 JSF计划的生产、维护和后续开发阶段的参与机会。此外，开始于2011年的"优先工业能力创新计划"（The Priority Industry Capability Innovation Program，PICIP）则通过可偿付的相应数目的资助为军工企业提供直接支持，以帮助中小型企业开展国防工业创新项目，尤其帮助他们获得创新的技术、方法、材料或系统等，进一步确保澳大利亚国防军获得最前沿的先进技术，以支持其行动需要。相应的，该计划也能帮助国防工业部门最大限度地利用澳大利亚和海外的各种商机，助力自身的进一步成长。在海外竞争力方面，能力获得与维持小组也有相应的激励措施。例如，设立了专门的国际办公室，在伦敦、华盛顿都设有办事处；成立器材装备出口控制委员会，以协助军队获取并掌握美国国防技术和装备所附带的相应条件。

其他职能机构及其角色。除了上述在澳大利亚军民融合中起到突出作用的两个小组之外，其他小组也均从不同领域为国防工业提供了支持。例如联合能力小组。该小组共下设8个部门，包括联合后勤处、联合卫生处、信息战处、联合志愿服务处、澳大利亚军民中心、联合军警处、军队法律事务处和澳大利亚国防学院。其中信息战处致力于为澳大利亚国防军获取相应的人员、技术、装备及其他资源，以应对日益增加的信息战威胁。显而易见的是，信息战能力的获得与最先进的信息网络技术是分不开的，而军队很难单纯依靠自身的力量达成这一目标。为此，该处同企业界、学术界、商界及其他政府机构密切合作，借以形成对信息战更准确的理解以及应对之策。该处还同负责全天候监控网络安全威胁的澳大利亚网络安全中心有着密切合作。澳大利亚网络安全中心下辖的遍布全国各地的联合网络安全中心同将近200个商界、政府和学术伙伴进行合作，共同举办了一系列工作坊以及其他形式的活动，并为合作伙伴提供场地等便利，共同应对网络安全问题。不仅如此，中心在打击网络犯罪方面同澳大利亚的执法机构也有颇多合作。

联合能力小组下设另一个机构，即澳大利亚国防学院（Australian Defence College），则在澳大利亚联合人才培养方面为军民融合战略贡献了力量。该校由"澳大利亚作战学院""澳大利亚国防军培训中心""澳大利亚国防军专科学校""能力技术管理学院"以及一个卓越中心共同组成。根据该校的办校原则，为了培养一流的国防人才，满足澳大利亚国防军发展以及国防建设的整体需要，澳大利亚国防学院高度重视对外合作，其合作对象包括国内相关单位与组织以及国外合作伙伴，配有精选的一流学员、教官与其他教职人员。事实上，该校多年来一直同新南威尔士大学有着深度合作关系，后者专门在澳大利亚国防学院下设的澳大利亚国防军专科学校建起了新南威尔士大学堪培拉校区。该校区兼具世界一流大学与军事院校的特点，专门为国防军提供一流的教学与科研环境，教学内容覆盖了当今世界最前沿的军工科技。相应的，作为澳大利亚经济、金融以及教育动力中心的新南威尔士州也积极致力于国防工业的发展，积极推动相应的就业、投资与创新服务。州政府将自己的工作重点确定为：为技术先进、可持续发展、具有全球竞争力的国防工业提供最好的条件支持。该州拥有多所重要的国防基地和能力中心，服务于多个领域的军工产业，同时能够提供相关专业教育和培训。澳大利亚三军均在此设有重要基地，包括澳大利亚陆军的霍尔斯沃西基地、澳大利亚皇家海军加登岛基地和澳大利亚皇家空军威廉斯敦基地。此外，能力技术管理学院也有同新南威尔士大学合作设立的专门针对国防能力培养的"能力技术管理课程"，为期46周，课程内容包括各类基础技术能力，以及涉及海、陆、空不同军兵种的选修类课程。

而成立于2012年、旨在为国防事业的各个领域提供高素质人才的国防人力小组，则在从人才的吸引、培养、使用直至人员的最终到位上岗等各个环节，包括战略与政策的制定和实施，发挥了关键作用。正如澳大利亚《国防白皮书（2016）》所指出的，澳大利亚国家安全的新形势对国防能力提出了更高的要求：这不仅意味着人数的增加，更意味着技术和能力的增强，尤其是在电子战和太空战等新型领域迫切需求人才。为此，澳大利亚政府决定从2023年起，为打造符合未来需求的澳大利亚国防军，将同诸多企业伙伴建立"能力伙伴关系"。它们之间的合作将遵循以下原则：人才招募需求不可一成不变，而是应当灵活变通且根据需要予以升级；人才招募方法应足够现代化，使其具有足够的竞争力以便获得较其他政府组织或国内甚至国际企业更强的吸引力；人才招募过程应当透明且具有高度的合作性，使得此过程对军队与合作伙伴双方都有利。

此外，国防部负责土地、建筑以及其他不动产管理与维护的不动产与基础设施小组，在新设施的建造、现有设施的维修与维护，以及过剩财产的处置方面，与地方产业界也有着密切合作。不动产与基础设施小组特意出台了《与国防不动产与基础设施小组的商业合作指南》。该指南列举了不动产与基础设施小组在军事营地、训练基地等不动产与基础设施的建造、管理、维护、处置，以及其他配套服务过程中与产业界可能出现的合作机会，介绍了合作方法与程序，而且针对澳大利亚本地企业还有专门的讨论。此外，上述"业绩交换：产业与国防记分卡计划"也在不动产与基础设施小组得到应用。

二、澳大利亚军民融合战略的运行

澳大利亚军民融合战略得以顺利运行主要依赖于政府与企业的密切合作。具体说来，它们包含三大组成部分，即对企业发挥引导与支持作用的政府部门，根据政府的相关政策独立运行的超大型企业，其他在上述两部分以及其他各类团体组织之下的诸多中小型企业。

发挥引导与支持作用的政府部门。 首先，政府部门在军民融合战略的运行过程中发挥最为关键的作用，包括确定战略方向、制定相关政策与具体执行方案，并在实施过程中为军工企业提供引导和帮助。

事实上，前文提到的军民融合战略的管理机构，尤其是职能机构，除了通过制定相应的政策计划对军民融合战略中的某个方面加以指导与管理，也都直接参与了战略的运行。例如，作为国家层面的全国第二大科学机构，国防科技小组汇集了澳大利亚全国不同地区和不同领域的专业技术能力以应对国防与国家安全挑战。该小组不仅如上所述发布各类政策文件与实施计划以支持国防科技改革，并对政策实施情况进行监督与评估，还同澳大利亚的科学、技术以及创新生态系统密切合作。具体说来，它们的合作伙伴包括各类高校、研究中心和产业界，共同应对受到澳大利亚重点关注的有关海上、陆地、空中、太空和网络领域的问题，通过"国防合作研究中心计划""澳美多领域大学研究计划项目"，借助国家安全科技中心和国防创新中心之类的平台，实现对军工企业的指导与支持。与之相似的是，能力获得与维持小组一直以来有着丰富的维持公共部门与私营企业之间平衡的经验。该小组一方面同各军种及其他国防小组进行有机合作，确保《首要原则审视》中的建议得以实现，另一方面也在澳大利亚政府、国防能力主管、军工企业以及相关器材的供货商等多个环节之间发挥重要的协调作用；既负责国防能力建设与军民融合相关战略与计划的制定与管理，还负责指导计划的实施过程。举例说来，为了军队与军工企业间的合作能够带来国防能力的有效提升，同时让相关的资金投入产生最大费效比，该小组同军工企业的全程密切合作便显得十分必要。上文提到的其他国防小组也都有所类似，都既是军民融合战略中某个环节的管理者，同时也是军民融合战略运行过程的直接参与者。

除了国防部作为澳大利亚军民融合战略原则的主要政策指导与事务管理机构，其他一些政府部门也在军民融合过程中扮演了重要角色。首先是澳大利亚政府工业、科学、能源与资源部。该部下设的多个部门和组织都不同程度地参与了国防建设，例如科学与创新澳大利亚办公室。该办公室主要是由在创新、科学与研究方面有着广泛经验的专家与企业家组成，通过推出一系列项目与计划，加大投资，推动创新，鼓励科学研究，对国防工业的创新产生重要意义，并旨在使其最终令澳大利亚全民受益。此外还有澳大利亚工业部、澳大利亚海上科学研究所、澳大利亚核科学技术组织（the Australian Nuclear Science and Technology Organisation, ANSTO）、联邦科学与工业研究组织（the Commonwealth Scientific and Industrial Research Organisation, CSIRO）、澳大利亚地球科学局

（Geoscience Australia）、澳大利亚知识产权局（IP Australia），以及新成立的澳大利亚宇航局（Australian Space Agency）等。这些部门都从不同角度、在不同程度上为军民融合以及国防工业的发展作出了重要贡献。

跨国企业与中小型企业共同构成国防能力供应链。正如《2016国防工业政策声明》中所指出的，澳大利亚的国防工业当前共约有25,000名员工，其中全球性防务公司（主承包商公司）的雇员人数占了其中大约一半。此外，另外还有超过3000家中小型企业活跃在澳大利亚的国防工业之中，它们作为主承包商公司的分包商，遍布于全国的各个地区，为澳大利亚国防军提供基础性的国防能力、服务和支持，强化国防能力的自主性。[①]

通常说来，澳大利亚国防部大多数的大规模采购和技术能力的源头都是本国或外国的大型跨国公司，由它们担任总承包商。这些总承包商再利用其国内与国际广泛的供应链来建造、投送和维持相应的军队资产。对于绝大多数澳大利亚本土中小型企业来说，它们在军民融合体系中主要充当大型跨国企业的国内供应链。如此一来，它们就共同构成了由总承包商、分承包商及其附属的供应商等组成的、包含了多个层级的供应链网。

澳大利亚的军工企业可以分为海上、陆地、空中、电子系统和决策支持系统与服务共五个大类。其中主承包商公司既有总部在国外的大型跨国公司，也有澳大利亚本国的大型企业。前者中比较突出的例子包括源于法国的泰雷兹（Thales）公司。该公司作为国防与安全、航空航天、交通运输市场上的全球技术引领者，其足迹遍布于全球50个国家，员工人数高达近70,000，其中工程师与研究人员为22,000多人。泰雷兹公司不仅是一家知名的军工企业，是深受澳大利亚国防军信任的一个合作伙伴，同时在民用技术领域也有着很大的影响力，在澳大利亚共设置了35个办事处。该公司主要擅长的领域包括指挥控制系统、通信与任务管理系统、电子战、声呐与水下系统、训练模拟设备、航空电子设备、空中交通管理、单

---

① "2016 Defence Industry Policy Statement," Australian Department of Defence, (Canberra, Australia: 2016), p. 6.

兵作战系统、武器弹药和装甲车等。①此外，美国的雷神公司、波音公司和阿尔法科技公司，英国的BAE系统公司，德国西门子公司，以色列埃尔比特系统公司和马来西亚航空公司等也都是澳大利亚军民融合战略中的重要合作伙伴。在澳大利亚本国的大型企业中，比较突出的包括布罗恩斯（Broens）工程公司、XTEK公司、FGS复合材料公司、澳大利亚作战有限公司、APC技术公司、霍克太平洋公司等。布罗恩斯工程公司对澳大利亚军民融合的参与主要体现在国防、精确工程、航空航天、机动车辆、海船和采矿业等领域，其业务范围涵盖了包括机械、电子和机电一体化在内的各种工程，并以其全面的技术能力在国防工程和制造业领域享有国际声誉。而XTEL有限公司则是一家总部位于堪培拉、具有国际竞争力的大型企业，主要为政府、执法部门、军队和商业部门提供高品质的防护安全和战术等方面的服务。该公司从1978年起就开始为澳大利亚国防军、政府和商界提供安全产品与服务，近年来尤其是在爆炸军械处理，法医学鉴定，武器、弹药和通用安全装备等领域取得了较为突出的成就，成为澳大利亚军队认定的供货商，并且是国防工业安全小组的成员之一。②

除了上述独立运行的大型跨国公司之外，澳大利亚还有超过3000个中小型本土企业加入国防工业当中。为了让更多的中小型公司获得服务国防的机会，澳大利亚政府还成立了各种各样的机构或团体，协助这些公司及时获取信息，并获得进入国防工业的通道，其中最重要的机构之一就是"南澳大利亚国防"（Defence SA）。南澳大利亚州作为澳大利亚的国防工业高科技中心，是很多世界一流国防公司的亚太地区总部所在地，其涉及的国防工业领域包括：造船业、潜艇支援、系统集成、电子战、太空战、航空航天情报、地面部队支援、监测与侦察以及国防研究与开发等。鉴于此，南澳大利亚州政府成立了"南澳大利亚国防"机构，负责处理所有与国防工业有关事务，其任务职责包括为军队和军工企业增加投资、扩大就

---

① "Thales Australia," Australian Defence Industry Australia, August 29, 2010, accessed February 2, 2021, https://defenceindustry.com.au/company-index/support-systems-a-services/thales-australia.

② "Company Index," Australian Defence Industry Australia, 2023, accessed August 10, 2023, https://defenceindustry.com.au/company-index.

业机会。作为军队与产业界的中间人，该机构推出了一系列大型的国防工业合作项目，例如价值800亿澳元的"空中作战轰炸机项目"、价值100亿澳元的"海岸侦察"项目以及价值数百亿澳元的柯林斯级潜艇全生命周期支持项目等。为了实现国防能力的增长以及国防工业的可持续发展，该机构成为与国防相关的中小型企业的强大核心，一方面直接服务于军队，并为澳大利亚本国及遍布全球的主承包商提供供应链，另一方面也通过项目的实施帮助中小企业获取更多投资，增强竞争力。此外，南澳大利亚州的另一个重要国防工业组织为"国防协作中心"（Defence Teaming Center）。该中心具备了专业的资源、技术能力和广泛的关系联络网，其职责在于对工业进行指导，并为其成员企业提供商业机遇。而另一个得到了州和联邦政府资金支持的"工业能力网"（Industry Capability Network），则扮演了大洋洲地区主要国防项目与供货商之间的中轴角色，利用其前沿的专业知识为相关项目寻找到最佳合作伙伴。总的来说，这些中小型军工企业的地理分布、业务领域依其各自特色相对集中分布。当前澳大利亚共有11个这样的中小企业群（cluster），分布在东西南北中的各个地区。[①]

国防能力供应链的运行。为了让军民融合在澳大利亚国防能力的建设过程中切实发挥效用，澳大利亚政府不仅在战略设计、政策制定与机构组成方面做了各项精心准备，而且还采取了各种必要的措施，以确保各相关企业能够及时获取与军队需求相关的信息，例如具体的需求、对参与招标者的资质要求、招标流程等，从而把握机会，参与其中。这些举措包括：出台澳大利亚《国防白皮书（2016）》，成立国防工业能力中心，推出《2016综合投资计划》《国防工业政策声明》与《国防工业能力计划》等一系列政策文件，以及出台《国防网络工业能力报告》和《西澳大利亚：国防和国防工业战略计划》等侧重于某个具体方面的政策文件等。上述举措大大提升了普通的澳大利亚本土企业参与国防工业能力建设的机会。

在鼓励本土企业参与国防能力建设方面，澳大利亚政府设计了多重环节为相关企业提供信息与参与渠道。例如，前文提到的《2016综合投资

[①] "2016 Defence Industry Policy Statement," Australian Department of Defence, 2016, p. 8.

计划》对国防能力建设计划以及可能带来的机遇做出了详细阐释,有助于企业做出必要的前期规划。除此之外,企业能够获得帮助的其他渠道还包括:在"澳大利亚招标网"上登记注册,以便第一时间获取国防采购机会的信息;参加国防工业简报介绍会等活动,这些活动信息会提前在"澳大利亚招标网"和国防工业能力中心相关活动信息网页上发布;参加全球防务情况介绍会;参加"国防环境工作小组"情况介绍会;参加国防与工业大会年会;参加诸如阿瓦隆(Avalon)航展等各类国防贸易展览;充分利用"国防创新中心"和"下一代技术基金"所提供的机遇;参加国家、州或领地层面的各种工业代表活动;加入各类工业小组,例如"澳大利亚工业小组""澳大利亚工业防务网"和"国防协作中心"等。[①]

从参与的环节来看,首先,在某项国防能力建设项目的计划设计阶段,相关企业可以通过上述渠道了解相关的目标装备、基础设施、信息和通信技术,并在获知该项目采办程序的基础上了解此项能力所需的技术支持,对本企业的参与机会进行预估,进而完成自身的能力提升或技术转移。而如果在预估的过程中发现自身现有能力距要求还存在一定差距,企业可以在国防工业能力中心的协助下获得诸如"能力提升资助"之类的政府支持。此阶段企业不仅能了解相关能力需求,更重要的是还能提前筹划同其他企业结为战略伙伴,共同参与投标,或是成为潜在总承包商团队中的一员。

其次,在正式公布招标计划之后,企业对国防能力的关键需求与驱动因素有了进一步理解,同时还可开拓视野,寻找相似的海外出口计划。此外,之前的战略伙伴意向开始走向实质化,进而在总承包商中标之后正式成为合同中确定下来的工业能力计划的一部分。

最后,到了能力获取阶段,企业可以了解某些国防能力是如何通过"智慧购买"过程得以实现的,例如通过"对外军事销售"、"竞争性评估进程"、公开招标,或是其他某种形式。由于采办规模的差异对于中小型企业来说意义重大,它们的客户对象既可能是国防部,也可能是本国或是外

[①] "Defence Industrial Capability Plan," Australian Department of Defence, 2018, pp. 72-73.

国的总承包商，抑或是其他的中小型企业，因此对机会的提前评估十分重要。而从作为大型跨国企业的总承包商来说，无论它们是澳大利亚本国的还是外国的，都可以根据不同时期澳大利亚政府发布的各项能力发展战略制定相应计划，吸引最优质的中小型企业加入自己的团队。

第四节 澳大利亚推行军民融合的重点领域、主要做法和特点

根据澳大利亚的军民融合战略，尽管其待建设的国防工业能力范围很广，覆盖了海上、空中、地面、太空、网络等各个方面，但相对于澳大利亚独特的地理位置以及国际和地区安全形势来说，其关注重点依然是主次分明，且其实施的过程也充分彰显了澳大利亚本身的优势与特色。

一、澳大利亚军民融合重点领域

澳大利亚《国防白皮书（2016）》提出了澳大利亚政府增强国防能力的六大能力集群，它们分别为：确保澳大利亚国防军拥有超强战场感知能力的情报、监测、侦察、太空、电子战与网络战能力；协助澳大利亚国防军在各种险恶环境下参与行动的海上作战与反潜艇作战能力；协助澳大利亚国防军在独立或与盟军的联合行动中灵活应对各种威胁的军事进攻与空中作战能力；支持澳大利亚国防军执行战争与非战争行动任务的地面作战与两栖作战能力；用于支持行动、维护国防能力的关键条件建设；旨在应对国防军远距离后勤补给问题的空中和海上投送能力。根据澳大利亚《国防白皮书（2016）》的计划，在这六大能力集群中，澳大利亚政府未来10年计划投资所占比例分别为：海上作战与反潜艇作战能力和关键条件建设各占25%，地面作战与两栖作战能力和军事进攻与空中作战能力分别占18%和17%。剩下的两大集群中，情报、监测、侦察、太空、电子战与网络战能力占9%，而空中和海上投送能力占6%。显然，前两项能力集群为国防能力建设的重中之重。可参见图4.1。

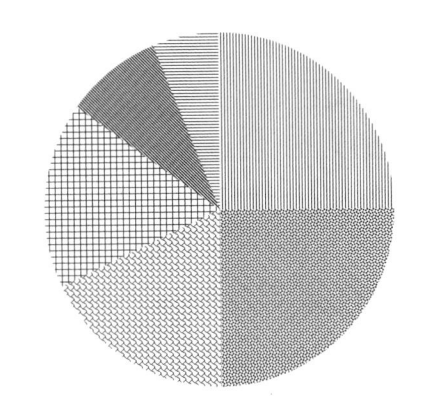

图例：
- 海上作战与反潜作战能力
- 关键条件建设
- 地面作战与两栖作战能力
- 空中作战能力
- 情报、监测、侦察、太空、电子战与网络能力
- 空中与海上投送能力

图4.1　澳大利亚2016—2026国防投资项目分配

数据来源：澳大利亚《国防白皮书（2016）》。

海上作战与反潜艇作战能力。澳大利亚虽然因其国土覆盖了整个大陆而不能被称为海洋国家，但由于其东临太平洋，西、北、南三面则濒临印度洋，因此海洋对该国的安全有着至关重要的意义，海上作战与反潜艇作战能力将直接决定澳大利亚的总体军事实力。

鉴于此，造船工业一直在澳大利亚享有极为重要的地位，是澳大利亚最受关注的军工行业。澳大利亚《国防白皮书（2016）》指出，强大、有活力而又可持续发展的造船工业对于澳大利亚有效应对未来20年的能力调整至关重要。因此，政府制定了建造大型战舰和小型海上舰船的长期计划，以结束该行业之前存在的兴衰交替循环局面，确保造船工业的本土自主化，并创造更加稳定的就业机会。2015年8月，澳大利亚宣布了持续造船计划的决定，这为澳大利亚人树立了对保持造船业中的劳动力与技术基础的信心，为该行业提供了投资与关键技术的长期保证，促进军队与产业界建立更加紧密的伙伴关系。[①] 其中最主要的包括以"未来护卫舰计划"代替之前的军团级护卫舰，以及从2018年开始建造一支共有12艘的离岸巡逻船船队，以替代阿米代尔级巡逻舰。

澳大利亚的造船工业发展战略将不仅推动澳大利亚海军造船工业的转

---

① "2016 Defence Industry Policy Statement," Department of Defence, 2016, p. 20.

型，而且还能促进经济增长，在未来的几十年中保持澳大利亚的就业机会，从而确保这一关键国防工业的长远未来。具体说来，上述两项计划从短期看将为澳大利亚在接下去的几年中维持大约1000个就业机会，长远来说则能使澳大利亚在水面造船领域的就业机会保持在2500个左右。此外，澳大利亚政府还宣布将在新的潜艇计划中提供500个就业机会，用于作战系统的融合、设计保障与测试。① 澳大利亚政府的造船工业战略还将促进该行业技术与知识基础的提升，推动其自身改革，以大幅提升生产效率。不仅如此，澳大利亚政府还邀请法、德、日等国加入未来潜艇竞争性评估计划，它们的到来为澳大利亚提供了更多的选择，同时也能进一步推动澳大利亚本国工业的进一步发展，使其更多地参与未来潜艇计划。不仅如此，澳大利亚政府还承诺持续支持澳大利亚潜艇建造与维护的长期工业计划。这项潜艇舰船滚动采购计划意味着在很长一段时间内，澳大利亚将始终保有12艘本地区最先进的舰船处于服役期内，为澳大利亚工业提供长期稳定的保证，从而使参与其中的澳大利亚企业能够放心地为提升其潜艇建造与维护能力进行投资。由此而实现的军民融合关系"将不仅为海军舰船制造行业提供持续的舰船制造保证，而且为海军，乃至于整个澳大利亚国防军，带来了计划的确定性保证"。②

澳大利亚政府对潜艇的技术要求为，处于地区领先水平，能够同美军高度配合，真正形成有效威慑力。根据《2016综合投资计划》，未来潜艇的关键能力包括：反潜艇作战能力，反水面战能力，情报、监测和侦察能力，以及特殊行动的支援能力。③ 2016年，澳大利亚政府计划将潜艇力量由原来的6艘增加到12艘，因为澳大利亚政府认为，到2035年，全世界大约有一半的潜艇都会在与澳大利亚利益最为相关的"印太"地区活动。作为拥有世界上领海面积最大的国家之一，澳大利亚认为自己应当有能力保卫从太平洋到印度洋，以及由澳大利亚北部一直到南海海域的地区。新的潜艇将配以升级后的码头、港口相关设施之类的关键条件建设，以及模

---

① "2016 Defence White Paper," Department of Defence, 2016, pp. 113-114.
② "2016 Defence Industry Policy Statement," Department of Defence, 2016, p. 20.
③ "2016 Integrated Investment Program," Department of Defence, 2016, pp. 83-86.

拟装置、训练和潜艇施救系统。12艘潜艇的采办工作于2016年开始，首批投入使用时间为2030年；这些新潜艇的建造将会延至2040—2050年结束。如此滚动采购与制造计划周期意味着在接下去的几十年里澳大利亚将需要一直对潜艇制造及其技术保持高度关注，从而始终处于潜艇与反潜技术能力的最前沿。在此过程中，澳大利亚国防部将与产业界密切合作，对原有的柯林斯级潜艇进行升级改造，使其备战性、可靠性及性能达到最优，同时借助"短鳍梭鱼"潜艇①的采购与建造获取更多的尖端技术与工作岗位。②

当然，海上作战与反潜艇作战能力并不仅仅意味着舰船和潜艇的制造，空中支持能力也将扮演必不可少的角色。因此，澳大利亚针对该能力的举措还包括，维持现有的P-8A"海神"（Poseidon）海上侦察机、"海鹰"海军作战直升机，将传感器、武器和作战系统升级至"军团级护卫舰"和"霍巴特"级"空战破坏者"舰船的水平。而在不久的将来，澳大利亚还将在原计划增加4架"海神"飞机的基础上，再在21世纪的第三个十年里加购3架此种飞机，使其总数达15架，同时进一步提升其可部署陆基反舰船导弹能力。

关键条件建设。 为了使澳大利亚国防军获得足够的行动能力，灵活机动且具备长期可持续发展能力，关键条件建设至关重要。

关键条件建设是澳大利亚《国防白皮书（2016）》中确定的第二大能力集群。关键条件包括以下要素：基地、训练场、港口与机场等关键基础

---

① "短鳍梭鱼"为该型号潜艇的法语名，2019年澳大利亚从法国公司购入，命名为"攻击级"（Attack Class）潜艇。

② 2016年澳大利亚开始将购买一事提上议事日程，2019年正式与法国海军集团（Naval Group）公司签订了价值350亿澳元的订单，购买12艘常规动力核潜艇。多家澳大利亚本国工业公司将参与到订单的实现过程中。根据此项协议，单是第一个阶段的合作就能创造600个就业岗位。更重要的是，协议规定海军集团公司将不仅提供产品本身，还向澳大利亚传授技术。Christina Mackenzie, "Naval Group Clinches $35 billion Australian Submarine Deal," February 11, 2019, accessed February 2, 2021, https://www.defensenews.com/global/europe/2019/02/11/naval-group-clinches-35-billion-australian-submarine-deal/; Naval News, "France & Australia Reaffirm Commitment to the Attack Class Submarine Program," February 18, 2020, accessed February 2, 2021, https://www.navalnews.com/naval-news/2020/02/france-australia-reaffirm-commitment-to-the-attack-class-submarine-program/.

设施，信息通信技术，后勤，科学技术，以及医疗服务等。这些能力是澳大利亚国防军强大而有力的作战体系有效发挥作用的基本条件。针对前期澳大利亚政府对相关要素投资不足的情况，澳大利亚《国防白皮书（2016）》明确了在现代先进作战体系与为其提供支持的驱动要素之间保持平衡的重要性。具体说来，澳大利亚政府重点关注的关键条件建设包括以下几个方面：持续开发、监控与维护关键基础设施，如机场、码头、港口、关键国防军基地、后期供给系统、燃料与爆炸物存放设施等；升级训练场与射击场、测试设施与医疗设施；进一步提升对国防部和平时期的任务和战时行动均形成支持的信息与交流技术系统；强化军力设计，优化具有战略意义的国际化政策，增加国际参与度，对军队行动形成支持，增加澳大利亚的地区存在感；通过多种形式的教育与培训，加大针对国防军与文职人员的投资，以便更加有效地实现《国防白皮书》中设定的能力与战略目标。

由此可见，与国防工业相关的关键条件能力集群建设主要包括以下三个方面：一是基础设施的升级改造。为了扩大国防军影响力，对例如位于澳大利亚北领地的皇家空军廷德尔基地（RAAF Tindal）、西澳大利亚州的皇家空军利尔蒙斯机场（RAAF Learmonth）、北领地的库纳瓦拉海军基地（HMAS Coonawarra），以及多国合作训练场地等基础设施进行升级，使其适应新的高科技能力的需要，同时加强新的基地、码头、机场等场地的开发与老旧设施的处理。二是信息通信技术的升级。在国防能力建设中，无论是指挥与控制、情报搜集、侦察监测、电子战，还是后勤补给、预算制定、人员管理等环节，都高度依赖信息通信技术，因此要强化这些技术使其更好地服务于国防能力的提升，同时对其进行优化以提高效率。三是下一代技术的利用与应对。对于澳大利亚国防安全来说，下一代技术既是潜在威胁，也是重要机遇，对于澳大利亚这样军队规模较小的国家来说，高新技术是其国防能力建设中的关键要素。

在这一领域的军民融合中，国防部通过与产业界更加紧密的合作，大大增强了在基础设施建设方面的复原力，同时也使成本与风险得到降低。以燃料供应为例。首先，国防部用以满足日常训练与行动、以需求为牵引的供应计划，包括应对突发情况而出现的需求增加计划，都是在同产业界共同商讨的基础上形成的，以便促进双方的合作以及新能源供应的共同设计开发。其次，国防部还开始直接使用现成的工业设施而不是另外开发建造自己的基础设施。最后，对于那些需要被淘汰的老旧基础设施，国防部也同产业界合作以寻找一种更加灵活、费效比更高的海军燃料供应解决办法，包括使用商用燃料而不是军队专用燃料，从而充分利用工业供应链。[1]

其余重要国防能力。 除此之外，其他四大能力集群，即地面作战与两栖作战能力，军事进攻与空中作战能力，情报、监测、侦察、太空、电子战与网络战能力，以及空中和海上投送能力也是澳大利亚政府高度关注的国防能力建设对象。

空中和地面作战能力极其重要。强大的空中作战能力意味着在作战过程中对空域的有效控制（包括在澳大利亚领空以及其他澳军参战领域）以及精确打击能力。目前，澳大利亚已经具备了一定的基础，包括现有的、在建的或是确定即将采购的各种型号的飞机及相关平台和体系等。例如24架F/A-18F超级大黄蜂和72架F-35A闪电II联合战斗机，12架E/A-18G"咆哮者"电子战斗机和6架E-7A"楔尾"预警机，以及空中防御系统。下一步，澳大利亚将加大投资力度，加强其各种平台、指挥与控制、通信、计算机与情报系统、传感器，以及先进武器等，以支持未来战场级空中和导弹防御能力，从而对其他作战部队形成支持。具体而言，这将包括以下几项：各种新式空对地、空对空以及高速远程打击与反舰武器；"咆哮者"战斗机的升级；未来超级大黄蜂得到替代；加强空中与太空监测系统的融合，包括对指挥与控制能力的升级；加强固定与可展开防空雷达；部署陆基空防系统；能够通过运输飞机快速部署的轻型直升机。在这一领域，澳大利亚政府最大的一笔投资是联合打击战斗机第一阶段的采买计划，计划投资153亿澳元，此外，投资30亿～40亿澳元的空中预警和空中能力升级计划，30亿～40亿澳元的空对空武器与防御空中作战能力，以及20亿～30亿澳元的一体化防空与导弹防御计划等。[2] 在此过程中，同军

---

[1] "Defence Industrial Capability Plan," Department of Defence, 2020, p. 27.

[2] "2016 Integrated investment Program," Department of Defence, 2016, p. 93.

工企业的合作十分关键。例如2015年推动建立澳大利亚全面一体化作战力量的"杰里科"计划（Plan Jericho），为企业计划与参与确立了标准，同时军工企业对该计划的成功实施发挥了根本性作用。[1]

在地面与两栖作战能力中，澳大利亚新的建设目标包括加强态势感知、打击火力、自我防护、机动性以及部队的可持续性。其主要投资领域包括：单兵装备与部队防护设施的持续优化；数字通信与网络的扩大；新一代战车的采购；借助新式无人飞机与战术无人机系统提升战场情报、监测与侦察能力；等等。澳大利亚在该领域的重要投资项目包括：投资50亿~60亿澳元的武装侦察直升机更新计划；30亿~40亿澳元的反简易爆炸装置联合计划；投资10亿~20亿澳元的武装情报、监测与侦察无人机计划，以及10亿~20亿澳元的兵营再开发计划；等等。[2] 在这一领域的能力建设中，军工企业同样也深度参与。例如，在以化解阿富汗地区简易爆炸装置之危害为目标的"红翼计划"中，澳大利亚军工企业在计划初期就通过国防部澳大利亚军售办公室参与其中，以便尽快将模型投入大规模生产，并实现后续"绿胶"与"灰胶"系统的生产。在此过程中，5家澳大利亚的中小企业被选中正式加入计划。在合同签订仅4个月之后，澳大利亚就向阿富汗供应了首批共10万套系统，在此成功合作的基础上当年又同阿富汗签订了再提供55,000套系统的合同；[3] 到了2019年，澳大利亚军队又与产业界合作共同开发出了"银盾"装置，进一步加强了阿富汗政府军应对简易爆炸装置的能力。[4]

此外，针对其余两种能力集群，即情报、监测、侦察、太空、电子战与网络战能力以及空中和海上投送能力，澳大利亚国防部也同样推出了多项举措。其中较为突出的包括2020年8月6日澳大利亚政府推出的《澳大

---

[1] "Defence Industrial Capability Plan," Department of Defence, 2020, p. 24.

[2] "2016 Integrated investment Program," Commonwealth of Australia, Australian Department of Defence, 2016, pp. 105-120.

[3] "2016 Defence Industry Policy Statement" Australian Department of Defence, 2016, p. 40.

[4] "Redwing Delivers Life-saving Capability to Afghanstan," Australia's Scientific Channel, April 9, 2019, accessed February 2, 2021, https://australiascience.tv/redwing-delivers-lifes-saving-capability-to-afghanistan/.

利亚网络安全战略2020》（Australia's Cyber Security Strategy 2020），计划将斥资16.7亿澳元提升澳大利亚网络安全，以此为基础实现澳大利亚向数字化社会的转型。[①] 与之相应的是，此前不久的2020年2月，澳大利亚的贸易投资委员会专门发布了针对网络防御工业能力的《澳大利亚防务网络工业能力》报告。报告指出，鉴于新的网络威胁正改变网络安全产业的竞争局面，因此全球防务公司也正改变其业务与能力重点，加大对诸如区块链、量子计算和人工智能等新的、颠覆性技术的投资。上述投资还将带来军事网络安全需求的进一步变化。[②] 而在太空能力建设中，澳大利亚政府不仅出台了一系列提升太空能力的战略、政策报告，例如《澳大利亚民用太空战略（2019—2028）》《通信技术与服务路线图（2021—2030）》等，还于2018年推出了《澳大利亚太空工业能力评估》。这份评估报告提出，澳大利亚将大幅提升对新兴太空工业的投资，在2030年之前实现每年投资100亿～120亿澳元，同时太空工业的增长还能在全澳范围内增加1万～2万高层次的就业岗位。[③] 此外，澳大利亚自动化电子战系统、新能源光伏电池性能的有效提升，等等，[④] 均是上述领域军民融合的成果。

人力资源实力建设。 在军民融合的重要性已经得到澳大利亚政府充分认可的前提下，吸引人数足够多、能力足够强的人才加入国防能力建设是成败的关键环节之一。这也就意味着澳大利亚政府必须采取有针对性的措施，与地方产业界与学术界密切合作，确保高技术人才的招募与保留。与此同时，正如澳大利亚首席国防科学家塔尼亚·门罗教授所指出的："据估计，当今世界增长最快的职业中有75%对其劳动力有着理工科能力（STEM）的要求；澳大利亚也不例外，为了实现其驱动创新、在全球经济

[①] "Australia's Cyber Security Strategy 2020," Australian Government, Commonwealth of Australia, 2020.

[②] "Australian Defence Cyber Capability," Australian Trade and Investment Commission, Australian Government, 2020.

[③] "Review of Australia's Space Industry Capability: Report from the Expert Reference Group for the Review," Australian Space Agency, 2018, accessed January 13, 2021, review_of_australias_space_industry_capability_-_report_from_the_expert_reference_group.pdf.

[④] "Robotic & Autonomous System Strategy," The Australian Army, 2018；《美澳科学家太阳能电池技术创新突破光伏电池灵敏度的界限》，《云南电力技术》2020年第4期，第96页。

中保持竞争力，对于高科技人才有着越来越大的需求。"①

鉴于这样的现实需求，成立于2012年、旨在为国防事业的各个领域提供高素质人才的国防人力小组发挥了关键作用。正如澳大利亚《国防白皮书（2016）》所指出的，澳大利亚国家安全的新形势对国防能力的新要求将不仅意味着人才数量的增加，更意味着技术能力的增强，尤其是迫切需求电子战和太空战等新型领域的人才。更重要的是，2019年澳大利亚国防部还发布了《国防工业技术与STEM战略》。②报告指出，在科技不断进步的年代，为了促进澳大利亚国防能力建设目标的实现，澳大利亚的国防工业将需要同其他部门竞争优质劳动力。为此，澳大利亚政府将致力于对适应未来国防工业需求的劳动力进行投资，让公众对这一领域获得更加全面的认识，并支持相关人才在这一行业中寻找就业机会，同时还通过教育或职业培训等形式，营造相关国家政策、经济、教育、培训等方面的氛围，帮助企业的职业团队获取必要的能力。

首先，澳大利亚政府将推出一项新的国防工业能力资金支持计划，即"国防工业技术弹性基金池"，从2019年7月1日至2022年6月30日共投入资金3200万澳元，用以确保战略能够适应工业的能力需求。具体而言，2019—2020年该基金池包括以下几个部分：400万澳元用于由国防工业能力中心负责管理的技术支持资金，集中关注促进中小型企业的参与，减少国防工业在人员技术升级和再培训方面所面临的障碍；260万澳元用于继续"学校通道计划"，鼓励学生加入理工科行列，并向他们介绍国防工业中的多重职业通道；在"国防工业实习生计划"（DIIP）中额外增加20个指标，每年培养50名学生，赋予这部分工程专业的学生在中小型工业企业为期12周的实习机会，从而在学生与国防工业间建立直接联系。③

其次，澳大利亚政府还建立了新的"国家国防工业技能办公室"，以增强在资产定位和寻找创新办法过程中的灵活变通能力。该办公室的建立

---

① Louis Dillon, "Defence Releases STEM Workforce Strategic Vision 2019–2030," August 14, 2019, accessed February 2, 2021, https://www.defenceconnect.com.au/key-enablers/4581-defence-releases-stem-workforce-strategic-vision-2019-2030.

② "Defence Industry Skills and STEM Strategy," Department of Defense, 2019.

③ *Ibid.*

将有助于加强国防工业利益相关者之间的合作与协助,使其从覆盖面极宽的政府投资中最大限度受益,以便最大限度地满足国防工业对于劳动力的需求。此外,该办公室还将致力于确保澳大利亚获得"自主工业能力优先事项"中的相关关键技能。

值得关注的是,在人才的吸引与培养方面,澳大利亚也展现出了高度的灵活变通原则。国防部吸引人才的渠道之一就是雇用"可转移人才",即那些展现出能带来光明前景的才智,但却缺少必要的经验,难以在众多应征者中脱颖而出的人才。此外,国防部还很注重对企业现有人才的培训与再培训,使其能应对因技术变化而带来的对工作的新要求。此举不但能帮助军工企业留住人才,而且还有助于军工企业之外的高技术人才转而投身到国防能力建设中。为了吸引人才,澳大利亚政府还推出了"临时技术短缺签证"计划,当国防能力确实出现技术短缺现象时,可通过劳工协议借助此类签证吸引技术移民,同时又不会对现有的企业劳动力形成威胁。[①]

就这样,在政府、产业界、学校和教育培训机构的多方配合之下,战略报告确定了澳大利亚在人才培养方面的紧密融合需要重点关注的四大领域,即接触、吸引、训练与保持、合作。高科技人才将能根据需要以多种形式参与国防能力建设,从而实现人才培养中的军民融合。

二、主要做法和特点

澳大利亚《国防白皮书(2016)》中明确指出,由于《2013国防白皮书》出台以来,澳大利亚身处的地区安全形势和国际环境均出现重大变化,对澳大利亚的安全环境提出了新的挑战。澳大利亚急需关键的工业、科学、技术以及创新能力对澳大利亚的国防形成有效支撑,而前期计划不足、投资减少、对工业与国防能力合作的重要性与意义认识不足,尤其是在国防能力建设过程中缺乏统一领导与管理的局面亟须改变。正是这样的背景,让2016年以来的澳大利亚军民融合实践呈现出以下特点。

集中领导与管理。 虽然澳大利亚早在20世纪70年代就开始了三军融

---

① "Defence Industry Skills and STEM Strategy," Department of Defense, 2019, p. 15.

合的军队改革历程,但始终未能实现充分融合。21世纪以来澳大利亚国防部前后出台的几版白皮书均涉及关于国防能力建设的计划,但往往是海、陆、空三大军种各自为政,并未形成国防军统一规划,而事实上各项能力系统的统合对实现国防能力建设的高效至关重要。情报、监测、侦察系统,信息与交流技术以及固定设施与人才的联合共享,将促进联合作战能力的有效实现以及成本效率的最优化。正因为如此,《首要原则审视》开篇就提出,一个全面、高度综合的国防体系对于国防事业最有效、最高效地实现其任务至关重要。因此,《首要原则审视》明确提出,要建立"整体国防"原则,其具体特征如下:有一个强大的、能够提供统一指挥的战略中心;对于从起点到终点的能力培养全过程,在时间与预算分配等方面都提供统一指导与管理;实现关键条件建设的统合且以客户为中心;培养一支职业化人员队伍,实现以绩效管理为核心的浓厚文化氛围。换句话说,"整体国防"要实现的是联合指挥、联合能力培养、联合保障与联合管理。因此,首先是国防部指挥体系的改革,实现国防部长领导下的国防部秘书长与国防军司令指挥下的两大平行机构的共同领导,职责明确界限清晰。前者主要领导国防部公共事务,后者领导国防军的行动部署;国防秘书长根据国防军的力量构成做出预算与计划以实现政府目标,国防军则在计划与预算范围内实现能力目标,做好战争准备;在此过程中国防秘书长负责提供条件建设,并对财务与其他资源的有效管理负最终的责任。[1] 在国防能力建设的过程中,根据《首要原则审视》的建议,撤销原有的"国防装备器材局",重新成立"能力获得与维持"小组,实现"端对端"的国防能力培养全过程指导与管理。在此基础上,《2016综合投资计划》配合澳大利亚《国防白皮书(2016)》为国防能力的各项主要元素提供了统一而连贯的未来投资战略,首次将与能力相关的主要投资,包括武器装备系统与平台、军事基地等设施、信息与交流技术,以及人员等方面的建设,统合到一起,以确保对所有有关国防能力建设的建议实行统筹。

鼓励创新。创新是澳大利亚新一轮国防军改革中的核心要素之一。澳

---

[1] "First Principles Review: Creating One Defence," Commonwealth of Australia, Australian Department of Defence, 2015.

大利亚《国防白皮书（2016）》在阐释未来澳大利亚国防力量建设目标时指出，创新是国防能力的驱动。历史事实证明，澳大利亚国防军能力的提高有赖于国防工业与国家研究机构在前沿科技中的创新合作，例如拓展空军武器能力的攻击范围，借助"大毒蛇"装甲车与"霍凯"（Hawkei）防护机动车加强对作战人员的保护，借助"金达利"作战雷达网建立战场态势感知等。创新还意味着给国防军配备新的、更加有效的技术开发和维护手段。因此，澳大利亚政府高度鼓励和支持创新，承诺将同产业界与学术界一起共同努力，减少官僚机制的低效与制约，加大对新技术的资金投入，增强国防工业的技术优势与竞争力，同时为澳大利亚创造新的经济机遇，进一步巩固国防。

为了实现创新，澳大利亚政府自国防军改革以来推出了一系列举措。首先，2015年由澳大利亚政府工业、创新与科学部推出的《国家创新与科学计划》指出，创新与科学对澳大利亚获得新的增长资源，维持高收入就业岗位以及赢取下一轮经济繁荣至关重要，因此，机不可失。《国家创新与科学计划》提出了实现创新的四大支柱：文化与资本；合作；人才与技术；政府身先士卒。基于此，《国家创新与科学计划》的实现将能促进经济增长，提供更多的地方就业机会，并为澳大利亚赢取全球竞争力。[①] 在此基础上，当澳大利亚《国防白皮书（2016）》明确了国防工业对国防能力的重要性，以及军民融合的战略原则之后，同年发布的《国防工业政策声明》对国防工业的具体政策进行了阐述，其中专门一章用于讨论国防创新的新途径。《国防工业政策声明》指出，澳大利亚计划实现的国防能力创新的新途径将包括四项关键性计划。

一是设立"下一代技术基金"。顾名思义，下一代技术基金是为了支持这些新技术的开发而专门设立的资金投入。该项基金将同"国防创新中心"与"国防工业能力中心"一起共同构成新的综合国防创新体系。澳大利亚政府将通过前文提到的"综合投资计划"，在2016—2026年的十年间为下一代技术新增投入大约7.3亿澳元的资金，以应对澳大利亚面临的战

---

① "The 2015 National Innovation and Science Agenda," Department of Industry, Innovation, and Science, 2015.

略挑战,以及开发能够改变未来战争规则的下一代技术,以塑造"下一代之后的未来国防军"。[①]下一代技术基金的重点关注领域包括:综合情报、监测与侦察;太空能力;经过提升的人类能力;医疗对策产品;多学科材料科学;量子技术;可信自动化系统;网络;先进传感技术、超音速飞机以及定向能源的研发能力。国防部一方面和政府及参与创新项目的工业实体密切合作,争取更多的投资与合作机会;另一方面也同学术界、政府资助的研究机构、以中小型企业为主的澳大利亚本国工业,以及澳大利亚的盟国建立合作项目,提升创新能力以推动国防能力建设。国防部投资委员会将对下一代技术基金进行监管,当技术成熟到一定程度后,投资委员会将会批准该项目升级至"国防创新中心",以获得更多资金注入,使其进一步升级成应用能力。

二是创建国防创新中心。澳大利亚《国防白皮书(2016)》提出,将在未来十年投入6.4亿澳元用于新设立的虚拟国防创新中心,该中心将由国防部战略、政策与工业小组负责协调,借由国防部和国防工业能力中心所建立的网络体系,对现有的相互孤立的国防创新项目进行整合与优化,从而通过统一的创新渠道提升澳大利亚的国防能力优势地位。该中心还将进一步推动国防部、科学与工业研究组织、学术界以及关键工业伙伴之间的合作,以加速创新技术向国防能力的转化。

三是建立国防创新门户。该门户作为国防工业能力中心的一部分,成为澳大利亚国防部与学术界和工业基地广泛而有效交流的重要桥梁,尤其是对此前从未与国防部建立起联系的中小型企业来说,能够借助该门户更好地理解国防能力需求,并对其满足国防需求的能力形成支持。创新门户主要依靠下述方式发挥作用:借助专门的网站以及其他的互动过程对澳大利亚的国防能力需要以及技术上面临的挑战广为宣传;通过门户的专业创新顾问,在相关公司与关键国防研究和创新优先需求之间建立联系;定期组织国防创新论坛,促进国防部同企业界、学术界以及研究机构之间的交流;借助国防部与门户商业顾问之间强有力的联系促进与国防部出口管理

[①] "Next Generation Technologies Fund," Department of Defence, 2023, accessed August 10, 2023, https://www.dst.defence.gov.au/NextGenTechFund.

部门的早期接触；根据专家建议，协助深入推进国防创新中心提请关注的有效创新提议；借助澳大利亚工业部同工业、创新与科学部之间的联系，将更大范围内的政府创新计划介绍给工业部门。

四是改变原有的文化氛围与运作模式，系统地消除创新可能面临的障碍。《首要原则审视》指出，澳大利亚国防能力建设当前面临的重要障碍之一就是机制运行不畅，存在官僚作风现象，缺乏足够的灵活性。应对之策就是简化审批程序，将原先不加区分的"一刀切"（one size fits all）模式改变为"智慧消费"（smart buyer）模式，消除采购环节中复杂而又不必要的环节，优化操作程序。与此同时，鼓励针对创新理念的投资，尽量将利润留在国门之内，并为澳大利亚本国的大型公司提供创新的动力。国防部还采取了一系列措施力图节约资金，降低成本，包括改进澳大利亚国防合同签订的配套标准，引入网上招标，优化知识产权的管理，设立针对中小企业参与国防建设的开放日等。[1]

随着澳大利亚《2020国防战略更新》与《2020军力结构计划》的推出，澳大利亚进一步加大了国防能力建设中对创新的支持，新的创新体系将更全面、更连贯且更加灵活应变。在接下去的十年中，澳大利亚政府计划投入30亿澳元用于创新、科学与技术领域，下一代技术基金与国防创新中心也将继续促进国防部对创新的支持升级。其中下一代技术基金将在下一个十年中投资大约12亿澳元，国防创新中心则将追加8亿澳元的投资。此外，从2025年起，澳大利亚政府还将引入一项新的基金——"国防能力加速基金"，以应对未来的科技发展需要。这项基金将投资1.3亿澳元用以支持同工业部门一起开发颠覆性技术，并对有利用前景的技术进一步开发直至成熟。[2]

强调自主性。对于澳大利亚政府来说，国防能力建设不仅意味着短期内澳大利亚国防军力量的强大，更意味着从长远来看澳大利亚能够越来越多地依靠自身的力量实现国家的长治久安。实际上，澳大利亚新一轮国防

---

[1] "2016 Defence Industry Policy Statement," Department of Defence, 2016, pp. 64-65.

[2] "Shape, Deter, Respond: Defence Industry and Innovation," Australian Department of Defence, November 15, 2020, accessed March 11, 2021, https://www1.defence.gov.au/sites/default/files/2020-11/Factsheet_Maritime.pdf.

军改革的背景原因之一就是澳大利亚政府意识到，随着地区安全形势的变化，以及美国国防战略的转变，尤其是美国要求盟国逐渐增加其承担的义务而相应减少自己对盟国的保护义务，澳大利亚将不得不依靠自身的力量保护国家和人民的安全。因此，国防能力建设的最终目标是自主国防能力的增强。事实上，2023年4月澳大利亚政府发布的、标志着澳大利亚防务政策重大转向的《国防战略评估报告》，在一定程度上正是澳大利亚追求防务自主性的重大尝试之一。

根据《国防工业能力计划》的定义，国防事业中的自主性是指，具备随时随地独立运用国防能力或国防军达成预期军事效果的能力。[1] 因此，澳大利亚力图维护、利用、保持、升级现有的国防能力，在此过程中澳大利亚能够最大限度地获取并控制基本的技能、科技、知识产权、资金来源以及基础设施，从而使澳大利亚国防军具备实现其国防战略目标的必要条件。澳大利亚国防工业能力指的是由澳大利亚工业部门提供、直接助力于国防能力的生成的能力。而一旦澳大利亚政府判定其中的某些工业能力具备战略上的重要性，从而必须获取并掌控这些能力时，它们就成了自主工业能力的一部分。《国防工业能力计划》提出，国防自主工业能力的实现同很多因素有关，其中包括：拥有必要的常备能力，可以实现装备的设计和测试，并确保其随时能够投入使用或重新投入使用；对国防和工业部门中作为国防能力支撑的技术和知识产权拥有评估和控制的能力；确保军队训练有素、装备齐全、能随时应战；确保拥有一支技术精良的澳大利亚本地劳动力队伍及相应的基础设施，使其有能力保有、维护、修理、升级必要的国防能力；拥有对澳大利亚作战优势形成支持的联合作战能力；保护由国外控制，但为澳大利亚国防军所应用的技术的能力；拥有具备了合适的劳动力队伍、技能、技术知识、战争准备和基础设施的澳大利亚自主工业能力，以支持澳大利亚国防军的独立行动。

《2016国防工业政策声明》指出，由于部分来源于海外的工业能力缺乏安全保证，因此国防能力的实现有赖于自主工业能力的获得。而当时的"优先工业能力框架"并不能简单清楚地区分需要得到特殊保护的自主国

---

[1] "Defence Industrial Capability Plan," Department of Defence, 2018, p. 17.

防能力，无法为国防计划提供支持。为此，澳大利亚出台了"国防工业能力计划"，并于2017年10月推出了相应的《自主工业能力评估框架》，用以改进对促进国防能力实现至关重要的自主工业能力的认定与管理。对自主工业能力的认定标准主要包括六个方面：保护战略意图不被泄露；在实现战略目标过程中能力发挥不受限制；在联合行动中可能受到限制但又能带来好处；确保能根据需要随时备战；出于安全和确保供应的需要必须得到保留；能兼顾军民两用的竞争性优势。新的框架将在两个层面发挥作用：在战略层面，改进对自主工业能力的认定与管理；在单个项目的投资层面，在政府对资本投资建议进行审查时，向政府建议应当对哪些自主国防能力加以保护。"国防工业能力计划"提出，澳大利亚国防力量对自主工业能力的需求主要体现在四个方面：一是不附加任何条件的高度战备需求，能够帮助澳大利亚威慑、拒止并击退针对澳大利亚国家利益及其他重要国防战略目标的威胁与攻击；二是由澳大利亚完全掌控从而确保随叫随到，促进澳大利亚尽到其在联军中的义务，或是在缺少国外协助时能靠澳大利亚独立完成；三是能让澳大利亚维持现有能力，且根据澳大利亚防御态势促进其作战能力实现；四是能够更持久地领先于时代、有助于澳大利亚国防进行自我修复的能力，澳大利亚不仅有财力维持它们却无法承担失去它们的代价，而且在澳大利亚战略形势发生转变时能以此为基础进行动员。

根据上述标准以及专家的建议，澳大利亚国防部确定了首批十大优先自主工业能力：柯林斯级潜艇维护与升级技术；持续造船计划（包括滚动的潜艇采买计划）；地面战车与技术升级；升级版主动与被动相控阵雷达能力，作战服生存与吸波技术；电子战高级信号处理能力；网络与信息安全及信号管理技术与运用；监测与情报数据采集、分析、分发与复杂系统综合；测试、评估、认证与系统鉴定；弹药与小型武器研究、设计、开发与大规模制造；太空平台深度维护。

军地双赢，本国企业受益。可想而知的是，国防自主工业能力的实现不仅意味着国防能力的实现以及军队将从中受益，而且澳大利亚本国企业在此过程中也将成为直接受益者，包括本国企业，尤其是中小企业的技术能力优势得到提升，以及本国劳动力获得更多的就业机会，从而在整体上起到提振澳大利亚经济的作用。正如澳大利亚国防工业部长克里斯托弗·派恩于2018年在首个可信自动化系统国防合作研究中心正式成立时所指出的,"不仅军队将会受益于这些新能力,而且澳大利亚企业界也会提升自己在自动化技术中的专业能力与竞争力。"①

前文提到的2011年澳大利亚推出的"优先工业能力创新计划"（The Priority Industry Capability Innovation Program），就是对中小型企业参与创新国防工业项目的一个重要支持。这不仅意味着更多的资源可以为国防建设所用,也意味着这些企业可以在国内外获得更多商机。从前文所提到的"端对端"能力培养概念可以看到,国防能力建设将包含从培养到产出的全过程。澳大利亚政府预见到,在下一个十年里将会有更多的新企业加入国防能力建设中,现有的也会进一步扩展其参与程度。尤其是对于中小型企业来说,它们的加入需要政府更多的支持,鉴此,《国防工业能力计划》中列出了整个能力形成周期中的各个阶段的相关规划,工业部门可视情加入,例如"国防工业能力中心能力改善补贴计划""国防工业能力中心能力顾问服务""国防能力中心计划""澳大利亚军售办公室目录""战略出口计划",以及为地方企业分享资讯而组织的各种交流会与其他活动等。②此外,该计划还在推动尖端技术的分享与转移、创造国际供应链与销售链、通过全政府模式克服中小型企业在加入过程中可能遇到的障碍等多个方面提供支持。截至2020年10月,国防创新中心中84%的投资都被用于与本地中小型企业的合作。③

为了进一步加大澳大利亚本国企业在国防能力建设中的参与力度,澳大利亚政府还采取了其他一系列措施,其中最为突出的就是2019年推出的《国防工业参与政策》。在澳大利亚国防能力改革的大背景之下,该政策为澳大利亚本国企业最大限度地参与未来国防能力建设提供支持,力争使国

---

① "First Defence Corporative Research Center Launched," Australian Department of Defence, May 23, 2018, accessed March 11, 2021, https://www.dst.defence.gov.au/news/2018/05/23/first-defence-cooperative-research-centre-launched.

② "Defence Industrial Capability Plan," Department of Defence, 2018, p. 88.

③ "Innovation Hub Invests $28 Billion in Australian Industry," Australian Department of Defence, October 21, 2020, accessed March 11, 2021, https://publicspectrum.co/innovation-hub-invests-28-million-in-australian-industry/.

防采购的程序更加简单、便捷，且符合国防业务的内在需求。通过上述一系列的工业支持计划，它力图带来不仅是国家和地方的利益，而且还有澳大利亚工业的长远发展。同年推出的《国防工业技术与STEM战略》则主要从技术的角度为对国防能力形成支持的本国企业，尤其是中小型企业，提供长期帮助。该战略主要集中在四个关键领域：加大对国防工业参与机会的宣传以及政府对STEM课程学习的支持；支持军工企业吸引更多的优秀劳动力；鼓励增加技术投资，加大国防工业劳动力培训力度；推动各相关企业、团体间协作，为未来的相关劳动力需求提前做好准备。另外还有"学校通道计划"（The Schools Pathways Program）、"国防工业实习生计划"（the Defence Industry Internship Program）以及新的"澳大利亚国防工业技能培训计划"（Skilling Australia's Defence Industry Program）将为军工企业提供更多的技术人才。《2020军力结构计划》中列举的新投资项目也为国防部提供了更多同企业界合作的机会，使得澳大利亚在网络、自动化系统、人工智能、雷达、信息与交流以及天基能力与传感器等先进技术领域的工业基础得到强化。此外，根据这一计划，澳大利亚还大幅增加了针对基础设施、可存储燃料，以及高精武器零配件的投资，并加大本国现有的大规模武器生产能力。而针对地面交通运输工具的投资也能为澳大利亚工业创造长期的就业机会，还有可能带动出口。[①]而2019年澳大利亚推出的《国防出口战略》则宣布，将在之后的每年额外投入320万澳元资金帮助中小企业成为全球主承包商供应链中的一环，同时投入410万澳元支持中小型企业寻找新的商机，加强其全球竞争力。[②]

在国防部不动产与基础设施小组2017年发布的《与国防部不动产与基础设施小组交易指南》中，专门提到了必须遵守2015年发布的《本土采购政策》。这项政策的根本目标就是激励本地工商业的发展，为当地澳大利亚人提供更多参与经济的机会。这项政策共包含三个部分：规定给予本地企业的合同必须达到一定数目；规定必须为本地企业预留一部分在某些特定情况下可用的合同；规定在某些类型的协议中，对本地人和本地供货商

---

① "2020 Force Structure Plan," Department of Defence, 2020, pp. 94-96.

② "2020 Force Structure Plan," Department of Defence, 2018, p. 17.

的雇佣与使用数量必须达到一定的最低标准。由于本地的商业部门通常是由中小型企业占据多数，因此上述规定对刺激本地经济发展，推动本地就业有着直接的意义。针对这一目标，澳政府同本土企业组织签订协议，开发出一份"本地企业名录"。这份名录所包含的企业都是符合"本地采购政策"中的相关规定，即至少有50%的股权归属于本地商人的中小型企业。该名录是所有负责采购的官员在做出其他任何决定之前需要参照的主要资源，以便确定该本地企业所提供的商品或服务是否能带来应有的回报。

以下是本地中小企业在澳大利亚的军民融合战略中受益的一个例子。近年来，简易爆炸装置由于其成本相对低廉且易于制造，因此为中东地区暴乱分子所青睐。尤其是随着新技术的出现，该装置可以通过无线电遥控，加上全球范围内出现的暴力升级与极端意识形态的传播，其被暴乱分子使用的概率便进一步增大。在这样的背景之下，根据前文提到的"红翼计划"，澳大利亚国防科技小组开发出了两套应对这一威胁的系统。这两套系统都能够在阿富汗非常恶劣的作战环境中最大限度地发挥作用，而且操作人员几乎无须专门培训，后期补给需求也十分有限。在此项目的开发过程中，澳大利亚的国防工业在项目早期就开始介入，并尽快将新开发的系统从原始模型阶段转入正式大规模生产。五家澳大利亚的中小型企业被选中参与该项目。[1]

澳大利亚政府加大自主工业能力的例子还包括："拳击手"作战侦察车的采购合同，包含的条件之一就是要投入130万澳元建设澳大利亚工业能力；有超过300家澳大利亚公司参与了"离岸巡逻舰船"的建造过程；等等。[2] 而前文提到的"未来护卫舰计划"所带来的澳大利亚本国企业参与以及就业机会增加也是同样的情况。

推动出口，提升全球竞争力。 当然，在澳大利亚的军民融合战略中，要想给本国企业带来更多的商机和更大的发展，仅仅依靠澳大利亚国防业务的需要是难以实现的。因此，更重要的还在于扩大市场，在加强国际合

---

[1] "2016 Defence Industry Policy Statement," Department of Defence, 2016, pp. 40-41.

[2] "Shape, Deter, Respond: Defence Industry and Innovation," Department of Defence, November 15, 2020, accessed March 11, 2021, https://www1.defence.gov.au/sites/default/files/2020-11/Factsheet_Maritime.pdf.

作的同时提升本国工业的尖端技术优势，增强相应的国际竞争力，从而促进本国工业的长足发展以及澳大利亚整体国际地位的提升。正如《2016政策声明》所指出的，出口竞争力带来的不仅是经济上的收获，还有战略上的意义。因此，澳大利亚政府致力于推动本国企业的国际竞争力，并通过政府与企业界的合作尽力消除本地企业进入国际市场的障碍。一方面，澳大利亚从2015年起加强了同国际伙伴的合作力度，尤其是同美国、日本、印度、东盟国家以及其他地区伙伴国家；另一方面，澳大利亚通过合作增强本国企业全球竞争力的意图与成果也日益明显。在此过程中，国防工业能力中心扮演了重要角色，致力于通过各项出口计划提升本国企业的国际竞争力。它所采取的措施包括：在军工企业、国防部以及其他政府机构之间（如AusTrade）扮演可信的中间人角色；为军工企业提供建议，帮助这些企业获取国际竞争力并随时做好出口准备；提供市场建议，以指导本国企业获取潜在的出口机会；推动国防贸易往来；促进企业与国防出口管控部门间的互动；推出供应商持续改进计划，旨在系统性地生成国际军工企业所必备的整体性的、可操作且能不断提升的能力。

在国防工业能力中心的种种举措中，成就最为突出的计划之一为"全球供应链计划"，该计划同多个国家的防务公司进行合作，以便在其全球供应链中为澳大利亚企业寻找机遇。该计划已有六家大型国际公司的加入，为澳大利亚工业提供了民用和军用产品的参与机遇。它们分别是：英国宇航系统公司（BAE）、波音公司、洛克希德·马丁公司（Lockheed Martin）、诺斯罗普·格鲁曼公司（Northrop Grumman）、雷神公司（Raytheon）以及泰雷兹集团公司（Thales）。截至2016年，这些公司已经为澳大利亚工业创造了1000个商业机遇，超过115家澳大利亚公司赢得了价值超过7.55亿澳元的700多个合同。①

为了以国防工业的军民融合为契机推动澳大利亚的工业出口，近年来澳大利亚政府进一步采取了一系列措施，包括2018年创建的国防出口办公室，以及同年《国防出口战略》的出台。国防出口办公室的中心职责是协调澳大利亚全政府国防模式下对国防工业的出口支持，以确保其在当下

---

① "2016 Defence Industry Policy Statement," Department of Defence, 2016, pp. 57-58.

与未来能满足澳大利亚国防能力的需要。国防出口办公室隶属于国防部战略、政策与工业小组下的国防工业政策处，共包含三个团队：国防澳大利亚团队，通过参加贸易展为做好出口准备的公司提供新的或现有的市场以及国际供应链；澳大利亚军售团队，除了推广澳大利亚国防工业的产品与服务，还负责策划与执行向其他国家政府销售澳大利亚国防组织装备器材，以及源自澳大利亚的敏感技术，同时负责发布澳大利亚国防销售目录，为向外国政府客户销售澳大利亚国防军装备与国防工业产品与服务提供信息；政策与接触团队，负责处理部长级的高层国际或国内宣传以及澳大利亚国防出口宣传，以支持澳大利亚国防工业出口，同时还指导相关企业获取资金支持和市场情报。总的来说，该办公室为澳大利亚企业提供量身定做的全过程出口支持。

国防出口办公室实际上是国防出口战略的一部分。这项战略价值超过190亿澳元，旨在使澳大利亚10年内达到与英、法、德等世界主要军事出口国不相上下的水平。[①]该战略以澳大利亚的国防工业政策为基点，是一个对国防出口事宜进行计划、指导与衡量的全方位战略计划。该战略的目标是，到2028年建成一个更加强大、更加可持续发展以及更有全球竞争力的澳大利亚国防工业，以支持其国防能力的需要。具体包括以下五项分目标：强化澳大利亚政府与企业界的伙伴关系，以寻求国防出口机遇；无论国内需求处于高峰还是低谷，都确保澳大利亚国防工业能力维持不变；帮助澳大利亚军工企业获得更大的创新能力与生产力，从而带来世界一流的国防能力；维持澳大利亚国防军的能力优势，调整国防能力发展方向使其更适合扩大出口；推动澳大利亚发展成为全球十大国防出口国之一。该战略动员了政府、国防部以及企业界所能掌握的所有控制手段，为国防出口提供从出口准备、寻找出口机会，一直到最终实现出口的首尾相接的全程支持。除了前文提到的加大对中小企业的资金支持力度以增强其全球竞争力之外，其他的一系列措施包括：在关键市场设立本地行业专家，为国防出口提供建议与支持；政府加大出口宣传力度；调整国防能力发展方向，

---

① 《澳大利亚政府公布新国防战略将增加军事出口》，《国防科技工业》2018年第2期，第11页。

使其朝着利于出口的方向发展；等等。此外，2018/2019财年起澳大利亚政府还将每年投入2000万澳元支持国防出口。[①]

第五节 澳大利亚军民融合战略的成效评估及主要启示

从2015年《首要原则审视》的颁布开始，澳大利亚就开始了其具有划时代意义的国防军改革。国防能力建设成为改革的一个重要组成部分，其成功与否在很大程度上取决于国防部与工业部门之间的密切合作。从上文可以看到，在过去数年时间里，澳大利亚的军民融合战略已在全方位进行当中，且成效显著。

一、成效评估

从上文的内容可以看到，自从2016年澳大利亚出台新的《国防白皮书》以来，它所推行的军民融合战略已经对澳大利亚的国防能力建设形成了重要支持，这主要体现在两个方面。

首先，实现了统一的战略指导。2015年以来澳大利亚国防事业改革最突出的变化就是"整体国防"原则的提出与实践。2015年的《首要原则审视》中指出了当时澳大利亚国防部机制管理中存在的一系列问题，包括组织机构松散冗余，效率低下，重复浪费现象严重等。最重要的是，缺乏集中统一的战略指导与管理。《首要原则审视》列举了十二条上述现象的具体实例，其中包括国防部高级领导由1998年的201人增加到2014年的374人，增加了86%，而国防部总人数却仅由73,000增加到78,000；国防能力建设任务被分散到包括三大军种及能力开发小组和国防科技小组等在内的共七大部门，共涉及7000多个相关职员；项目审批程序冗长且费用高昂，项目呈报文件平均长度达70页之多，单是在内阁准备阶段就费时16周，从首次呈报到最终获批平均耗时46个月；国防器材装备局规定了1万多项在器材采购中必须遵守的各种专项政策，其中35项关于采购程序与监控的

[①] "Defence Export Strategy," Department of Defence, 2018, p. 18.

政策程序文件长达12,500页；等等。[①] 如此一来，国防能力建设过程必然只能是耗时耗力却成效甚微，国防工业更是无从发展，因为地方企业很难真正了解国防能力需要以及以何种形式加入，更谈不上在军民融合的过程中自身也因此受益。

经过改革后的国防部组织架构首先得到了优化。改革后的战略领导中心由国防部正副秘书长，国防军正副司令，负责战略、政策与工业的国防副秘书长以及财务总监共同6人组成新的国防委员会，国防部长每年与国防委员会会面两次，布置商讨战略发展事宜。这相比之前的17人委员会显然更加集中高效。此外，虽然与之前相比双头治理（diarchy）——即国防部长之下由国防部秘书长和国防军司令分别负责公共服务与军事职能——的模式依然得到保留，但由于之前两者间职责不清，分工不明确，导致效率低下。改革之后秘书长与国防军司令需要协调完成的三项职责以及其他各自分工负责的职责都得到了明确认定，便于其各司其职提高效率。在秘书长与国防军司令之下分设了副秘书长和国防军副司令之职，便于相关具体事务的集中管理。此外，各公共事务小组的设置也更能体现"整体国防"原则。例如，战略、政策与工业三项职能被归入一个小组，体现了国防工业发展的战略重要性；备受诟病的器材装备局也根据《首要原则审视》的建议被归入新组建的能力获得与维持小组，实现了国防能力建设过程中"端对端"的全程统一指导与监管。

其次，根据澳大利亚《国防白皮书（2016）》设定的国防能力重点建设目标来看，通过军民融合战略的贯彻实施，澳大利亚在形成国防能力的主要能力集群建设方面已初见成效。

如上所述，澳大利亚政府确定了实现国防能力建设的六大能力集群，且以其中的前两项，即海上作战与反潜艇作战能力和关键能力驱动为重点关注对象，分别占能力建设投资总额的25%。前文提到的造舰计划，包括水面舰艇与潜艇更新升级与新建计划，便是其中的一部分。在此过程中澳大利亚国防部与国际知名公司的合作，例如和法国海军集团公司的合作，

---

① "First Principles Review: Creating One Defence," Department of Defence, 2015, Chapter 1.

尤其是在相关合同中明确规定澳大利亚本国中小型企业的参与和尖端技术转移条件，以及为澳大利亚创造的就业岗位，都表明澳大利亚政府成功践行了其军民融合战略中的重要原则，即不仅大力加强国防能力，使国防军能够有效保护国家和地区的安全，且本国工业与经济也当因此直接受益，确保本国工业能长期维持国防能力的未来需求。2018年澳大利亚公布的OneSKY计划，是另一个在关键能力集群领域军民融合成功的突出范例。这项由泰雷兹公司开发的军民融合空中交通管理系统将取代当前运行的、2000年投入使用的单纯由民间开发的澳大利亚高级空中管理系统，成为世界上最先进、综合性能最好的空管系统，控制着全球超过11%的空域，覆盖面积达5300平方公里，包括世界上最繁忙的一些航路，同时也服务于澳大利亚本国国防能力提升、加强国家安全的需要。该计划将在20年里为澳大利亚空域用户创造超过12亿澳元的经济收益，配套以世界一流的基础设施建设。根据这项计划，澳大利亚航空服务公司（Airservices）将开发五项先进技术，在确保安全、高效的前提下实现澳大利亚民用与军用空中交通管理间的无缝对接。该计划将为澳大利亚提供450个高技术就业岗位；同时还为澳大利亚的整个供应链创造200多个就业岗位。[1]

此外，澳大利亚在基础设施建设、网络安全与信息化领域、通信技术、高科技武器装备等领域，都借助军民融合战略取得了不俗的成就，例如其天波超视距雷达网的发展与成熟，网络安全与信息化技术中军民融合的成功实践，量子技术的发展与应用等，不仅为澳大利亚的国防工业赢得了技术优势，而且也为澳大利亚本国创造了大量就业机会。[2] 不仅如此，澳大利亚军工企业也越来越多地被国外客户所接受。例如，澳大利亚企业在高速支援舰船以及其他船只建造、专业培训，以及无人机探测等高端技

---

[1] Airservices, "OneSKY Australian Program," February 17, 2021, accessed March 11, 2021, https://www.airservicesaustralia.com/about-us/innovation-and-technology/onesky/; Thales, "OneSKY to Benefit Air Travellers," February 26, 2018, accessed March 11, 2021, https://www.thalesgroup.com/en/australia/press-release/onesky-benefit-air-travellers.

[2] 余苗、程建：《澳大利亚天波超视距雷达发展探析》，《情报交流》2018年第4期，第51—55页；《南方大陆的奋进与图强》，华屹智库，《国际视野》2018年5月，第53—57页。

术能力等方面在阿曼等国赢得了商机。①

当然，澳大利亚近年来如此大幅度的变革，也必然会遇到这样或那样的困难。例如，如前文所述，澳大利亚国防能力建设的最终目标之一是要实现国防能力的自主性。然而尽管政府对本国企业提供了强有力的支持，但这一目标对规模相对有限的澳大利亚本国企业依然是一个重大挑战。例如，澳大利亚战略政策研究所近期推出的一份报告指出，澳大利亚新的军力结构计划面临的最大风险就是本国企业难以生产出其所需要的武器与装备：当前本国企业的生产能力仅占总需求的三分之一左右，价值26亿澳元，而要满足需求，该数值将需要上升到100亿澳元。这显然绝非易事。②此外，尽管近年来澳大利亚一直强调的是对本国中小企业的共同扶持，但事实上参与其国防工业的企业却处于一种两头大、中间小的局面，即有多个大型跨国公司以及成千上万个年收益不超过500万澳元的小型企业，然而由于历史政策等种种原因，对于澳大利亚国防工业能力自主性的实现最有帮助，且能最大限度增强国家经济活力的中型企业却相对不足。③这显然不利于澳大利亚国防能力自主性以及本国企业出口竞争力的实现。

二、未来展望

随着国际与地区形势的变化，澳大利亚国防部于2019年开始了新一轮战略评估，对澳大利亚《国防白皮书（2016）》提出的战略原则进行重新审视。《2020国防战略更新》指出，虽然澳大利亚未来战略环境的驱动因素

---

① Austrade, "Opening New Opportunities for Australia's Defence Industry in Oman," April 11, 2019, accessed March 11, 2021, https://www.austrade.gov.au/news/latest-from-austrade/2019-latest-from-austrade/opening-new-opportunities-for-australias-defence-industry-in-oman.

② Anthony Galloway, "Australia's Defence Industry Need to Triple Output to Keep Up with Arms Race," August 11, 2020, accessed March 11, 2021, https://www.smh.com.au/politics/federal/australia-s-defence-industry-needs-to-triple-output-to-keep-up-with-arms-race-20200811-p55kko.html.

③ Mike Kalms & Chris Williams, "Why So Hollow? Australia's Defence Industry Middle and What to Do about It," April 4, 2019, accessed March 11, 2021, https://newsroom.kpmg.com.au/hollow-australias-defence-industry-middle/.

总体未变，但还是出现了一些四年前未能预计到的变化。例如，印太地区的军事现代化速度超过了预期；不断加强的网络能力使澳大利亚的战略环境变得更加复杂；大国竞争日益激烈；印太地区的"灰色地带"行动范围正在扩大。一言以蔽之，澳大利亚当前面临的安全环境较四年前相比已然进一步恶化，军事上擦枪走火的可能性加大。为此，澳大利亚必须充分做好军事上的准备以应对各种可能的情况。澳大利亚政府因此确定了新的战略政策框架，即澳大利亚必须具备足够的能力部署军事力量以塑造己方的环境，慑止不利于其国际利益的行为，并且在必要时以武力相回应。根据这一新的战略框架，澳大利亚的国防计划将更加集中于其临近地区，包括从印度洋的东北部，穿过东南亚的海上和大陆地区，进入巴布亚新几内亚和太平洋西南部地区，从而通过诸如"太平洋升级"（the Pacific Step-up）之类的计划使澳大利亚的防务目标更加聚焦。[1] 而在2023年4月推出的《国防战略评估》报告中，澳大利亚的备战态度显得更加激进，提出其所在地区正面临几十年来前所未有的挑战，而随着紧张关系的升级可能出现的冲突预警时间却在减少。因此，这份报告突出强调了自主国防能力的重要性：即澳大利亚必须有能力确保自己的命运不为他国所左右，确保能独立做出决定；确保具备保护自己的生活方式、国家繁荣、政治和经济繁荣稳定的能力。[2]

为了应对新的挑战，满足新的战略需要，澳大利亚调整了其国防能力建设目标，以及相应的一系列基础设施与能力驱动计划，包括对澳大利亚陆军、空军、海军和后勤支援力量的改革，尤其突出了AUKUS协议下核潜艇的采购计划以及下一步先进军事技术的获得计划。为了实现上述目标，澳大利亚一方面需要加强同美国等拥有先进军事技术国家的合作，另一方面澳大利亚更加重视的是自身国防能力的提升。这就意味着澳大利亚将需要进一步深化同产业界的合作，以及相应的军民融合战略的进一步推行与深化。

无论是《2020国防战略更新》，还是2020年底推出的《引领者：国防

---

[1] "2020 Defence Strategic Update," Department of Defence, 2020.

[2] "National Defence: Defence Strategic Review," Department of Defence, 2023, pp. 5-6.

转型战略》都态度鲜明地指出，国防工业的发展与创新依然是澳大利亚国防战略中的一个关键组成部分；而2023《国防战略评估》也再次肯定了国防工业，尤其是自主国防工业的战略意义。因此，不仅军队与产业界的紧密合作仍将继续，而且澳大利亚政府将加大在科技和创新中的投资。此举不仅意在提升澳大利亚的国防能力，同时也是为了提升澳大利亚的自主工业能力，为国民创造历时几代的成千上万个就业机会。[1]

具体而言，澳大利亚政府决定，在2020—2030年将投资约2700亿澳元更新或升级其国防能力，包括部署更加强大的远程作战系统，以及更加安全的供应链系统。这些都对国防工业，尤其是自主工业能力，提出了进一步的要求。因此，澳大利亚工业能力计划支持更多澳大利亚本国企业参与国防能力建设，并要求参与竞争澳大利亚国防建设合同的总承包商公司最大限度地允许澳大利亚本国企业的加入。例如，有300多家澳大利亚公司参与了澳大利亚的离岸巡逻船建造计划（the Offshore Patrol Vessels）。[2] 目前，澳大利亚的国防工业中有4000多家企业共3万多名员工。随着新投资的注入，还会有11,000家澳大利亚公司从中直接受益，再加上因此而扩大的供应商范围，大约能有70,000名工人将因此获益。在资金投入方面，澳大利亚政府将继续2016白皮书承诺的，将国民生产总值的2%用作国防预算，因此在2020/2021财年投入资金为422亿澳元，经过十年后这一数值将在2029/2030财年增加到737亿澳元。2019年新冠疫情暴发后，为了避免疫情对国防工业可能带来的不利影响，澳大利亚政府宣称注入10亿澳元的资金，以保持该领域的发展态势和就业市场的稳定。[3]

三、澳大利亚军民融合战略实践的启示

在全球化日益深化，高科技发展迅猛的当今时代，任何一国的国防能力建设都不可能单纯依靠军队的努力来实现，这样既浪费资源也效果不

---

[1] "Lead the Way: Defence Transformation Strategy," Department of Defence, 2020.

[2] "2020 Defence Strategic Update," Department of Defence, 2020, p. 46.

[3] Scott Morrison et. al, "1B to Accelerate Defence Initiatives in COVID-19 Recovery," August 26, 2020, accessed March 11, 2021, https://www.liberal.org.au/latest-news/2020/08/26/1b-accelerate-defence-initiatives-covid-19-recovery.

佳。军民融合显然是大势所趋，它不仅能充分调动全国各方资源投身于国防建设，巩固国家安全从而最终保护各个领域创造的辛勤果实能够为国民所享用，而且工业部门也能在此过程中直接受益，不仅因此获得更大的商机，而且也能提升自我，在参与国防建设的过程中获取更多的技术与经验，从而提高自身的国内外市场竞争力。

从2015年澳大利亚开始国防军改革以来，我们可以看到，其决心之大、力度之强、成效之显著，都是不争的事实。

首先是集中管理统一指挥，力求高效。军民融合最大限度地实现其目标，关键在于在科学合理的机构设置基础上，政府各部门内部能够分工明确，尽可能减少不必要的重复劳动与资源浪费。尤其值得注意的是，为了最大限度地吸引地方企业的参与，澳大利亚国防部以多重渠道公开发布国防需要各个环节的信息，方便各家企业与自身现有条件进行比对，了解参与机会、参与途径以及企业自身潜在的获益前景等，并且在重要环节给予这些企业指导与资金支持。

其次是对创新的鼓励。澳大利亚高度重视创新在国防能力建设中的重要性，并且为鼓励创新加大了投资力度，用实际利益鼓励各种创新产品的推出。值得注意的是，创新并不仅仅意味着科学技术的创新，还包括组织管理方式的创新与思维的创新。澳大利亚政府为了吸引人才，不惜打破原有的条条框框，吸引来自不同背景的国内外人才加入其国防能力建设，就是一个很好的范例。澳大利亚在国防军改革的过程中，不仅高度重视技术创新，对国防部组织机构也进行了大幅调整。而且更重要的是，从前文的论述可以看到，在同工业部门的合作上，在"端对端"原则的指导下充分考虑能力建设过程的每一个环节，并通过国防部各小组发布的相关政策计划，对工业部门给予非常详细的指导，帮助其分析机遇与利弊，且尽可能利用各种手段促进地方企业的发展与地方经济利益的实现，因此合作成效显著。

最后是面对不断变换的外部形势不断地自我更新。21世纪开始，澳大利亚《国防白皮书》出台的惯例原本是五年一次，然而从2009到2013年由于形势的需要提前一年出台了新版白皮书，而短短三年时间不到国防部又推出了新一版的白皮书。之所以如此，就是因为对于澳大利亚来说，前期的国防能力建设中的痼疾长期存在且始终未能得到根治，更重要的是最近十年里地区与国际形势的快速变化，使得澳大利亚政府没有固守原先的程序，而是根据需要及时调整更新战略思路；而且该版白皮书的出台也是以《国防要务征求意见书》和相应的《警惕不确定性：澳大利亚的国防观》，以及《首要原则审视》这三份充分展示其调研与论证过程的文件为基础的。澳大利亚军民融合战略的大举铺开正是在这样的背景下被推出。澳大利亚《国防白皮书（2016）》出台四年后，澳大利亚又根据其对本国安全形势的变化，围绕战略、能力与改革三大支柱确立了澳大利亚新的战略政策框架，它们分别是2020年初的《国防战略更新》与《2020军力结构报告》以及当年底的《引领者：国防转型战略》，基于国际与地区形势的进一步变化，对澳大利亚的国防能力提出了新的需求。2023年4月，澳大利亚政府又推出了《国防战略评估》报告，在大幅调整澳大利亚国防战略的同时，对新形势下澳大利亚国防能力的获得提出了新的要求。不仅如此，这份报告还建议未来澳大利亚每两年推出一份新的《国防战略》，代替现有不定期的《国防白皮书》，以确保战略的连续性和国家政策实施过程中的协调一致。总体而言，历次新战略的出台在保持澳大利亚原先的军民融合总体发展方向的同时，对国防能力建设中的部分具体目标不断做出修正，使其更加符合澳大利亚国家安全与发展的需要。这种及时自我更新的意识与能力显然非常有助于澳大利亚有效地推进战略实施。

第五章　泰国军民融合战略

陈羲　虞群[*]

尽管泰国国防工业起步较早，但受自身经济科技发展水平和国防体制所限，泰国国防工业发展一直处于本地区中游水平。进入21世纪以来，泰国政府积极出台政策，力图通过加强军民融合、开展国际合作等多种举措，改变长期以来以进口他国武器装备为主的传统模式，进而建立独立自主的国防工业模式。本文拟回顾泰国国防工业军民融合的发展历程，并总结其主要特点。

第一节　泰国国防工业军民融合的发展历程

一、泰国国防工业的萌芽和早期发展

泰国在公元13世纪时开始有了初具规模的军工产业。在泰人建立的第一个王朝素可泰王朝兰甘亨大帝（约1239—1298年在位）时期，泰国开始有了军工家庭作坊，专门为国家从事铁制武器的制造。在其后数百年的历史发展进程中，泰国多次与缅甸兵戎相见，传统武器制造业继续在国家军工领域发挥重要作用。直至曼谷王朝拉玛四世（1851—1868年在位）、拉玛五世（1868—1909年在位）时期，面对西方殖民者侵逼，泰国"开门揖盗""与狼共舞"，不断采取西化措施，大量聘请西方人担任政府顾问。在西方顾问的帮助下，泰国开始建立和产生近代军工产业。

---

[*] 陈羲，国防科技大学外国语学院讲师；虞群，国防科技大学外国语学院副教授。

1908年，拉玛五世国王下令成立陆军兵器局，负责维修和养护各类武器，任命蒙昭赛西里·叻达宫为局长，并聘请欧洲人进行指导，大力采购和配备重型火炮以及各种西式火枪。同年，蒙昭赛西里·叻达宫局长前往日本进行为期一年的军事学习，学成归来时订购了一套设备，安装调试完成之后开始生产，这可以算作是泰国历史上第一次新型武器生产。随后，陆军兵器局不断发展扩大，到了1911年改设陆军军械局，隶属于国防部。1941—1945年，泰国被日本占领，国防工业被绑上日本战车，失去主权。

二、二战后的泰国军民融合进程

纵观20世纪泰国国防工业的发展历程，可以发现，20世纪60年代以前，泰国国防工业完全官办，从70年代开始，才逐步准许私营企业有限承接政府订单。1971年9月13日，泰国国防部颁布第551/14号《工业政策规定》，第2款规定，如果私营企业生产的设备符合政府要求，国防部就不必再兴建此类企业，而是研究对此类私营企业进行支持的方法，以减轻其压力。在此政策的推动下，不少私营企业逐步与军方建立起合作关系，其中尤以造船厂最为活跃。例如，在美国帮助下成立的曼谷造船厂为泰国海军建造了多种类型的补给船。1976—1980年间，曼谷造船厂生产制造了国产苏里亚（SURIYA）级航海标投放船和从德国引进的塔廊（THALANG）水雷对抗支援舰。另一个造船厂泰国海事公司（Italthai Marine Company）于1976年开始为泰国海军制造T-213型巡逻艇，至1991年共生产了18艘。

1977年12月，为应对不断恶化的印支形势，江萨·差玛南总理高度重视军工产业的发展，要求军地企业开展密切协作以满足国家安全防卫对轻武器和弹药的需求，力争早日实现国防工业的自主目标。泰国政府要求泰国商会、泰国工业联合会、泰国银行协会联合建立相关业务机构，负责与国外公司以及政府的合作事宜。一家名为泰国国际武器（Thai Interarms）的私营公司也加入了政府主导的武器生产项目，从而获得了大量政府订单支持，为四个部门生产了大量小型武器、弹药、火药及其他爆炸物。此外，泰国政府和美国温切斯特公司（Winchester Company）合资，在泰国空军驻地之一的那空沙旺府达克里（Ta Khli）设立了一个工厂，每年生产

100万吨弹药，以及火箭弹等武器装备。

20世纪80年代，泰国在武器装备方面的需求急剧攀升，但本国国防工业的现状无法满足旺盛的需求。泰国政府一方面继续依靠美国及其他国家的武器援助或武器出口，另一方面试图克服这种依赖以摆脱其中暗藏的各种风险。1980年泰国国防部颁布的军事政策强调，要加强武器装备现代化的发展，增加相关预算，让符合军事需要的地方研究机构参与研究或给予其预算支持。泰国《国民经济和社会发展五年规划（1982—1986年）》规定，政府必须充分发动私营部门承担某些国家事务，分担政府压力。为此，政府将出台和执行政府与私营部门之间的合作计划，如减少工业能源消耗，寻找出口市场，支持私营企业增强管理能力，允许私营企业承担部分国防产业管理职能，如监管商业银行借款账户、公共服务费等，担任质检工作等。这一规划从侧面推动了泰国军民融合。

1981—1985年间，曼谷造船厂生产了一艘自行设计的1400吨补给船。泰国海事公司在T-213沿海巡逻艇的基础上建造了六艘"梭桃邑"（Sattahip）级巡逻艇。1985年至1990年间，泰国海事公司再获建造两艘法国PS-700登陆舰和西德Hysucat-18双体船水翼艇的建造许可，之后公司转向生产攻击艇。

这一时期，泰国不仅成立了由总理担任主席的公私合作委员会，还于1981年成立了军事工业管理和发展委员会，主要职责是制定国防工业和武器装备的标准，联合相关部门推进相关工作。1983年泰国国防部军事工业局提出要大力支持私营企业，国防部下属的国防科技研究院（DTI）作为聚合各类武器生产厂商的中心部门，其下属的促进国防工业办公室集合了46家公司，并按类别将其分为6个组。1984年，泰国国防部军事工业局举行了以"私营部门对军事工业的作用"为主题的研讨会，得到了许多私营企业的关注和参与，研讨会使得私营企业认识到了自己在国防工业中的作用，并为此成立了国防生产俱乐部，约有50家公司参与。1987年，泰国军队最高司令部战略研究局举行以"寻求与民众开展科技合作"为主题的研讨会，1989年举行以"国防工业发展思路"为主题的研讨会，大力吸引私营企业广泛参与。尽管如此，还是有很多制约因素使私营企业对真正进入国防工业领域举棋不定。

冷战结束以后，随着越南从柬埔寨撤军和柬局势的逐步稳定，泰国陆上安全环境不断改善，为适应世界和地区形势的变化及国内经济的发展需要，泰国开始对其军事战略进行重大调整，确立了建立一支高效、精良、机动，具备有效指挥与控制的武装部队的建设目标。为了实现这一目标，泰国于20世纪90年代初制定了《泰国军队十年发展规划（1987—1996）》《陆军现代化建设九年计划（1987—1994）》《海军武器装备五年扩充计划（1987—1991）》，开始大规模扩军，增强国防实力，陆军、海军、空军和准军事部队开始不断寻求升级现有的能力。[①] 90年代初期，泰国大约有385个造船分包商从事约1200艘船只的生产，泰国造船业已具备对战舰进行升级改造的能力，已经有能力建造轻型登陆舰、运输舰以及携带舰艇导弹和防空导弹的舰船，但是，与先进国家相比，这样的生产能力仍仅限于不太复杂的船舶类型，而且在这385家公司中，大多数公司的主要产品是商船。在使用本地设计和生产方面，航空业与电子业也取得了长足的进步，独立完成了对F-5型机电子设备的改造，为其安装了雷达干扰波截击系统和反导弹装置，增装了大蟒-3空空导弹。但是总体来说，泰国国防工业一直局限于小型武器的生产、许可产品的装配和不太精密的武器制造，如陆军军械局武器生产中心、步枪生产工厂和武装车辆重建工厂等。国防部考虑使国防工业私有化以增加生产和提高质量，还计划增加对国防科研的投入，以进一步发展本国的技术力量。为此，泰国积极扩大与德、法、英、韩等国的军事技术合作，努力减少对美国的片面依赖，大力发展国防工业，国防部一项专门政策规定：国防研发机构要发展工业技术能力；军方应与可进行国防研发的非军事机构开展合作；将成立国防部武器标准规定委员会，确定从国外采购或国内生产的武器系统的标准规格。同期，国防部还制定了以下政策：经营生产军事装备的国有企业；调整主要生产民用设备的国有企业，以满足有关的军事需要；提高这些企业的生产能力；合并所有生产类似设备的军工单位；支持能够按照标准规格生产军事装备的私营企业。

1990年1月3日，由泰国国防部长批准设立了国防工业和军事能源中心，隶属国防部次长办公室，下设4个直属机构，分别是军事能源局、军

[①] 陈晖、熊韬：《泰国概况》，世界图书出版公司，2012，第291页。

事工业局、武器制造中心和军事制药厂。军事工业局负责研究私营部门参与国防工业的必要性和法律相关问题，对提交申请的私营公司进行审核。当时参与国防工业的私营企业有：泰国兵器有限公司、泰国国际发展公司、荣派山工业有限公司和苏可工程有限公司，上述公司主要是零件生产或者维修改装公司，能够生产武器装备的很少。还有10余家公司得到了生产许可，可以生产零件。例如Cu合金工程有限公司、邦普拉塑料合伙制公司、暹罗科技实业有限公司、泰钢铁发展有限公司、泰国气罐实业有限公司、才舍利进口有限公司、泰国金属锻造有限公司、专注实业有限公司、萨科有限公司、ATE实业有限公司、SKS工程有限公司，等等。军事工业委员会办公室负责委员会工作的研究、建议、联谊、融资以支持国防工业生产。

泰国《国民经济和社会发展五年规划（1992—1996年）》中提出应允许私营部门投资政府项目，减少公务人员和雇员，调整政府组织的规模和结构，使其更为紧凑。1992年1月26日，泰国国家改革委员会发布第58号公告批准了《关于允许私人加入或从事公共事务法（1992年）》，改变了过去政府掌控重大项目，特别是投资或者资产十亿以上项目，将权力集中于个人或某个机构的行政权力的局面。这部法律为私营参与国防工业生产提供了法律支持。1996年9月3日，泰国国防部发布的《国防白皮书》决定实施国防工业改革，同步进行行政管理改革和军队结构调整，以便利国内私营企业承担国防工业项目。

20世纪90年代初期，泰国经济发展迅猛，其国防预算也以每年5%的速度递增。截至1995年，泰国国防预算达到52.4亿美元，在东盟国家中居于首位。[1] 1994年，泰国正式启动军队现代化计划，拟在1997—2006年花费75亿～1000亿泰铢（3亿～40亿美元），购买包括新型突击步枪、装甲运兵车、轻型坦克、武装直升机、护卫舰和其他主要水面舰艇、潜水艇、F/A18大黄蜂战斗机、军用卫星和电子战系统等。[2] 与此同时，私营企业也

---

[1] 陈晖、熊韬：《泰国概况》，世界图书出版公司，2012，第301页。
[2] 戈登·亚瑟：《泰国武装力量面临困局》，万里译，《军事世界画刊》2010年第3期，第62—65页。

将在其国防工业体系中发挥更为重要的作用。但是，由于1997年亚洲金融危机的影响，泰国经济高速发展戛然而止，军费大幅缩水，许多军购项目被迫取消，军民融合步进程也被迫放缓。

第二节　21世纪以来泰国国防工业军民融合的重要举措

进入21世纪以来，出于国际国内环境变化所致，泰国国防工业发展日益得到国家重视，军民融合发展步伐也不断加快。一方面是由于泰国政府在21世纪初以较快速度复苏国家经济，另一方面则是泰国面临的安全局势时有动荡，主要是泰国南部三府民族分离主义和宗教极端主义，以及泰柬柏威夏寺领土争端。安全形势的动荡使武器装备的需求不断攀升，国民经济的稳步成长为之提供了较好的条件。此外，泰国已故国王拉玛九世普密蓬国王倡导的"知足经济"国家发展理念，也让泰国各界意识到自力更生的重要性。在国防工业领域，泰国政府的策略是大力推动国防工业技术研发的同时，加强民营企业在国防工业领域的融入。

一、泰国政府从国家发展战略层面对民融合做出前瞻规划

泰国《国民经济和社会发展第九个五年规划（2002—2006年）》提出了增强国家竞争力战略，规定了国企阶段性调整方针，支持私营企业在国民经济领域发挥重要作用。《国民经济和社会发展第十个五年规划（2007—2011年）》提出，泰国应依据"知足经济"理念调整国民经济发展方向，在民主和善政的基础上健全国内制度和结构，促进利益平均分配。泰国政府出台了《私营武器生产工厂法（2007年）》，该法规定，私营武器生产企业在初级阶段将由军事工业局负责审议，并设有武器标准制定委员会和工业控制与发展委员会作为授权人批准其建立或续期，可以为军队和警察进行武器的制造、组装、翻新、维修和更换。除了一些私营企业可以直接参与生产武器装备以外，还有一些私营企业被军事工业局认定为可以为国防工业提供能源、原材料等资源支持，此类私营企业大约有80家。

泰国阿披实政府时期，曾以"国防工业和创新经济的研发"为主题，宣称政府将支持国防工业的发展，积极推动创新型经济在国防工业领域的

融合发展。英拉政府时期，泰国政府曾表示"发展和加强武装力量和国防能力，维护国家主权和安全，支持军队现代化，加强国营和私营部门的国防工业合作，以发展生产自己的武器装备的能力"。

二、泰国政府从操作层面促进军民融合

泰国政府希望通过官民合作，推动国内外的企业合作开发建设国防工业园区的基础设施和生产设备，在满足本国军队在制造和服务方面的需求之外将产业服务范围辐射东南亚地区。泰国政府按照产品分类将西部的北碧府、东部的春武里府、东北部的孔敬府内的工业园区规划为国防工业未来的重要发展基地。2019年6月26日，在泰国国防委员会会议上，时任国防部长巴威上将提出一项"经济特区"建设计划，重点支持国防工业发展。该计划也是泰国政府"东部经济走廊"（EEC）计划的一部分，依照该计划，泰国政府将在春武里府梭桃邑县朱萨美港区共计187平方公里的园区设立国防工业发展中心，主要进行坦克、无人机等方面的制造和维修，生产以公私合作的方式进行，最终目的是使泰国从武器装备购买者转变为研发生产者。

2020年6月底，泰国国防部在北碧府波普洛县工业园区扩增了3000英亩土地用于国防工业建设。泰国工业区管理局已经开启了公私合作伙伴关系（PPP）谈判，并准备进行市场测试，以吸引外国资本投入。同时针对原材料进口成本高的问题，泰国投资促进委员会和财政部商定将原材料进口关税降低30%，以鼓励私营企业在新园区建立工厂，打造一个国防工业、能源中心和武器生产中心。泰国国防部还和相关合作伙伴将军方位于邦纳的武器和电池工厂搬迁至该园区。国防科技局（DTI）计划与外国合资在此建设武器工厂生产装甲车辆、无人机、防弹衣、枪支及配件等产品。目前园区共计划引进37家武器生产厂，预计在二三年内完成项目。泰国空军司令建议，除了上述项目以外，国家还应该从政策层面大力支持网络、卫星、电子信号采集、导弹等方面的军民合作。

此外，泰国投资促进委员会（BOI）为了鼓励私营企业投资国防工业，出台了鼓励投资的优惠政策。BOI通过促进投资法案的附录条款，追加目标促进投资产业，相关产业可获得A1和A2类别的投资优惠。A1类

别的促进投资优惠包括豁免法人所得税长达8年，不设豁免税额上限；豁免机械进口关税；豁免原料进口关税，前提是进口的原料必须在1年内用于生产及出口；董事会能够按照实际情况考量延长非关税的促进投资待遇期限。A2类别的促进投资优惠包括豁免法人所得税同样长达8年，但是豁免税额最高不可超过项目投资总值（不包含土地及流动资金）；豁免机械进口关税；豁免原料进口关税，前提是进口的原料必须在1年内用于生产及出口；董事会能够按照实际情况考量延长非关税的促进投资待遇期限。New S-Curve11相关产业在EEC地区发展时，如果有国内外私人公司想要投资，则可以从BOI处获得税收优惠。具体投资优惠如下：

（1）生产和/或修理用于国防的车辆和武器装备，例如坦克、装甲车或作战车辆或辅助作战车辆，制造和/或维修的特定零件享受A2类别的促进投资优惠，豁免法人所得税8年的优惠，附加根据项目价值获得的额外收益，免征机械税，免除出口产品的原材料进口关税，以及一些非税收优惠。

（2）制造和/或维修用于国防的无人驾驶车辆，以及制造和/或维修无人驾驶车辆相关的零件，例如无人驾驶地面系统，如用于军事行动的机器人和微型机器人等；海上无人驾驶系统，例如无人水面潜艇、无人水下航行器等；无人机系统，例如固定翼/旋转翼/混合型无人机，生产制造和/或维修的上述业务的专用零部件，例如主机、机械臂的主要结构、手柄、通信系统、监控摄像系统、机械系统、电力系统和蓄电池等均符合A1类别的促进投资优惠，豁免法人所得税（无上限）8年的优惠，以及基于项目价值的额外奖励，免征机械税，免征原材料进口关税和非税收优惠。

（3）制造和/或维修武器和国防训练辅助器械及零部件，例如，枪支、弹药，火箭系统（包括控制系统、发射车或火箭系统的发射载具）；战斗模拟和虚拟训练系统、使用虚拟武器的训练系统、轻型和重型武器射击训练系统以及联合战区仿真系统，及上述业务的专用零部件，享受A2类别的促进投资优惠。

（4）制造和/或维修作战装备，例如防弹衣、防弹板、防爆服、防弹盾牌或防爆盾牌，享受A2类别的促进投资优惠。[①]

三、重构国防工业体系，推动军民融合

泰国国防工业军民融合体系所涉及参与主体包括国防部、国防科技局和私营企业。国防部负责法规、政策和预算支持，确定国内工业的需求，制定、认证生产和使用单位的装备标准，促进私营部门的工业发展并与友好国家签订合作框架。国防科技局则扮演着连接官方部门和私营企业之间合作枢纽的角色，既负责研发和创新军事技术，并将研发成果带入私营部门供其使用，也可以使私营部门处于国防部的监督下，促进私营部门的发展使其成为国防工业的主要生产部门，以及扩大与友好国家的合作框架。而且，还可将军事技术应用于双重用途产品的生产，以扩大民用产品的市场。至于私营企业，作为国防工业军民融合的重要参与方，不仅为国防工业提供了保障，而且将军事技术民用化，也为国防科技市场化提供了舞台。

第三节　泰国国防工业军民融合重要机构及其成果

一、军民融合枢纽机构——国防科技局

2009年，泰国国防部批准成立国防科技研究所。成立之初，该所主要负责军队内部科研项目。随着环境需求的不断变化，2016年2月29日，泰国国防委员会第2/2559号会议决议批准国防科技研究所依照《2009建立国防科技研究所（公共组织）法令》，转制为公共组织，以调整完善国防工业结构体系，助力国防部在发展国防工业、维护国家安全的同时，将研发成果扩展到生产和商业分销阶段，减少国外进口，为国家创造收入。2019年5月1日，根据《国防技术法（2019年）》，国防科技研究所成为政府行政机关，并更名为国防科技局（DTI），其主要目的是促进国防科技从研究、生产到使用各个阶段的系统发展，包括和私营部门在内的其他机构的

[①] 泰国投资促进委员会办公厅：《投资促进项目申请指南2020》，2020年4月，http://www.boi.go.th，访问日期：2021年3月26日。

合作，特别是在国防技术创新发展中完善军民融合，促进国防工业向商业领域的扩展，从而发展振兴泰国国防工业。新成立的国防科技局被定位为：泰国国防科技研发和资源中心，加强军民融合的主要枢纽，培养国防工业人才的基地，泰国与外国公司开展技术转移与工业合作相关谈判的主导机关。同时它还成为泰国皇家武装部队和国防部的核心采办主管部门。而且，根据已明确的责任和权力，为了推动国防工业的发展，国防科技局准备成立一个"商务发展处"以更好地完成任务。

泰国国防科技局的国防工业发展策略清楚地体现了其协调军民融合的中枢作用。根据《国防技术法（2019）》，国防科技局与私营部门通过联合研究、生产、设立经销商等方式，联合经营，共享资源，并在五大领域与国内外私营部门开展合作，分别是火箭和导弹技术、军事通信信息技术、战术模拟和仿真训练技术、无人驾驶技术以及作战车辆与武器装备技术。国防科技局还筹备了一个包含8个子项目的试点项目，以便促进泰国国防工业的军民融合，包括2022—2026年的军事装备维修项目（VT4坦克、T85坦克和VN1轮式车辆），巡逻艇（OPV）项目，4×4式装甲车（LTV）项目和无人驾驶系统等。国防科技局高度重视军民融合，由该局局长亲自推动8个试点项目的研发。

此外，泰国国防科技局还尤其注重相关领域人才的培养。例如，国防科技局与曼谷吞武里大学签署了一项培养国防科技人员的协议，启动21世纪新型国防技术管理人才项目，其目标是培养具有远见、分析、决策、沟通、协调思维能力，具有国防技术和行业知识能力，在组织管理和发展方面有创造力的高级管理人才。课程内容包括：国家安全和国防工业、国防工业可持续发展研究、科学技术在社会发展中的应用、现在和未来的国防工业技术、21世纪的人力资源管理、公司治理原则和高管道德准则、现代组织管理等。实践环节分为多个小组，进行头脑风暴式培训，开展案例研究，练习练习使用虚拟设备，参观国防科技局和Chaiseri坦克制造厂等。候选人必须对国家、宗教和君主制持积极态度，担任相关组织或机构的管理者，且至少有80%的时间来完成课程，结业时将获得由国防科技局与曼谷吞武里大学合作授予的课程结业证书。

二、军民融合市场化中心机构——国家安全与两用技术中心

泰国国家科学技术发展署（NSTDA）于2019年成立了国家安全与两用技术中心（NSD），负责进行国家安全领域的研究、技术开发和创新，既服务于军队，也可应用于民事领域，年度业务计划预算约为5亿泰铢。2019年，中心在国际期刊发表8篇文章，获得了5项知识产权和研制了3项产品原型。预计到2023年，至少有三项技术将可扩展到私营部门，在5年内将可产生至少20亿泰铢的经济效益。目前，国家安全与两用技术中心最主要的五项创新成果包括：其一，反无人机系统。该系统包含的干扰器会干扰无人机的飞行设备，使其无法飞行，防止无人机侦察或入侵关键区域。其二，面部识别访问控制系统（QFace）。该系统旨在对进入控制区域的人脸开展自动识别。其三，石墨烯超级电池。由国家安全与两用技术中心、高等教育与科研创新部、朱拉隆功大学联合研发，以多学科方式研发由国内原材料制成的创新型安全非爆炸性电池，生产具有成本效益和循环周期的可充电的石墨烯电池，将研究成果应用于国家工业发展。同时，三方签署协议成立研究院，培养相关专业毕业生，并在朱拉隆功大学工程学院成立电池卓越创新中心。其四，PM2.5静电空气净化器。这是一项旨在预防和减轻小颗粒污染问题的创新技术，采用静电技术的空气过滤系统，能够大量产生新鲜空气。此外，用于捕集小颗粒PM2.5的过滤器也可以在不更换过滤芯的情况下进行清洗，以应对粉尘灾难，有助于环境安全。其五，"电子鼻"。国家安全与两用技术中心、国家电子和计算机技术中心、泰国皇家警察三方合作研发用于毒品检测的"电子鼻"，未来可以扩展到无人驾驶、防爆等领域。

三、军民融合基础机构——泰国分包促进会

泰国分包促进会成立于1999年，当时名为分包促进俱乐部（Production Subcontracting Promotion Club），其成员大多是汽车、电器零件制造集团。随着成员越来越多，实力愈加雄厚，2003年该俱乐部升级为泰国分包促进会（Thai Subcontracting Promotion Association）。目前拥有500多家成员，可以在包括国防工业在内的15个产业集群中提供一站式产品和

服务。

现任泰国分包促进会国防工业集群主席通猜·乌潘万认为，泰国发展国防工业具有较大优势，因为泰国有完备的零件制造业，可以为国防工业发展提供坚实的支持。泰国分包促进会与国防科技局已经建立正式合作机制，并对未来合作发展制订了"四步走"的详细规划。

第一阶段（2019—2022年）。论证在东部经济走廊（EEC）建立促进国防工业经济特区，研究制定发展道路与方向，并为具有潜力的项目建立试点运行部门，按照优先层级，将国防部、军队和私营部门的国防工业中具有潜力的产品进行商业运营。

第二阶段（2023—2027年）。通过在东部经济走廊（EEC）建立促进国防工业经济特区，建立业务部门与国内外的私营部门的合作机制，同时研究与私营部门建立合资企业以扩大海外市场。

第三阶段（2028—2032年）。国防科技局降低投资比例或退出相关业务投资，鼓励与其合作的私营企业在国防部门的指导下，扩大生产基地，出口国防工业产品。

第四阶段（2033—2037年）。军民融合达到预期目的，国防部和军方无论平时战时，在武器装备上可以实现可持续地自给自足。

四、军民融合新兴力量——泰国国防安全工业协会

泰国国防安全工业协会（INDSA）于2011年6月14日成立，2018年正式注册，一直在与国防科技局和国防工业系统内的其他部门合作，主要是为了响应国家国防工业相关政策，建立国防工业网络，创新发展科技，为国防工业的可持续发展建立良好的基础。截至2020年，协会有26家公司加入，涵盖航空航天、航海造船、汽车制造、C4ISR网络系统、无人技术和机器人等领域。2019年1月17日，泰国中小企业中心（TSMEC）加入泰国国防安全工业协会。根据2016年泰国中小企业第4个五年发展规划，5年内中小企业在国民经济总产值中的占比将提高到50%，中小型企业中心的加入无疑进一步推动了协会的发展。协会在军事工业局的支持下，积极扩展合作网络，与国防科技局联合研发5.56毫米子弹等军用产品。泰国步兵中心已经向该协会采购价值千万泰铢的枪支用来代替进口，

协会还通过军事路演（Defense Road Show）寻找国外市场。

当前人类社会正在由工业时代向后工业时代和信息时代过渡，科技革命浪潮汹涌，以信息为核心的武器革命正在不断深入，信息武器、网络武器、计算机武器等新概念武器层出不穷。21世纪的战争将是以信息为核心的新概念武器和传统武器相结合的整体力量的较量和对抗。为此，世界各国都在殚精竭虑地研制各类信息战进攻与防御武器及手段以抢占未来战争的制高点。军事工业的发展也在向着更加注重信息化武器研制生产和武器装备实现信息化的方向发展。未来军事工业基础将大大拓展，军民两用技术的迅速发展占据越来越重要的地位和作用。[①] 对于泰国政府、军队和国防工业企业来说，这一时期正是研发新产品和服务的绝佳机会，升级和创建不依赖常规生产线或旧技术的生产过程，真正建立国防自力更生体系。

过去泰国政府在构建国防工业体系过程中一直存在较多问题，自主建设尤其是军民融合推进缓慢，基本上以进口国外武器装备为主。随着泰国经济社会的发展及国家安全战略的实际需求，泰国政府逐步重视国防工业自主化建设，重点是依托私营部门，推进军民融合，在短时间内提升国防工业总体实力。

尽管现阶段泰国国防工业仍处于起步阶段，但泰国政府已经制定了明确的发展计划，设置专门的机构和人员负责国防工业事务，不断通过自主研发、合作发展等方式发展新技术，制定装备标准。由于新冠疫情的全球暴发，泰国国防部和军队更加意识到加强军民融合，推动国防工业体系自主化的重要性。2020年，泰国国防部表示，促进技术转让、支持本土工业的发展将成为国防领域优先事项，当年公布的泰国国防预算也反映了这一意图，进一步展示了泰国实现独立自主国防现代化的决心。

---

① 任海平：《世界军事工业市场化发展趋势》，《国防科技》2004年第6期，第77—80页。

第六章　越南军民融合战略

黄　楫　　陈　蕾[*]

越南是东南亚的一个区域性强国，其军民融合战略的实践在某种程度上也说明了区域性强国在同时追求经济发展和军力提升方面的某些共同做法和面临的共同困境。当然越南有其自身的历史发展、制度文化和意识形态特点，这使其显示出自身战略的固有特色。

第一节　越南军民融合战略的形成背景与指导思想

20世纪越南漫长的革命与战争是越南极具特色的军民融合战略形成的背景。越南由此形成了与民间关系紧密的武装力量体制，而胡志明思想中对越南武装力量建设的相关内容成了越南军民融合的指导思想。这一情况一直延续到1975年越南统一以后，直至今天依旧不断塑造着越南特殊的军民融合战略。

越南军民融合体制是20世纪漫长且艰难的越南革命与战争的直接后果。由于战争的破坏，越南长时期都缺乏安全稳定的生产生活环境，国家长时期处于平战一体的总体战环境下，因此由军事部门主导许多经济产业的发展便成为必然的选择。

---

[*] 黄楫，国防科技大学外国语学院副教授；陈蕾，兰州大学政治与国际关系学院2023级民族学专业博士。

一、越南革命与战争时期的艰苦环境

越南革命与战争是20世纪的重要事件,生动地诠释了"革命与战争"的时代主题。越南自19世纪沦为法国殖民地后国内矛盾不断激化,越南人民与法国殖民者之间的矛盾,劳动人民与封建官吏之间的矛盾,越南工人阶级和资产阶级之间的矛盾愈发不可调和。1930年,第三国际指示阮爱国(胡志明)在三个共产主义组织的基础上成立越南共产党(1930—1945年应第三国际要求改为印度支那共产党)。1945年8月,越南"八月革命"爆发,虽然武装力量人数不多,但在人民群众的支持下越盟迅速夺取了城市建立了越南民主共和国(Việt Nam Dân chủ Cộng hòa)政权。11月越南解放军更名为"卫国军团"(Vệ quốc đoàn),拥有约5万人的军事力量,编制为40个支队,同时开始大规模训练民兵。这些武装力量并不脱离生产活动,尚没有形成职业化军队。1951年起,越军开始使用"越南人民军"的名称,越军开始拥有炮兵和防空兵等多兵种部队。但由于法国军队的反扑,越共不得不放弃城市和工业区,转入农村和山区进行抗战。由于根据地会持续遭受敌人的空袭和扫荡,越共难以组织有规模的工业生产活动,民众被军事化地组织起来,一面进行生产,一面进行游击战。工业制品和武器制造的稳定生产线难以建立,大都依赖苏联等国的援助。1954年《日内瓦协议》签署后,越南民主共和国解放了北纬17度以北的越南国土,并开始进行社会主义建设。但为了支援南方革命,在"每个公民都是士兵,每个村庄都是堡垒"的口号下,越南民主共和国的社会生活是高度军事化的。1964年美国开始对北约进行轰炸,正常的社会生产秩序依然无法建立。越南民主共和国军事部门和经济部门因为战争的原因只能常年进行深度绑定,这种情况在1975年越南南北统一后的很长一段时间依然没有改变。

二、越南武装力量的体制

在革命与战争的洗礼中,越南建立起了自身的武装力量体制,并在学习各国经验的过程中不断发展。很长一段时间内,越南人民军只由陆军组成,并且由于进行游击作战的需要,军队的正规化程度较低,民兵的性质更加明显,步兵的编制较多。越南人民军是典型的大陆军体制,由于陆军员额占到了全军的80%以上，国防部并没有设立单独的陆军部，而是直接设立了集团军、军区和司令部的编制来进行领导。其国防架构也是建立在陆军为主的基础上。越南海军于1954年5月7日成立，由于技术落后且不具备现代化的造船工业，越南海军的规模一直较小，长期只能承担海岸防御的任务。越南防空空军成立于1955年，由抗法抗美时期的防空部队和1956年后受外国援助组建的空军部队和雷达部队共同组建而成。但飞机、导弹和雷达等装备也依赖外部援助。1959年，越南仿照苏联体制建立了边防军。在苏联等国的援助下，在越南军队建设的过程中也逐步建立起了初步的国防工业。越南国防工业总局（TCCNQP）成立于1945年9月15日，其职能是发展、组织和管理核心的国防工业设施，其组织包括研究设计机构、武器工业、工厂、公司和工会。相关企业制造各类武器装备并研发军事技术。在此之外，为了适应部分根据地、国家重点建设项目和经济落后地区的建设，越南还成立若干经济兵团进行各种工业、农业产品的生产。由于许多教育、医疗和科研人才在战争中被纳入军队体系之中，因此在越南的科研、教育和医疗等事业建设中，军队直接接管了许多科研机构、学校和医院等设施，实行全军事化或者军民混用的模式运行。战后为服务经济建设，还仿照国企模式建立了许多"军企"，作为国防经济的一部分。

三、越南南北统一后的复杂局面

统一后的越南并没能进入一个和平发展的时期，反而因为奉行侵略性的对外政策和激进的国内改革使国家未能从战争状态中脱离出来，这导致越南的经济部门一直不能与军事部门分离，转入正常的社会生产秩序中。1975年后越南维持着一支庞大的军队，虽然越南自身的经济实力显然不足以维持这样庞大的军队和大量昂贵的军事装备，但在华约和社会主义阵营国家的长期支援下，这一时期的越南领导人对于经济发展的预期是十分乐观的。1979年后，柬埔寨抵抗运动此起彼伏，越南陷入国际社会的谴责孤立中，经济开始遭遇严重的困境，完全依赖苏联领导下的经互会体系维持，战时经济体制不得不继续保留下来。但即便如此，1975年之后的十年仍是越南经济最黑暗的时期之一。1976—1979年，越南人均粮食占有量连续下降，到1981年仍未恢复到1976年的水平。工贸也停滞不前，生产停滞，人民的生活极其困难，人均GDP每年仅增长1%。随着80年代苏联经济也遭遇严重危机而减少对外援助，越南经济和现代化建设更加困难。虽然越共六大后开始模仿南斯拉夫和中国的经验推行市场经济改革措施，但军事部门主导的经济成分已经成了国防建设和国民经济的关键组成部分并不断壮大。这导致相较其他国家，越南军队拥有更强意愿和能力领导军民融合体制。

四、胡志明思想对越南军民融合战略的影响

越南的军民融合战略建立在胡志明关于军民关系的相关指导思想的基础上，具有很强的人民战争思想特色，并逐渐演化为当代指导越南式军民融合战略的国防经济思想。

（一）全民国防思想

胡志明关于建设越南全民国防的思想主要体现在以下两个方面：一是建设全民参与的国防。胡志明完全赞同马克思列宁主义的基本观点和毛泽东思想中关于人民战争的理念，同时继承了越南封建王朝历史上"百姓皆兵""寓兵仕农""举国迎敌"等传统思想。根据越南民族革命和社会主义建设的具体情况，全民参与是越南国防的重要特征。胡志明认为，国防是全民性的，国防保卫的不仅是革命成果，同时保卫的是祖国、民族、每一个公民、每一块土地、每一个部门、社会各界、各个阶层，所有性别和年龄层次的越南人都有责任和义务参与其中。所谓"孩子在学校努力学习也是抗战，村民在田里犁锄，工人在厂里劳动，妇女卖货，老人提着篮子去钓鱼都是在抗战；公务员、作家、记者们在书桌前、书柜旁踱步也是抗战；在病床边的医护人员也在抗战；富家大户们拿出财力开办工厂、开发土地也是抗战。这是全民的抗战"。

二是建设全领域的越南国防。胡志明认为，越南国防必须在精神上和物质上都得到加强，并在政治、经济、军事、文化、社会、外交等各个领域进行，在国防潜力、国防力量和国防阵地方面都实现强大。由于从一开始，越南的革命和建设事业就处于极端困难的环境之下，加之西方侵略和无差别的全面打击，国家建设不可能在军事斗争之外独善其身。因此国防事业不是孤立的，它与外交、经济、文化、社会等紧密结合。越南尤其注

重经济潜力、政治宣传和精神力量的建设。外交上进行充分的国际合作，经济上发展生产，文化上建设民族认同、国家认同和社会主义认同以及在全社会范围内建设"民心阵地"是越南充分发挥自身国防潜能，与大国和侵略战博弈的最优解。以此在党的领导下形成全民国防，充分发挥全民族的力量，实现越南的国防目标。

（二）"三队"思想

胡志明的"三队"思想认为，越南人民军除了战斗任务以外，也肩负着努力帮助人们消除饥饿、减少贫困、消除文盲、提供医疗检查和治疗、促进生产、建设文化生活、稳定和提高生活质量的任务，特别是在偏远地区、少数民族聚居区和天主教徒聚居区。结合国防建设参与经济建设被越南领导人认为是越南军队的一项政治性、战略性和长期性任务。本着"生产也是攻防线"的精神，越军在许多生产领域积极开展活动，大胆进入许多重点经济领域，在保障自身部分后勤需求的同时，有效弥补了越军战斗力的短板。不仅为保持和提高国防生产能力作出了贡献，还丰富了国内消费市场。抗法战争胜利后，1956年越南国防部成立农业司，抽调8000名官兵进行生产任务。这些单位在越南的太原等地建设工厂，在北部建设了29个军用农场。抗美救国期间，越军领导民众和民族工商业者在长山山脉沿线开辟了许多后勤基地以制造武器，并为军队提供生活必需品。统一后，政府下令成立经济建设总局，同时抽调近28万官兵参与经济工作。革新开放后的新时期，军队在各战略要地建设了22个经济防御区，同时按照企业模式重组了军队经商队伍。

（三）国防与经济相结合思想

胡志明关于经济与国防相结合的思想可以概括为以下基本内容：经济与国防的关系具体化在后方与前线、人民与部队的关系上。马克思列宁主义认为经济和国防是不同的领域，受不同规律的支配，但具有辩证关系，相互影响。胡志明将马克思列宁主义的观点运用到战争时期越南的具体情况中，明确指出了经济与国防的关系，这体现在后方与前线、人民与部队之间的关系上。后方的情况决定了前线的战况，前线的战况又对后方产生影响。人民是军队的力量之源，军队的胜利又为人民的经济发展创造了条件。在此基础上，经济与国防的关系在战争与国家建设的关系中具体化。胡志明指出:"战争必须与国家建设并进。战争有胜利,国家建设才成功。国家建设成功,抗战才能快胜利。"[①] 在抗击法国殖民主义和后来的抗美救国战争中,胡志明主席指示将战斗与生产紧密结合,既打仗又增加生产。同时,经济与国防的关系还体现在军队从事劳动生产和厉行节约上。虽然打仗救国是主要任务,但军队还必须积极增加生产,以满足抗战的需求。胡志明说,克服敌人对当时国家经济的围困和封锁是一项实际工作。同时,通过对军队各级、各部门、每个机关和单位实行自给自足的努力,在满足战争要求方面减轻了人民的经济负担。1952年举行的第一次全军供应会议上,胡志明指出:"军队各机关必须努力搞好种植畜牧业,以自给自足,以减轻人民的负担。"[②] 同时,胡志明还要求军队在节约开支上做出努力,以高效利用原本就不多的资源。

第二节 当代越南对军民融合战略的考量

进入21世纪,越南所面临的国外形势发生巨大变化,新军事革命的发展与经济、科技、社会生活的发展一样迅速。虽然越南仍在坚持传统的军民融合思想与模式,但为了适应形势的发展也提出了许多新的思路和要求。

一、《越共十二大关于加强国防的若干问题》

2016年越共十二大后,越南国防部依据其精神出台了文件《越共十二大关于加强国防的若干问题》(Vấn đề tăng cường quốc phòng trong Văn kiện Đại hội XII của Đảng)。相较于以往,该文件重点讨论了越南国防的自主化和军民两用化等新内容。越南认为,国防工业是国家工业化进程、国防实力和潜力的重要组成部分。因此,国防工业建设和发展应当向着自主、自强、军民两用、现代化的方向发展,目标是打造具有高技术水平的

[①] Đảng Cộng sản Việt Nam, *Văn kiện Đảng toàn tập*, Nxb. Chính trị Quốc gia, Hà Nội, 2002, t. 21, tr. 535.

[②] Hồ Chí Minh: Toàn tập, Nxb. Chính trị Quốc gia Sự thật, 2011, t. 9, tr. 103.

国防工业。这对于越南在新时期建设革命化、正规化、现代化的军事力量具有战略意义。落实好越共十二大"国防安全与经济，经济与国防安全相结合"的方针是未来越南指导国防的重要思想。文件肯定了近年来，越军各级、各部门认真贯彻落实越共军委和国防部关于国防工业发展的方针和观点，既有效服务军队自身建设，又为国家建设和发展作出贡献。国防工业建设和发展的机制、政策、规划得到重视和逐步完善。国防工业投资受到重视，尤其是尖端和特殊行业，并且推动了国际合作的扩大。国防工业发展投资项目，特别是重点和高科技项目，得到大力实施，并投入使用。国防工业武器装备的研究、设计、制造、修理和技术装备能力有了明显转变和突破。国防工业逐步掌握了新一代高科技和现代武器、装备和装备的生产、维修、改进和数字化技术，部分满足了全军武器和技术装备的供应需求。越南国防工业研究生产的许多经济产品质量高、可靠性高，在国内和国际市场上树立了品牌、信誉和竞争力。因此，越南国防工业一度能保持国防生产能力，确保干部、工人的稳定生活和工作，为国家的工业化和现代化事业作出了积极贡献。然而，国防工业向军民两用方向的建设和发展过程也存在一些制约因素。也有部分产品质量不稳，可靠性不高的现象。为国防任务服务的生产与经济发展相结合，虽然受到关注，但效果有限；在实施干部、员工、武器和特殊技术装备生产线军民两用策略方面还存在许多困难。

二、《越南国防白皮书（2019）》

越南国防部公布的《国防白皮书（2019）》重申了建设全民国防的战略意图和继续奉行人民战争的思路。国防与经济相辅相成，反之亦然，需要将国防和安全纳入每个社会经济部门和产业的发展考量之中。资源要集中用于社会经济发展的重点行业，但这与腾出相应的资源加强国防和安全并不矛盾。越南正在制定人口稠密地区总体规划，以同时满足社会经济发展和巩固国防和安全的需要，将社会经济发展与加强国防潜力、实力和态势结合起来，制定和平时期和战时国防任务的人力资源培训政策和计划，并为国防任务分配足够的预算。《越南国防白皮书（2019）》还提到在战略要地、国家腹地、边远地区、边疆、海域、海岛、极端贫困地区建立经济防区。按照部分自给自足的多功能模式，将近岸岛链建设成经济、科学、技术和国防一体化区域，并将经济活动与海上国防结合起来，特别是在近海水域和岛屿。进一步投资建设边境巡逻公路，促进社会经济发展和国防安全巩固。国防企业和军队，承担着社会经济和文化建设的任务，必须按照国防使命经营。努力实现经济与国防的密切结合，为增强国防潜力和国防态势，为完成革新开放和国防建设事业作出贡献。国防工业机构与民用工业也将进一步结合起来，为社会经济发展和国防服务。科学技术的生产、经营、投资、研究和应用将更加灵活，以适应社会经济发展与国防和安全巩固相结合的需要，做好必要时全面国防动员的准备。军区组织全面国防的实施，包括组织民众反击外国发动的信息战和网络战，维护社会秩序和安全，预防和打击犯罪等任务。

三、《越共十三大报告》及《决议》

2021年，越共十三大召开并由越共中央政治局做了报告，会后发表的大会决议构成了越共十三大的指导思想。首先，就指导思想而言，越共十三大文件明确了越南国家保卫国防的力量源泉依旧来自全社会的支持，在越南党和国家的领导下，在政治、思想、经济、文化、社会、国防、安全、外交等方面将形成国防上的"合力"。此外还要注意借助外部力量，充分利用国际支持和海外越侨等外部资源，创造有利于保卫祖国的国际环境。海外技术援助和投资都是有效弥补目前越南军事现代化短板的手段。其次，就具体做法而言，建设"民心阵地"是重要的手段。越南认为全民性的国防建设是屡次战胜外敌，实现利用较弱国力实现国家利益与目的的最佳手段和优良传统。因此，建立和巩固"全民国防阵地"和"人民安全阵地"，注重在国防建设与增进民生福祉的资源平衡是非常重要的。最后，文件着重指出在第四次工业革命的影响下，许多国家加大了国防科技的投入，国际局势的新发展给越南在加强国防和安全方面带来了不小的压力。为了适应世界科技革命和军事现代化的浪潮，保证越南武装力量在国防建设中依旧能承担中坚力量的任务，"推进人民军队、人民警察的革命化、正规化、精锐化、现代化"是未来越南长期的建军方略，并且规定了2025年和2035年的中期和长期愿景。

第三节 越南军民融合的主要内容、机制和特点

不同于许多国家,越南由于其独特的体制和历史原因,军民融合的内容较之欧美等西方国家更加广泛。越南在此过程中坚持党委领导和军人直接参与企业管理的运行机制,集团化运营的模式也愈发成熟。

一、越南军民融合的五大主要领域

目前,越南国防部管理着大约104家企业和经济开发兵团,业务涉及越南各个行业。但从服务越南国家战略的角度来看,这些军民融合行为大致可以区分为工业和信息、物流运输、银行保险、战略资源和经济不发达地区生产活动五大领域,并形成了相应的重要牵头企业。

(一)工业和信息

20世纪80年代,世界信息通信技术快速发展,但越南国内始终缺乏足够的资本和技术进行发展。为了解决这个问题,越南陆军凭借在人才和通信技术方面的相对优势开始领导相关行业的发展。1989年陆军工业电信集团成立,通常以越南电信集团(Viettel)的名义进行商业活动,该公司目前是越南最大的电信服务运营商,主要业务包括提供通信网络服务和相关设备的生产研制。在市场化多年后,该公司积累了大量技术和资本,并在20世纪90年代末为越南军方研制了一些专用的国防通信设备,如军用光纤、电话、基站等,成为越南通信兵力量的重要组成企业。目前,越南电信集团也是越南认定的国内唯一一家具备5G运营能力的公司。随着实力的壮大,越南电信集团在东南亚和非洲许多国家开展了海外投资与建设,特别是柬埔寨的电信市场被越南电信集团占去超过50%的市场份额。目前,由于越南的高端科技行业仍缺乏足够的资本和人才支撑,越南电信集团成为为数不多具有先进科研能力的越南实体。越南政府和军方对其在云计算、数据存储和军事加密等领域的研究寄予厚望。1976年成立的秋江公司(Tổng Công ty Sông Thu)是越南重要的造船企业,可以建造多类型船只。越南海军HSV-6613海上测量船、越南海岸警卫队的DN-2000级多用途海警船就由该公司负责建造。

（二）物流运输

苏联解体后，越南从外部直接获得军事装备的援助渠道不复存在。为了适应这种情况，越南决定军需品供应由援助为主的模式向买卖机制转变。在这种背景下，1991年8月，越南国防部长黎德英大将签署了第315/QD-QP号决定，决定成立万春综合进出口公司（Tổng công ty Xuất nhập khẩu tổng hợp Vạn Xuân），对外交易名称为万春进出口总公司（VAXUCO）。万春综合进出口公司负责武器弹药、特种器械、燃料等国防相关物资的生产、保管和进出口任务，同时也负责在相关贸易中实现先进技术的转让。2007—2010年，该公司从俄罗斯购置和运输了6艘基洛级潜艇和数十架苏–2MK30V战机及其配套设备。同年成立的还有服务海军的西贡新港公司（SNP）。该公司对于越南的海运运输具有至关重要的地位，主要业务包括港口开发、物流服务和军事运输。目前经营着大量海港，包括越南最大和最现代化的港口，进出口集装箱市场占全国90%以上的市场份额。

（三）银行保险

由于越南缺乏成熟和庞大的国内资本市场促进科技研发和相关的军事保障能力建设，越南军队2004年成立了陆军股份制商业银行，简称陆军银行或MB银行。该银行是越南最大的银行之一，出资股东包括越南军方领导的越南电信、国有资本投资经营公司、越南直升机公司和西贡新港公司。除了银行服务外，还从事证券经纪、基金管理、房地产业务、保险、债务管理和资产开发等业务。随着陆军银行的壮大，越南军队直接参与金融业务为军队发展所需的工业、物流、科技等部门进行民间融资，弥补了国有资本供给不足的困境。2008年，越南国防工业总局成立了陆军保险股份公司（MIC），进一步参与国内金融业务，经营公路、铁路、海运、河道、航空运输等多种保险业务，是越南国防工业部门重要的创收部门。

（四）战略资源

陆军石油公司（MIPECORP）是越南最重要的能源企业之一，在行政关系上受万春综合进出口公司的领导，主营军民两用油料的进出口、机械制造和汽油运输业务。陆军石油公司成员单位直接在越南全国58个省市经营汽油和润滑油等业务，拥有近100家汽油零售店和数百家代理商店。

2016年，该企业实现收入超过85万亿越南盾，税前利润超过1300亿越南盾。其遍布越南全国各地的油料存储设施和运输网络是目前越南人民军路上机动力量的重要依靠。

（五）经济不发达地区生产活动

越南军队有20多个经济防务团，相较于国防企业更具有军队体制的特征。经济防务团主要部署在越南的少数民族地区和欠开发地区，负责建设道路、电力、灌溉、清洁水、学校、医务室、市场等基础设施。同时被鼓励采取措施进行农林渔业生产，为商品经济发展创造初步要素。在缺乏民间投资和生产能力的地区（如西原、西南、西北），经济防务团会直接组织生产，以吸引当地少数民族和民间资本前来创业，为地方经济的形成创造初始条件。著名的第15公司（军队番号为15兵团）驻扎在嘉莱、昆嵩、广平、平定五省，该单位是越南乳胶、咖啡和稻谷的主要生产商，除了参与市场活动以外也直接供应越南军队的需求。

二、越南军民融合的运行机制

（一）党委领导

越南认为，在未来一个时期实现国家工业化和现代化是一项具有紧迫性、根本性、长期性的战略问题，也是整个国家政治系统的责任。要实现既定目标，必须发挥全民、全军的协同作用，集中力量，同步、全面地落实国防工业建设和发展的各项任务和措施。这首先要求加强党的领导，提高国家管理效能，发挥各级、各部门在国防工业建设和发展军民两用策略方向的作用和责任。因此，在越南的相关军民融合企业当中依旧保持了党委领导制度。这一制度由两方面的保障来实现：一是领导人员。相关企业的主要领导一般为主席，发挥着政治领导的作用，领导集体也会组成相应的越南共产党组织。二是设立政治部。如越南陆军石油总公司的部门构成中就包括综合规划部、政治部、进出口业务部、劳动组织部、财务会计部、物资工程部、项目管理部。政治部类似于军队组织里的政治工作部，是最重要的部门之一。

（二）军地混合管理体制

由于必须适应市场化运行的客观制度要求，同时也为方便企业间的对等商业交流,大部分越南的军民融合企业都采取了军地混合的管理体制。一方面保留了办公厅、政治部和某些军事部门的组织架构,但另一方面又设立了财会、营业和项目运营等部门,其所属人员也不需要严格遵循军事管理,并且吸纳了许多社会人才的加入。比如万春综合进出口公司的组织结构就包括办公室、综合规划部、政治部、劳动组织部、财务会计部、对外经济部、营业部、投资部、项目管理部、四个武器装备进出口司和投资项目技术进出口部。相关管理人员平时也身着军队制服,并按照部队的统一安排参加党的会议和学习活动。越军认为,为了适应军地混合的管理体制与军民两用技术的发展,需要用"两用标准"促进人才后备力量的建设。也就是除了政治本领、革命素质、军事专业等一般标准外,军事干部还必须精通法律、国家管理、社会经济管理和对外关系。为此,国防工业部门对军官干部开展相应的培训,补充有关市场竞争、武器国际法、军事技术、军民两用技术领域的知识和对外合作的技能。

(三)集团化运营

由于相关企业往往在所属行业内起步较早且力量雄厚,往往成为该行业的领军企业,产生了大量的附属子公司。比如西贡新港公司就拥有提供港口开发服务的海防国际集装箱码头有限公司、富友新港公司等;提供物流服务的西宁新港有限公司、信息技术解决方案股份公司、北方新港运输股份公司等;提供海运服务的新港海洋服务股份公司、北方新港运输股份公司等众多子公司。国防工业经济技术公司也下属有工业炸药公司、国防工业技术用品有限公司、长山钻探和爆破公司等许多分公司。这种集团化运营的模式对于这些企业在该行业保持优势地位和持续扩大营收作用极大。

三、越南军民融合的主要特点

越南军民融合战略有别于其他国家的思想指导方针与机制建设,使其具备了与众不同的特点与效果。

(一)以军为主,有效解决军费来源

越南军民融合最为突出的特点就是军队为主,在革新开放的快速发展中,越南并没有逐渐停止军队的经商活动,或者将军工企业在行政关系上与军队完全剥离。事实上，越南社会经济和科研水平虽然有所发展，却依然无法替代军队的优势地位。在许多领域，越军的人才、资本和技术优势依旧是越南发展中综合考虑政治、社会、安全和经济效益的最优解。世界上其他国家普遍存在的民间促进军队发展的情况尚未在越南出现。越南民间在军民融合中的主流依旧是配合军方。这种情况的独特效果在于解决了越南自苏联解体后一度窘迫的军费来源问题。越南2022年全年国家财政收入为1803.6万亿越南盾，军费开支为138.5万亿越南盾。虽然占比不小，但越南军费还处于一个相对较低的水平。不过，越南军队并没有出现军费短缺的情况，恰恰相反，越南军队是国家财政的主要支持力量。以越南电信集团（Viettel）为例，2022年生产经营业绩增长6.1%，合并收入达到163.8万亿越南盾，其中，企业自身将获取43.1万亿越南盾的税前利润，38万亿越南盾上交越南国库，相当于一家企业的税收就可以支持越南约四分之一的军费开支。

（二）体量巨大，对国家经济举足轻重

类似于中国的大型国企和日本的大型企业集团，越南的军民融合企业在国有资源的扶持下实力雄厚，经过革新开放30多年的发展，已然成为越南经济发展的重要支柱。越南2022年的GDP大约为4000亿美元左右，越南军民融合相关企业不论是在国家经济总量还是各行业内部都有极高的比例。根据英国专业机构品牌金融公司的评估，2022年越南电信集团的总资产价值约为90亿美元。作为越南最有价值的商业公司，该公司占有越南电信市场份额的一半。而越南海军的西贡新港公司（SNP）的注册资本规模也达到55亿美元，2023年营收15,000亿越南盾。这些企业之间相互控股、提供上下游服务和成立合资公司的情况也十分常见，因此，越南国防部领导下的军队在体量上占据了越南国家经济的相当部分。

（三）执行力强，有效落实国家战略要求

由于越南国防部在国家政治生活中的重要地位，越南军民融合政策的执行力度得到了充分的保障。首先，越南国防工业总局与有关部委合作，制定了完善的法律体系路线图，进而提交国会批准。这充分鼓励、吸引了大量资本安心投资国防工业，有效开展了知识产权、技术转让等工作。在各级、各部门的努力下，越南的军民融合使得一些生产部门的民用产品增长迅猛，基本形成了在国内市场的有效竞争力，初步融入了国际经济。如工业炸药、造船、机械产品、半成品加工等军民两用技术的发展的日益成熟。目前，越南国防部提出"加快国防和安全工业发展，满足新形势下建设和保卫祖国的要求"口号，正在雄心勃勃地制订面向2025—2035年的国防工业建设和发展规划。进一步提出了加强军民两用技术融合，国防工业要进一步融入国家工业，提高国防与经济在部门运作中的结合效率等目标。越南国防工业总局将探索成立更多有影响力的大集团以主导行业发展，集中投资现代化、先进的国防工业基地，并在机械制造、冶金、新材料、电信电子等领域与外国资本建立合资企业。

第四节　越南军民融合的启示

越南的军民融合战略实践说明，要注意政治和经济功能的统一，要坚持专业化和法制化的导向，要坚持开放与创新的价值引领。

第一，坚持政治功能与经济功能相统一。对越南而言，军民融合战略中最难以平衡的地方就在于军队服务政治的功能与服务国家经济建设功能之间的关系。因此，要在国家战略的全局中明确军民融合战略的地位和与其他方面建设的关系，提供及时准确的指导，避免军民融合的有益探索和某些权益之计野蛮生长，滋生不合理的利益关系。充分明确军队参与的职能与利宜边界，充分保障和增进民间的利益，坚持军民融合战略政治与经济功能的高度统一。

第二，坚持以专业化和法制化为导向。越南军民融合战略的目标在于适应经济社会发展的大趋势，谋求将军民两方面的优势资源实现互补，最终推动军队的现代化进程与经济科技的进步。然而缺乏整体设计的军民融合战略最终只是做大了越南军队的企业，虽然有一定的进步，却为国家政治、经济生活和科技发展埋下了更大的隐患。因此要坚持社会分工的一般规律，尊重经济社会和科技进步所要求的行业细分化规律，切忌为急于求成或维护既得利益而打破军民的合理界限。要坚持军队在职业和技术领域的专业化建设，尊重民间商业贸易的专业化，不能大包大揽。要做好法制上的守正创新，及时接受正反面反馈，用法律的形式为军民融合打造良好的外部环境。

第三，坚持开放与创新的价值引领。军民融合的最大特征就在于跨领域的开放交流，为创新发展注入活力。但越南军民融合战略的发展过程中并没有明确这种价值引领，民间的力量逐步被排挤，外国合作的程度始终有限，军队自身的壮大却无法满足国家的战略需要。因此，要自上而下地在军民融合的全过程中明确开放与创新的价值，动员军民融合的广大建设者与参与者形成正确的认识，进而推动各项具体工作向着统一正确的战略目标前进。

附录：中外译名对照表

第一章　美国军民融合

人名	
英文	中文
Carl von Clausewitz	卡尔·冯·克劳塞维茨
Chuck Hagel	查克·哈格尔
Donald Trump	唐纳德·特朗普
Edward Mead Earle	爱德华·米德·厄尔
Franklin D. Roosevelt	富兰克林·D. 罗斯福
Jimmy Carter	吉米·卡特
John Collins	约翰·柯林斯
Julian Corbert	朱利安·科贝特
Liddell Hart	李德·哈特
Michael Griffin	迈克尔·格里芬
Robert Gates	罗伯特·盖茨
Ronald Reagan	罗纳德·里根
Vannevar Bush	万尼瓦尔·布什
条约、法案、协议等	
英文	中文
Agreement for Boat Repair	《船舶修理协议》
Bayh-Dole Act	《拜杜法案》
Defense Conversion, Reinvestment and Transition Assistance Act	《国防工业技术转轨、再投资和过渡法》
Defense Technology Commercialization Act	《技术转让商业化法》
Federal Acquisition Reform Act	《联邦采办改革法》
Federal Acquisition Act	《联邦采办条例》

续表

International Science and Technology Engagement Strategy	《国际科技合作战略》
Master Ship Repair Agreement	《主船舶修理协议》
Manufacturing License Agreement	《制造许可协议》
National Defense Authorization Act (NDAA)	《美国国防授权法》
National Defense Strategy (NDS)	《美国国防战略报告》
National Defense Science and Technology Strategy	《国防科学技术战略》
National Security Act	《国家安全法》
National Security Science and Technology Strategy	《国家安全科学技术战略》
Defense Innovation Initiative (DII)	《国防创新倡议》
Federal Technology Transfer Act	《联邦技术转移法》
National Military Strategy (NMS)	《美国国家军事战略报告》
National Quantum Initiative Act	《国家量子计划法案》
National Security Strategy of the United States (NSS)	《美国国家安全战略报告》
National Strategy for Critical and Emerging Technologies	《关键和新兴技术国家战略》
Nunn-McCurdy Act	《纳恩–迈克柯迪法案》
Shipbuilding Capability Preservation Agreement	《造船能力维护协议》
Stevenson-Wydler Technology Innovation Act	《史蒂文森–怀德勒技术创新法案》
Strategy for American Innovation	《美国创新战略》
Weapon Systems Acquisition Reform Act	《武器系统采办改革法》

第二章　俄罗斯军民融合

人名	
俄文	中文
Алексей Дюмин	阿列克谢·久明
Алексей Улюкаев	阿列克谢·乌柳卡耶夫
Василий Осьмаков	瓦西里·奥希马科夫
Василий Буренок	瓦西里·布列诺克
Виктор Ивантер	维克多·伊万特尔
Владимир Довгий	弗拉基米尔·多弗根
Денис Кравченко	杰尼斯·克拉夫琴科
Денис Мантуров	杰尼斯·曼图罗夫
Дмитрий Рогозин	德米特里·罗戈津

续表

Максим Олешкин	马克西姆·奥列什金
Николай Патрушев	尼古拉·帕特鲁舍夫
Олег Бочкарев	奥列格·博奇卡廖夫
Петр Золотарев	彼得·佐洛塔廖夫
Руслан Пухов	鲁斯兰·普哈夫
Сергей Меняйло	谢尔盖·梅尼亚伊洛
Сергей Чемезов	谢尔盖·切梅佐夫
Сергей Иванов	谢尔盖·伊万诺夫
Юрий Абрамов	尤里·阿勃拉莫夫
Юрий Борисов	尤里·鲍里索夫

条约、法案、协议等	
俄文	中文
Государственная программа конверсии оборонной промышленности на 1993–1995 годы	《1993~1995年国防工业转型国家规划》
Государственная программа вооружения	《武器装备发展国家规划》
Государственная программа «Развитие промышленности и повышение её конкурентоспособности»	《发展工业和提高工业竞争力的国家规划》
Государственная программа РФ "Развитие оборонно-промышленного комплекса"	《俄联邦国防工业综合体发展国家规划》
Основы политики РФ в области развития оборонно-промышленного комплекса до 2010 года и дальнейшую перспективу	《俄联邦2010年前及未来国防工业综合体发展的政策基础》
Основы политики России в области развития ОПК до 2020 года и дальнейшую перспективу	《俄罗斯2020年前及未来国防工业综合体发展的政策基础》
Основы государственной политики в области развития оборонно-промышленного комплекса Российской Федерации на период до 2025 года и дальнейшую перспективу	《2025年前及未来俄联邦国防工业综合体发展的国家政策基础》
Федеральный закон об обороне РФ	《俄联邦国防法》
Федеральный закон о государственном оборонном заказе	《国防采购联邦法》
Федеральный закон о конверсии оборонной промышленности РФ	《俄罗斯国防工业转型联邦法》
Федеральная целевая программа конверсии оборонной промышленности на 1995-1997 годы	《1995~1997年国防工业转型联邦目标规划》

续表

Федеральная целевая программа реструктуризации и конверсии оборонной промышленности на 1998-2000 годы	《1998～2000年国防工业重组和转型联邦目标规划》
Федеральный закон о военно-техническом сотрудничестве РФ с иностранными государствами	《俄联邦对外军事技术合作法》
Федеральная целевая программа Реформирование и развитие ОПК	《2001～2006年国防工业综合体改革和发展联邦目标规划》
Федеральная целевая программа «Развитие ОПК на 2007–2010 годы и период до 2015 года»	《2007～2010年及2015年前国防工业综合体发展联邦目标规划》
Федеральная целевая программа «Развитие ОПК на 2011–2020 годы»	《2011～2020年国防工业综合体发展联邦目标规划》
Федеральный закон о промышленной политике в Российской Федерации	《俄联邦工业政策法》

第三章　印度军民融合

人名	
外文	中文
A. P. J. Abdul Kalam	阿卜杜勒·卡拉姆
Ajay Kumar	阿贾伊·库马尔
Amit Cowshish	阿米特·考希什
Amitabha Pande	阿米塔巴·潘德
Arackaparambil Kurien Antony	A. K. 安东尼
Arun Prakash	阿伦·普拉卡什
Arun Sahni	阿伦·萨尼
Arun Jaitley	阿伦·杰特雷
Arvind Gupta	拉温德·古普塔
B. K. Chaturvedi	B. K. 查图尔维迪
Dhirendra Singh	迪伦德拉·辛格
Homi Bhabha	霍米·巴巴
Indira Gandhi	英迪拉·甘地
Manohar Parrikar	马诺哈尔·帕里卡尔
Narendra Modi	纳伦德拉·莫迪
Naresh Chandra	纳雷什·钱德拉

附录：中外译名对照表 | 247

续表

英文	中文
Nirmala Sitharaman	尼尔马拉·西塔拉曼
Pandit Jawaharlal Nehru	潘迪特·贾瓦哈拉尔·尼赫鲁
Patrick Blackett	帕特里克·布莱克特
Prabir Sengupta	普拉比尔·圣古塔
R. Dinesh	R. 达内什
Raja Ramanna	拉贾·拉曼纳
Rajnath Singh	拉杰纳特·辛格
Rao Singh	拉奥·辛格
Satheesh Reddy	萨蒂什·雷迪
Stephen Cohen	斯蒂芬·科恩
Ved Prakash Malik	V. P. 马利克
Vijay Kumar Singh	V. K. 辛格
Vinod K. Misra	V. K. 米斯拉
条约、法案、协议等	
英文	中文
Defense Procurement Procedure (DPP)	《国防采购程序》
Defense Production Policy	《国防生产政策》
Defense Trade and Technology Initiative (DTTI)	《美印防务技术和贸易倡议》
Geneva Agreement	《日内瓦协议》
Industrial Policy Resolution of 1948	《1948年工业政策决议》
Industrial Security Annex（ISA）	《工业安全附件》
Treaty of Friendship and Cooperation between the Republic of India and the Russian Federation	《印俄友好合作条约》
Technology Perspective and Capability Roadmap (TPCR)	《技术远景和能力路线图》
The Industries (Development and Regulation) Act	《工业发展和管理法案》

第四章　澳大利亚军民融合

人名	
英文	中文
Alan Wrigley	阿兰·里格利
Allan Fairhall	艾伦·费尔霍尔
Arthur Tange	亚瑟·坦格
Christopher Pyne	克里斯托弗·派恩

续表

David Johnston	戴维·约翰斯顿
Kim Gillis	基姆·吉利斯
Leslie Morshead	莱斯里·莫希德
R. G. Menzies	R. G. 孟席斯
Tanya Monro	塔尼亚·门罗
条约、法案、协议等	
英文	中文
A Guide to Doing Business with Defence Estate and Infrastructure Group	《与国防部不动产与基础设施小组交易指南》
Australia's Cyber Security Strategy 2020	《澳大利亚网络安全战略2020》
Australian Defence Doctrine Publication (ADDP) 3.11	《澳大利亚国防准则文书之3·11》
Advancing Space: Australian Civil Space Strategy 2019–2028	《澳大利亚民用太空战略（2019—2028）》
Commercial Support Program	《商业支持计划》
Communications Technologies and Services Roadmap 2021–2030	《通信技术与服务路线图（2021—2030）》
Defence Capability Plan	《国防能力计划》
Defence Employees Certified Agreement 2002–2003	《国防雇员认证协议（2002—2003）》
Defence Export Strategy	《国防出口战略》
Defence Industry Skilling and STEM Strategy	《国防工业技术与STEM战略》
Defence Issues Paper 2014	《国防要务征求意见书（2014）》
Defence Policy for Industry Participation	《国防工业参与政策》
Defence Reform Program	《国防改革计划》
Defence Reform Program Management and Outcomes	《国防改革项目管理与成果》
Defence Policy for Industry Participation	《国防工业参与政策》
Defence White Paper	澳大利亚《国防白皮书》
First Principles Review	《首要原则审视》
Guarding against Uncertainty: Australia Attitudes to Defence	《警惕不确定性：澳大利亚的国防观》
Integrated Investment Program Capability Stream Industrial Strategy	《综合投资计划能力集群工业战略》
Lead the Way: Defence Transformation Strategy	《引领者：国防转型战略》
Major Capital Facilities Program	《主要资本设施计划》
More, Together: National Defence Science and Technology Strategy 2030	《携手共进：国防科学技术战略（2030）》

续表

National Defence: Defence Strategic Review	《国防战略评估报告》
National Innovation and Science Agenda	《国家创新与科学计划》
National Security Science and Technology Policy and Priorities	《国家安全科技政策与优先事项》
Review of Australia's Defence Exports and Defence Industry (Cooksey Review)	《澳大利亚防务出口及国防工业评估》（库克西报告）
Review of Australia's Space Industry Capability	《澳大利亚太空工业能力评估》
Shaping Defence Science and Technology in the Intelligence Domain 2016–2026	《在情报领域塑造国防科技（2016—2026）》
Shaping Defence Science and Technology in the Joint Domain 2017–2021	《在联合作战领域塑造国防科技（2017—2021）》
Sovereign Industrial Capability Priorities Implementation	《自主工业能力优先实施计划》
Strategic Reform Program: Delivering Force 2030	《战略改革计划》
the Indigenous Procurement Policy	《本土采购政策》
2016 Defence Industry Policy Statement	《2016国防工业政策声明》
2016 Integrated Investment Program	《2016综合投资计划》
2017 Naval Shipbuilding Plan	《2017海军造船计划》
2018 Defence Export Strategy	《2018国防出口战略》
2018 Defence Industrial Capability Plan	《2018国防工业能力计划》
2020 Defence Strategic Update	《2020国防战略更新》
2020 Force Structure Plan	《2020军力结构计划》

第五章　泰国军民融合

人名	
外文	中文
Abhisit Vejjajiva	阿披实·维乍集瓦
Kriangsak Chamanan	江萨·差玛南
Prawit Wongsuwan	巴威·翁素万
Ram Khamhaeng	兰甘亨国王
Rama IV	拉玛四世
Rama V	拉玛五世
Rama IX	拉玛九世
Saisili Ratakon	赛西里·叻达宫

续表

英文	中文
Thongchai Uphanwan	通猜·乌潘万
Yingluck Shinawatra	英拉·西那瓦
条约、法案、协议等	
英文	中文
Army Modernization Plan 1987–1994	《陆军现代化建设九年计划（1987—1994）》
Defense Technology Act 2019	《国防技术法（2019年）》
Development Plan for The Thai Military 1987–1996	《泰国军队十年发展规划（1987—1996）》
National Economic and Social Development Plan	《国家经济和社会发展五年规划》
Navy Weapons and Equipment Expansion Plan 1987–1991	《海军武器装备五年扩充计划（1987—1991）》
Private Arms Manufacturing Factory Act 2007	《私营武器生产工厂法（2007年）》
Private Participation in State Undertakings Act 1992	《关于允许私人加入或从事公共事务法（1992年）》
A.T.E Industrial Co., Ltd.	ATE实业有限公司
BangPlagod Limited Partnership.	邦普拉塑料合伙制公司
Chai Seri Rubber Industry Co., Ltd.	才舍利进口有限公司
C.U. Alloi Engineering Co., Ltd.	Cu合金工程有限公司
Focus Plastic Industry Co., Ltd.	专注实业有限公司
International Development Supply Co., Ltd.	泰国国际发展有限公司
RungPaiSan Tractor Co., Ltd.	荣派山工业有限公司
Samco Co., Ltd.	萨科有限公司
Siam Techno Industry	暹罗科技实业有限公司
S.K.S Engineering & Service Co., Ltd.	SKS工程有限公司
Suco Engineering Co., Ltd.	苏可工程有限公司
Thai Arms Co., Ltd.	泰国兵器有限公司
Thai Metal Forging Co., Ltd.	泰国金属锻造有限公司
Thai Payana Casteng Steel Co., Ltd.	泰钢铁发展有限公司
Thai Pressure container Co., Ltd.	泰国气罐实业有限公司

续表

第六章　越南军民融合

越南文	中文
Vấn đề tăng cường Quốc phòng trong văn kiện Đại hội XII của Đảng cộng sản Việt Nam	《越共十二大关于加强国防的若干问题》
Sách trắng Quốc phòng Việt Nam	《越南国防白皮书》
Toàn văn Báo cáo Đại hội XIII của Đảng Cộng sản Việt Nam	《越共十三大报告》
Công ty Tân Cảng Sài Gòn	西贡新港公司
Công ty CNHH Cảng Công-ten-nơ Quốc tế Hải Phòng	海防国际集装箱码头有限公司
Công ty Tân Cảng Phú Hữu	富友新港公司
Công ty CNHH Tân Cảng Tây Ninh	西宁新港有限公司
Công ty CP Giải pháp Công nghệ Thông tin	信息技术解决方案股份公司
Công ty CP Dịch vụ Hàng hải Tân Cảng	新港海洋服务股份公司
Công ty CP Hàng hải Tân Cảng miền Bắc	北方新港运输股份公司
Công ty Kinh tế Kỹ thuật Công nghiệp Quốc phòng	国防工业经济技术公司
Công ty Dịch vụ Khoan và nổ mìn Trường Sơn	长山钻探和爆破公司
Công ty Vật liệu nổ Công nghiệp	工业炸药公司
Công ty Vật tư Kỹ thuật Công nghiệp Quốc phòng	国防工业技术用品有限公司